Power Pricing dans le monde des banques

Georg Wübker
Men-Andri Benz
Jens Baumgarten
Jan Engelke

Power Pricing dans le monde des banques

En sortant de la crise

PETER LANG
Bern · Berlin · Bruxelles · Frankfurt am Main · New York · Oxford · Wien

Information bibliographique publiée par «Die Deutsche Bibliothek»
«Die Deutsche Bibliothek» répertorie cette publication dans la «Deutsche Nationalbibliografie»; les données bibliographiques détaillées sont disponibles sur Internet sous ‹http://dnb.ddb.de›.

Titre original „Power Pricing für Banken", traduit en français par Elodie Bonnafous

Réalisation de la couverture: Thomas Jaberg, Peter Lang SA

ISBN 978-3-0343-0033-9

Hochfeldstrasse 32, CH-3012 Berne
info@peterlang.com, www.peterlang.com, www.peterlang.net

Imprimé en Allemagne

Table des matières

Premier chapitre : Introduction

Le pricing permet-il d'obtenir
des avantages concurrentiels ?
Le président-directeur général d'une grande banque

Le terme de „power pricing“ est dû à Simon et Dolan (1997) – deux des plus grands chercheurs et conseillers mondiaux en matière de prix. Ces deux auteurs décrivent la forme moderne de fixation des prix comme suit : „Les entreprises progressistes emploient le prix comme instrument principal pour atteindre leurs objectifs. Ces adeptes du „power pricing“ ont reconnu l'importance du prix en tant que facteur de détermination et développent en conséquence une compétence de fixation des prix permettant d'améliorer durablement les bénéfices.“[1]

Dans ce livre, l'auteur définit ce qu'est le „power pricing pour les banques“, comment les directeurs peuvent le mettre en pratique et pourquoi le pricing permet d'obtenir des avantages concurrentiels. L'auteur y inclue les découvertes issues de la pratique et de la recherche en matière de prix. Pour cela, il fait appel aux connaissances qu'il a acquises au cours de nombreux projets et au long des années avec son équipe et en tant que directeur du Service Financier du Centre de Compétence du bureau Simon-Kucher & Partners. L'auteur fournit des réponses à nombre de questions qu'il a traitées à travers le monde avec les grands directeurs du monde financier, comme par exemple :

- Pour quelles raisons l'importance du pricing s'est-elle accrue pour les banques ? Comment s'accroître rentablement par la pratique du pricing ?
- Pourquoi des principes de fixation des prix sont-ils nécessaires ? Comment les développe-t-on ?

1 Simon et Dolan (1997, page 7).

- Comment se positionner en matière de prix sur le marché bancaire ? Qu'est-ce qu'une stratégie appropriée en matière de prix et d'offre ?
- Quelles sont les stratégies permettant d'éviter une guerre des prix ? Quelles sont les causes d'une guerre des prix dans l'industrie financière ? Comment échapper à un piège en matière de prix ?
- Qu'est-ce qu'une fonction prix-ventes ? Comment définir cette fonction de manière adéquate pour des produits et des services financiers ? Comment définir par exemple les intérêts optimaux au niveau des bénéfices ?
- Qu'est-ce qu'une procédure de fixation des prix ? Comment développer une procédure systématique de fixation des prix ?
- Quels effets une marque a-t-elle sur la fixation des prix ? Et vice-versa ?
- Quelles formes intelligentes de différenciation des prix (par exemple échelle d'intérêts, packs-comptes ou tarifs familiaux) peut-on employer ? De quoi faut-il alors tenir compte ?
- De quels aspects psychologiques (par exemple représentation de l'intérêt, des conditions) faut-il tenir compte lors de la fixation des prix ? Quelles implications cela entraîne-t-il pour la communication en matière de prix ?
- Quels sont les effets du pricing sur l'organisation propre ? Il y a-t-il un Directeur des Prix dans une banque ?
- Quels aspects de mise en œuvre (par exemple l'organisation de décisions en matière d'intérêts) faut-il respecter lors de la fixation des prix ?
- Comment les banques procèdent-elles à la surveillance des prix ?
- Comment les défis du pricing sont-ils résolus au niveau des différents domaines (par exemple B2B, B2C ou opération sur titre)

et segments (vente au détail, services bancaires privés, clients professionnels) ?

Ce livre fournit à ces questions des réponses orientées vers la pratique. Il s'articule en neuf chapitres pointés sur les questions figurant ci-dessus.

Le deuxième chapitre présente les *principes du pricing moderne*. Il traite dans un premier temps de *l'importance grandissante du pricing*, démontre l'étendue de la *destruction de bénéfice par une mauvaise politique de pricing* ainsi que la raison pour laquelle *le prix est le générateur de bénéfice* numéro un.

Le troisième chapitre traite des *aspects stratégiques du pricing* (procédure de fixation des prix, objectifs stratégiques et directives de pricing, positionnement et avantages concurrentiels, segmentation, marque et pricing).

Le quatrième chapitre aborde les *méthodes d'optimisation des prix* ayant fait leurs preuves dans le secteur financier. En font partie, en particulier, le jugement d'expert et l'analyse conjointe.

Au cinquième chapitre, l'auteur présente les *formes intelligentes de différenciation des prix. Le regroupement de prix*, le *pricing non-linéaire* et le *pricing multi-personnes* sont des concepts d'application innovants du power pricing.

Le sixième chapitre décrit des aspects psychologiques choisis du pricing (*perception des prix, processus de jugement des prix et seuils de prix*).

Le septième chapitre aborde l'importante question de savoir ce dont les directeurs de banque doivent tenir compte lors de l'application du pricing (*organisation du pricing, systèmes d'information sur les prix, imposition des prix*).

Dans le huitième chapitre, l'auteur présente nombre d'études de cas issues du secteur financier (par exemple services bancaires de détail, services bancaires aux particuliers, services bancaires aux entreprises). Au centre de ses descriptions se trouvent des méthodes et concepts introduits et mis en pratique avec succès par des banques.

Ces travaux sont conclus au neuvième chapitre, qui résume sous forme de thèse les enseignements tirés.

Le présent livre a pour objectif de transmettre, sous forme compacte et axée sur la pratique, les bases de fixation des prix. L'auteur présente l'énorme potentiel de bénéfices que les banques peuvent réaliser grâce à un pricing professionnel. Des questions de contrôle et des conseils concrets permettant un meilleur pricing sont décrits et isolés. Le livre profite grandement de centaines de projets dans le domaine du conseil pratique en matière de prix que l'auteur a traités chez Simon-Kucher & Partners, les experts de renommée mondiale en matière de pricing.

Le lecteur s'enrichit de conseils pratiques dans les domaines de la guerre des prix, des aspects stratégiques du pricing, de l'effet du prix sur le volume des ventes, de l'optimisation des prix, des formes intelligentes de différenciation des prix, ainsi que des procédures et de l'organisation des prix. L'objectif est de mieux comprendre les effets du prix sur les ventes et les recettes, et d'indiquer des moyens concrets permettant d'accroître les bénéfices au moyen d'un pricing professionnel.

Deuxième chapitre : Les bases du pricing moderne

Lorsque l'économie va mal,
le facteur décisif pour les clients est le prix.
Werner Weber

2.1 Importance grandissante du pricing

La plupart des entreprises définissent leurs prix au doigté, sur la base de règles approximatives („nous tenons particulièrement compte de la concurrence") et d'avis subjectifs. Ceci est également le cas des banques. Cela a pour conséquence des pertes de recettes et des pertes de profit ainsi que des erreurs stratégiques.

Des études de marché ont prouvé que le prix des services financiers fait de plus en plus partie des exigences principales des clients. Cette évolution est renforcée par la dépersonnalisation des services financiers, ce qui est, entre autres, due aux nouvelles possibilités offertes par la gestion bancaire en-ligne et à distance (mot-clé : multi-canaux). Le client se sert lui-même, renonce à une assistance personnalisée, et attend en échange une compensation au niveau du prix. Cette nouvelle situation place la stratégie prix des produits financiers face à de nouveaux défis. Quelles sont les raisons de l'accroissement de l'importance du prix ? On distingue au niveau des changements dans le domaine des services financiers, et donc pour l'augmentation de l'importance de la gestion des prix, les causes principales suivantes :

- *Augmentation de la transparence des prix et de la possibilité de comparaison au moyen de l'Internet :* en raison de la généralisation de l'utilisation de l'Internet et du développement continu des technologies informatiques, apparaissent tant pour les fournisseurs des potentiels de baisse des coûts, que pour les clients des potentiels de réalisation d'économies. Nombre d'offres en-ligne permettent une économie supérieure à 50%. Chez certaines banques par exemple, la gestion en-ligne des comptes est gratuite. La banque Comdirect-Bank va même plus loin. En 2005, elle proposa à ses clients un compte courant rapportant un euro par mois. Le fait que les clients sont équipés d'un ordinateur et ont accès à l'Internet a pour conséquence qu'un large segment de clientèle utilise ces nouvelles possibilités. La pénétration durable de l'économie et de la société par l'Internet persiste sans faiblir. En 2006, le pourcentage des ménages ayant accès à l'Internet atteignit les 42%. La gestion bancaire en-ligne gagne également en importance. Dans les 25 pays de l'UE, environ 36% des internautes exécutent leurs transactions financières en-ligne. En même temps, la recherche d'informations par l'Internet augmente sans cesse. Ainsi, boursorama.com enregistra en 2005 environ 2,8 millions de visiteurs par mois – une hausse de presque 20% en six mois.

- *Augmentation de la transparence des coûts en raison des associations et des autorités de tutelle :* depuis juin 2003, la Swiss Funds Association suisse (SFA) oblige ses membres à déclarer pour les fonds de placement un taux de frais, dénommé ratio des dépenses totales (RDT). Pour cela, le SFA, associé à la bourse suisse Schweizer Börse SWX, a démarré sur le marché des fonds le projet „Projekt Transparenz". Il y eut des initiatives similaires en Allemagne et en Autriche. Ainsi, plus de 90% des fonds de placement autorisés en Allemagne donnent des informations quant au ratio des dépenses totales. Une recherche d'e-fundresearch.com, un fournisseur d'informations sur les fonds, a constaté que le ratio moyen des dépenses totales en Suisse est, avec 1,47%, nettement supérieur à par exemple celui de l'Allemagne (1,26%) et à peu près égal à celui de l'Autriche (1,44%).[2] Classé en catégories, le ratio des dépenses totales en Suisse est, pour les fonds d'actions, de 1,83%, pour les fonds d'emprunt de 1,09% et pour les fonds de placements monétaires de 0,60%. Cette trans-

2 Cf. NZZ, 6 avril 2005, n° 79, page 29.

parence accroît la pression des prix, en particulier chez les offrants qui sont nettement plus chers que les valeurs de référence citées ci-dessus.

- *Changement des exigences des clients :* les exigences des clients de banques ont énormément changé. „Les investisseurs sont devenus plus critiques", annonce le titre du Handelsblatt.[3] Puis : „à la chasse aux taux élevés, les clients changent souvent d'institut"[4]. Les clients des banques de succursales, par exemple, étaient habitués à une assistance personnelle. Avec l'électronisation des services bancaires et l'ouverture des clients vis-à-vis des nouvelles formes de services bancaires, la relation personnelle avec le prestataire de services financiers perd en importance (du moins au niveau des produits standard). Les banques et assureurs directs représentent la pointe provisoire de cette évolution. Les experts prévoient que tous les clients vont, à long terme, utiliser les services bancaires directs. L'économie de coûts engendrée par les services directs pour les clients compense la renonciation à une assistance personnelle. C'est pourquoi les banques directes ont de bonnes chances de gagner de nouveaux clients et de maintenir la tendance de forte croissance des dernières années. Les banques établies devraient tenter, au moyen de concepts intelligents de prix et de valeur ajoutée (voir les représentations au cinquième chapitre), d'accroître la fidélité de leur clientèle.

- *Attention renforcée sur les prix :* les revenus réels régressifs et l'incertitude régnant sur le marché du travail ont pour effet que de nombreux clients portent une attention renforcée sur les prix. Pour maintenir le niveau de vie atteint, les clients se rabattent sur des produits meilleur marché et sur des canaux de distribution en-ligne. Pour cette raison, les entreprises telles qu'ALDI, Lidl, Dell ou ING Diba évoluent en contresens par rapport à la tendance (voir également les exemples pratiques au paragraphe 3.4). La ING Diba souligne son positionnement avec le slogan „La banque de la nouvelle génération : simple, rapide, bon mar-

3 HB, 20/21/22 août 2004, page 30.

4 HB, 08 février 2005, page 18.

ché". Cees Maas, le directeur financier du groupe financier ING, a insisté sur la réussite de la ING Diba avec ces paroles : „La Diba a désormais plus de quatre millions de clients en Allemagne, et gère un capital de 45 milliards d'euros."[5] De ce fait, la ING Diba est la „banque directe leader en Europe"[6]. En France, la ING Direct compte 660.000 clients et gère un capital de 14,4 milliards d'euros.[7]

- *Nouveaux concurrents pratiquant un pricing agressif et proposant de nouveaux produits* : au niveau du marketing-mix, les nouveaux produits, dont la formation des prix est innovante et nettement différenciée par rapport au passé, ainsi que des activités de communication renforcées des instituts de communication, annoncent les changements du marché. Au niveau des services aux particuliers, sont apparues aux côtés des instituts traditionnels, des banques directes ainsi que des non-banques et des presque-banques. En font partie des entreprises industrielles et commerciales proposant des services bancaires par le biais de filiales bancaires. L'ancien groupe automobile DaimlerChrysler s'est lancé dans les services bancaires en juillet 2002. Le résultat : plus d'un million de clients, et un volume de dépôts supérieur à 3,5 milliards d'euros. Le groupe commercial Carrefour offre également divers services financiers, comme par exemple des crédits à la consommation ou des cartes de crédit. Ces banques alternatives possèdent désormais une importante clientèle. Une raison : le prix est utilisé de manière agressive, afin d'améliorer ses parts de marché par rapport à la concurrence établie. En raison de cette agressivité de pricing, les banques traditionnelles subissent une pression grandissante (voir schéma 1) et doivent par conséquent reconsidérer leur stratégie de prix et d'offre.

---

5 Finanz und Wirtschaft, 07 août 2004, n° 62, page 30.
6 Die Bank, août 2004, page 35.
7 Site Internet de la ING Direct.

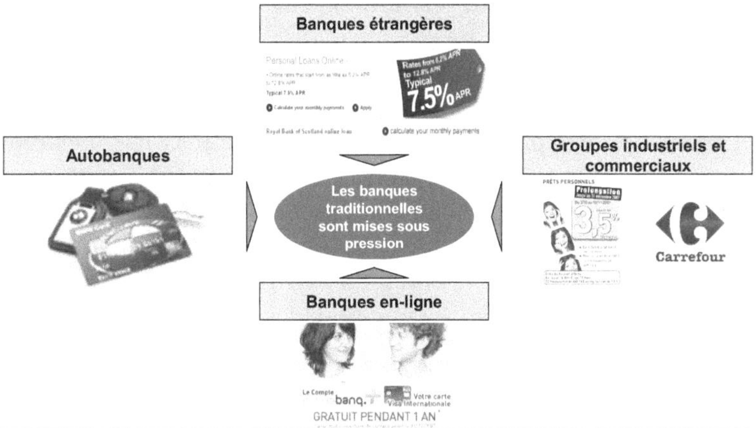

Schéma 1 : Nouveaux concurrents pratiquant un pricing agressif.

- *Internationalisation grandissante des banques :* dans un cadre d'intensification de la mondialisation, de plus en plus de nouveaux fournisseurs pénètrent sur les marchés avec des prix en partie extrêmement bas et des prix de dumping. Les fabricants automobiles coréens et les marques asiatiques d'ordinateurs ne sont pas les seuls à fournir des exemples de telles stratégies agressives de prix bas ; des banques telles que la Citibank ou ING, qui réalisent des effets d'échelles en raison de leur réseau mondial, et obtiennent ainsi des avantages au niveau des coûts, pratiquent également un pricing agressif. L'interdépendance économique grandissante du monde modifie également pour les banques le rôle de la gestion internationale des prix. Il existe ici deux tendances opposées. D'une part, la politique de prix internationale gagne en importance pour un institut financier, si la part de son chiffre d'affaire avec l'étranger augmente. D'autre part, la mondialisation (adaptation internationale des habitudes de consommation (McDonald's ou Coca-Cola), réduction des barrières commerciales, baisse des frais des technologies de l'information, alignement des normes, augmentation de la transparence de l'information) a pour conséquence que des marchés nationaux jusqu'à présent en grande partie séparés se ressemblent de plus en plus et que les barrières existant entre eux s'atténuent. Ceci rend une différenciation des prix par pays de plus en plus difficile à mettre en œuvre. Les entreprises et clients internationaux ayant réparti leur capital dans diverses régions connaissent généralement les frais principaux et exigent une adaptation des prix nationaux au niveau le plus bas. Les représentants de la thèse de la mondialisation tels que Levitt ou Ohmae prédisent même pour l'avenir des prix homogènes au niveau mondial pour les produits et services mondiaux. La pression exercée sur les prix s'intensifie. La gestion internationale des prix gagne ainsi en importance (voir les explications au cinquième chapitre).

En résumé : à l'avenir, le prix va jouer un rôle plus important pour les banques. Les causes en sont multiples (par exemple la propagation de l'Internet, la modification des exigences des clients ou l'apparition de nouveaux concurrents). L'intensification de la pression sur les prix provoque qu'il devient absolument indispensable d'utiliser de manière plus ciblée et plus systématique les marges de prix déjà existantes. La lutte des prix est dangereuse et peut entraîner une énorme destruction de valeur, comme il l'est illustré au paragraphe suivant.

2.2 Destruction des bénéfices par la guerre des prix

Dans le monde entier, nombre de secteurs – comme les compagnies aériennes, le commerce, les télécommunications ou le secteur bancaire – se trouvent engagés dans une „guerre des prix" : cette lutte de prix a lieu sous une forme extrêmement agressive, en revanche, les différences au niveau de l'éventail des services sont quasiment oubliées.[8] De cette manière, la spirale des prix ne cesse de chuter (voir également le schéma 2). La presse économique fait état de telles luttes tous les jours. Elles génèrent une énorme destruction de béné-

8 Voir les articles de Wübker/Simon (2003) et de Wübker (2005).

fices et de valeurs. Ceci est prouvé par nombre d'exemples pratiques issus de divers secteurs :

- Le commerce des produits alimentaires se trouve depuis des années engagé dans une guerre des prix. L'élément déclencheur en Allemagne fut l'entrée sur le marché allemand du groupe américain Wal-Mart, le plus grand commerçant de détail au monde. Ceci a eu pour résultat des rendements catastrophiques sur le chiffre d'affaire (généralement inférieurs à un pourcent).
- Dans le secteur des télécommunications, la chute des prix est également dramatique. La lutte des prix ayant lieu sur le marché français au niveau des accès de large bande à l'Internet a engendré en 2005 les tarifs les plus bas de toute l'Europe. Michel Feynerol, de l'Arcep (Autorité de régulation des télécommunications électroniques et des postes) commente la politique des prix des fournisseurs comme suit : „En ce qui concerne l'Internet haut-débit, la politique de certaines entreprises n'a désormais plus grand-chose à voir avec une quelconque logique économique.“[9] Sur le marché suisse de la téléphonie, des annonces de réductions des prix ont récemment eu lieu chaque semaine. Cette avalanche avait été déclenchée par Swisscom Mobile, le leader du secteur. L'agresseur fait valoir que ses mesures de réduction des prix pourraient avoir pour conséquence un manque à gagner allant jusqu'à 230 millions de francs suisses par an.[10] Quelle destruction de valeurs !
- Sur le marché automobile, selon une estimation d'expert, une des guerres des prix les plus intenses depuis des années bat son plein. En février 2003, Ford et Seat abaissèrent les prix d'une série de modèles – une mesure considérée comme rare par les connaisseurs du secteur. En 2004, le groupe automobile Fiat tenta de séduire la clientèle au moyen d'un prêt sans intérêts et d'une durée de quatre ans. En 2004, General Motors proposa même des voitures gratuites.

9 Cf. 01net.com, 04/08/2005.

10 Cf. NZZ, 02 juin 2005, n° 126, page 23.

- „Dans les cieux américains a lieu une guerre des prix déchaînée“, déclarait le titre du journal „General-Anzeiger“ en janvier 2005. Ryanair proposa même en 2005 des *tarifs gratuits*. Dans une telle guerre des prix, il n'est pas étonnant que les premières compagnies aériennes aient déposé le bilan (V-Bird le 8 octobre 2004). L'association internationale du transport aérien, IATA, estime les pertes cumulées de toutes les compagnies aériennes pour l'exercice 2004 à 5,5 milliards de Dollars.

Dans l'industrie financière (secteur bancaire et assurances), on observe des guerres des prix similaires :

- „La Dresdner se lance dans la guerre des prix“, annonçait le titre du Financial Times Deutschland en mai 2005. La Dresdner Bank se défend, au niveau des services aux particuliers, contre les agressions de concurrents étrangers. „Les produits vont être bon marché, afin de récupérer des clients d'offrants tels que la Royal Bank of Scotland (RBS)“, a annoncé le PDG Herbert Walter. En septembre 2005, la banque proposa, en association avec son partenaire Cetelem, une série de nouveaux produits sur le thème du crédit à la consommation. La Dresdner Cetelem Kreditbank est une entreprise mixte associée à la banque française BNP Paribas dont la Dresdner Bank AG détient 49,9%. L'annonce de lutte fut faite en réaction à la croissance dernièrement forte des fournisseurs étrangers (par exemple RBS ou Santander) sur le marché de masse allemand. La RBS distribue ses produits entre autres par le biais de Tchibo et a, grâce à ses crédits à tempérament, acquis 1,2 millions de clients en deux ans (valeur : mai 2005). Mais cela doit prendre fin. Avec sa nouvelle offensive au niveau des prix et de la distribution, la Dresdner Bank s'ouvre plus largement au marché de masse. La banque veut gagner nombre de nouveaux clients. D'autres fournisseurs ont réagi à cette annonce. Ainsi, l'Institut Driver & Bengsch a alléché de nouveaux clients au moyen d'un compte au jour le jour avec un taux d'intérêt de 4% par an (valeur : juin 2005). Toutefois, le montant du placement était limité à 25.000 euros. De plus, le taux d'intérêt de 4% par an n'est garanti que pour les trois premiers mois suivant l'ouverture du compte.

- L'Internet force les luttes de prix dans le secteur bancaire. Ainsi, sur Internet, les clients ont la possibilité d'acheter aux enchères des taux d'intérêts séduisants. La Weberbank de Berlin a effectué plusieurs ventes aux enchères de taux d'intérêt. Durant la quatrième vente aux enchères, qui a duré cinq jours (du 27 au 31 mai 2005), les épargnants pouvaient, pour des placements d'un montant allant de 10.000 à 100.000 euros, enchérir en permanence sur www.weberbank.de/zinsauktion, jusqu'à ce que le volume des intérêts eût atteint dix millions d'euros. Lors de la dernière enchère, la plupart des participants ont pu s'assurer un taux d'intérêt intéressant de presque 3%.
- Dans le secteur hypothécaire, une guerre des prix „destructive" eut lieu en Suisse en 2005 (voir également schéma 2). La PostFinance fit la publicité de ses hypothèques comme suit : „Si vous prenez aujourd'hui une hypothèque aux taux séduisants du marché, vous vous logez gratuitement pendant six mois. Cette offre est valable jusqu'au 31 décembre 2005." Les analyses d'une banque révélèrent qu'environ 75% des nouveaux contrats conclus en 2005 avaient été effectués à des conditions spéciales élevées. Les marges calculées ne couvraient, en partie, plus les frais. Les experts prévoient que cette part va continuer d'augmenter durant les prochaines années.

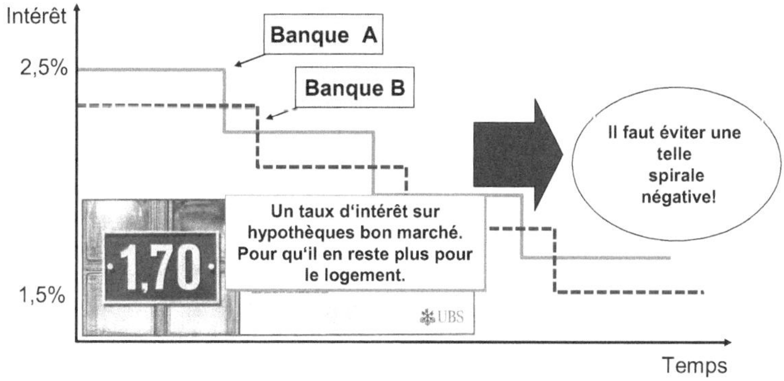

Schéma 2 : Guerre des prix dans le secteur hypothécaire.

- En particulier au niveau des services bancaires en-ligne, la concurrence s'effectue presque toujours au niveau du prix. La conséquence : un grand nombre de nouveaux offrants tels que Systracom, EQ-Online ou Youtrade ont disparu du marché (voir schéma 2). De dix courtiers en-ligne réguliers en Suisse, seulement trois sont encore présents sur le marché en 2005, et ceux-ci ont des perspectives commerciales très différentes. Aux Etats-Unis, la guerre des prix dans le secteur du courtage en-ligne est passée à une nouvelle étape. Début 2005, Charles Schwab diminua certaines de ses commissions d'un taux allant jusqu'à 35%. La bourse a réagi de manière négative à ces baisses de prix entraînant une diminution des marges. Ainsi, les cours des courtiers en-ligne américains s'effondrèrent de 2 à 3% après l'annonce de cette guerre des prix.

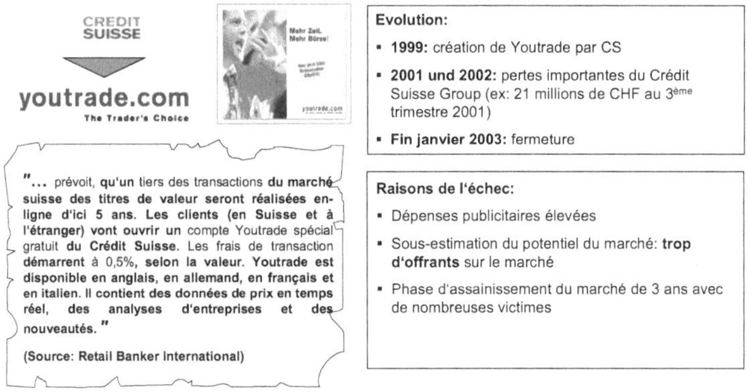

Source: Retail Banker International; www.eyekon.ch/d/prject/youtrade; Handelsblatt

Schéma 3 : Exemple de Youtrade (courtier en-ligne).

- En France aussi, la pression des prix et de la concurrence s'accroît. La Caisse d'Epargne fut la première banque du pays à rémunérer les avoirs des comptes courants : une offre autorisée en France uniquement depuis avril 2005. Cette mesure symbolise une plus grande flexibilité au niveau de la détermination des tarifs. Cette offensive des taux d'intérêts va se répercuter sur la politique future des prix et de l'offre pratiquée par les autres instituts.

- „La Poste met les banques françaises sous pression“[11], a déclaré le Financial Times Deutschland. La Poste veut devenir une banque de plein exercice. Avec l'annonce de cette offensive, la banque se lance sur le marché de manière agressive. La menace est sérieuse. La banque postale française se repose sur un réseau de 17.000 filiales. Le groupe possède presque 30 millions de clients bancaires, dont 11 millions de titulaires de comptes courants. Il n'est pas encore certain que l'agresseur déclenche une guerre des prix.
- Même dans le domaine des services bancaires aux particuliers, la lutte pour obtenir de nouveaux clients commence de plus en plus au niveau du prix. Des conditions spéciales sont à l'ordre du jour. Ceci se fait aux dépens de la marge et de la rentabilité. Le schéma 4 représente à titre d'exemple la situation d'une banque privée. Chaque point représente une situation de compte. Les points situés en-dessous des lignes sont les conditions spéciales. Plus un point est éloigné de la ligne, plus le rabais accordé est important. Le résultat est alarmant. Nous savons par expérience que beaucoup de banques n'ont aucune transparence en ce qui concerne leurs conditions spéciales. Pour cette raison, il est difficile d'entreprendre des mesures ciblées de réduction des conditions spéciales.

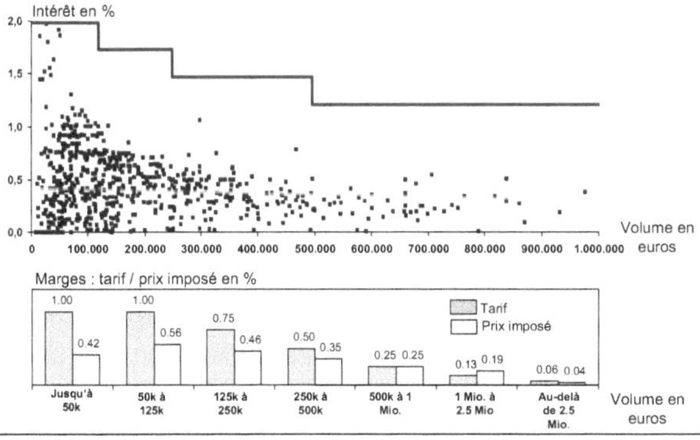

Schéma 4 : Conditions spéciales dans le secteur des services bancaires aux particuliers à l'exemple des dépôts à terme.

11 Financial Times Deutschland, 18 mai 2005, page 19.

- Les clients importants se voient accorder des conditions spéciales énormes. Ainsi, en 2005, le groupe Volkswagen a payé, pour son crédit d'un volume de 12,5 milliards d'euros, uniquement 20 points de base supérieurs à l'Euribor. Le consortium bancaire se chargeant du financement comprenait dix adresses (dont ABN Amro, Citigroup, Barclays, BNP Paribas, HSBC, JP Morgan).
- En Allemagne, le secteur bancaire des investissements est également marqué par une concurrence des prix destructrice au niveau des marges. Ernst Fassbender, PDG de Lazard Deutschland, a constaté : „Il règne sur le marché une attitude meurtrière et une lutte des prix même chez les concurrents établis.“[12] Les banques d'investissement leader que sont Goldmann Sachs, Morgan Stanley, Merrill Lynch ou la Deutsche Bank marchandent taux et contrats pour leurs clients. La lutte pour obtenir des contrats est sans pitié. La raison : le marché stagne. Le secteur est toujours caractérisé par d'importantes surcapacités. Ceci favorise la chute des prix.
- Dans le secteur des assurances, le signal de départ d'une guerre des prix retentit en 2004. Les assureurs automobiles luttèrent pour conserver leurs clients au moyen de réductions agressives des prix. Le numéro 2 du marché, la HUK-Coburg, introduisit son nouveau tarif le 1er novembre 2004, soit deux mois plus tôt que prévu. Ce fut sa réponse aux nouveaux tarifs d'Allianz, le leader du marché, qui avait réduit pour certains segments cibles ses prix dès le 1er septembre jusqu'à 30%. La HUK-Coburg arriva ainsi juste à temps sur le marché. Etant donné que la plupart des polices automobiles sont résiliables à 30 jours fin d'année, novembre est donc le mois le plus important pour les changements. Ainsi, la guerre des prix dans le secteur des assurances automobiles passa à la deuxième étape. L'introduction rapide du nouveau tarif prouvait à quel point l'offensive d'Allianz avait touché la HUK. Pour des raisons informatiques, beaucoup de concurrents ne purent réagir avant début 2005. Mais quel avait été l'élément déclencheur de cette guerre des prix ? La guerre

12 Cf. Capital 12/2005, pages 72-76.

des prix manigancée par Allianz était dirigée directement contre la HUK-Coburg, qui avait commencé en tant qu'assureur spécialisé pour le service public, mais qui avait, les années précédentes, dérobé en permanence des contrats à Allianz même dans d'autres secteurs. En raison des polices perdues, Allianz perdit des parts de marché dans cet important secteur d'assurances. Avec, par an, plus de 20 milliards d'euros de recettes issues de primes, le secteur automobile est le troisième secteur le plus important au niveau des assurances en Allemagne, derrière les assurances-vie et les assurances maladies. En outre, les assurances auto servent de produit d'ancrage pour la vente d'autres polices (mot-clé : ventes croisées). Le marché est donc fortement convoité. Allianz avait déjà réagi une fois à la chute des parts de marché au moyen d'une guerre des prix, en introduisant en 1996 un nouveau système généreux de rabais. Cela avait déclenché d'importantes pertes durant plusieurs années dans le secteur des assurances automobiles. Les sociétés d'assurance n'en ont retiré aucune leçon.

Mais pourquoi les prestataires de services financiers (banques et assurances) tombent-ils dans une guerre des prix ? Rolf Breuer, président du conseil de surveillance de la Deutsche Bank, déclare : „Il y a trop de banques, trop d'agences.“[13] L'Allemagne possède le plus de banques en Europe. Avec plus de 1.000 banques, la France occupe la deuxième place, loin devant l'Italie, l'Espagne et le Royaume-Uni (voir schéma 5). Les surcapacités et les produits sont les deux causes principales de la guerre des prix, comme l'ont révélé les résultats d'une étude de Heil (1996), représentée à gauche dans le schéma 5.

13 FAZ, 12 avril 2005, page 15.

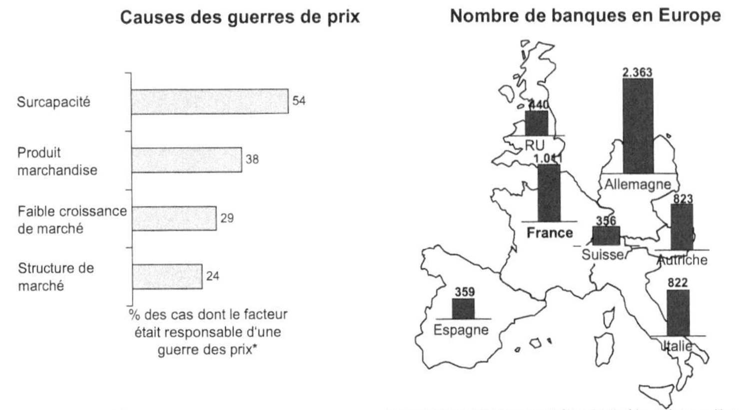

* Citations multiples possibles
Source : Prof. Oliver Heil, „Price wars: issues and preliminary results," mai 1996.

Source : Deutscher Sparkassen- und Giroverband – faits, analyses, positions 2004/11, SKP Analysis

Schéma 5 : *Causes des guerres des prix.*

D'autres raisons de l'éclatement de guerres des prix sont : une croissance de marché faible ou stagnante ainsi qu'une estimation erronée des réactions de la concurrence. *Les directeurs sous-estiment tout simplement les effets du prix.* Le prix (par exemple les taux d'intérêt de l'emprunt) est employé à tort comme arme. Conséquence : de nombreuses banques se trouvent impliquées dans une crise qu'elles ont en partie provoquée elles-mêmes. La réaction typique est de comprimer les dépenses. Restructurations et compression de personnel sont à l'ordre du jour. Des mesures de réduction des coûts sont nécessaires, mais étant donné les énormes progrès des dernières années, les potentiels de diminution des frais ne sont plus que très minces.

Comment échapper à cette crise ? Que faire pour augmenter les bénéfices ? Les directeurs de banques doivent se concentrer beaucoup plus fortement sur l'aspect prix. Celui-ci possède des potentiels d'augmentation des bénéfices n'ayant pas encore été exploités et nettement plus importants que les coûts. De plus, les „gains rapides" sont tentants en raison de leurs mesures de prix très rapides à réaliser. L'amélioration des marges se répercute immédiatement sur le bénéfice et n'exige en général aucun investissement préalable coûteux. Une bonne gestion des prix comporte donc trois chances à la fois : gain de temps, contournement de frais supplémentaires, et augmentation des bénéfices.

Les pertes cumulées en raison de guerres des prix peuvent s'élever à plusieurs milliards d'euros par secteur. Les entreprises concernées ont besoin de plusieurs années pour se remettre des conséquences. Mais comment éviter une guerre des prix, et comment échapper au piège du prix ? Il existe pour cela plusieurs mesures.

- *Prise en compte du comportement anticipé de la concurrence :* avant de procéder à une modification des prix, chaque banque devrait tenter d'évaluer correctement le comportement des concurrents. Il existe pour cela des techniques spéciales d'établissement de scénarios permettant de quantifier de telles évaluations et leurs conséquences. Les réflexions issues de la théorie du jeu sont très utiles, et „simulent par le jeu" les divers scénarios de comportement de la concurrence lors de modifications des prix et de leurs conséquences sur les bénéfices. L'auteur illustre cela au moyen d'un exemple. Pour les directeurs d'une banque, deux scénarios entrent en ligne de compte : attaque ou défense. Les questions suivantes ont été analysées :

  Scénario „attaque" (exemple : compte courant à rémunération élevée des avoirs) :

  - Quels sont les buts stratégiques concrets poursuivis par la direction (par exemple le nombre de nouveaux clients, le positionnement, la satisfaction de la clientèle, le volume) ?
  - Concrètement, quel est le nouveau concept prix-offre pour les particuliers ?
  - Quel devrait être le taux d'intérêt du compte courant, afin d'acquérir de nouveaux clients de manière „agressive" ?
  - Combien de nouveaux clients la direction espère-t-elle obtenir au moyen du nouveau compte courant ?
  - Quelle est la courbe de demande de ce produit ? Quelle est l'étendue de l'élasticité des prix ? Celle-ci varie-t-elle selon les régions ?

- Où se situent les seuils de prix (du point de vue expert / du point de vue de la clientèle) ?
- Comment les concurrents réagissent-ils au nouveau compte courant ? Quelles sont les conséquences de ces réactions sur les objectifs importants tels que le nombre de clients, les volumes et les profits ?
- Quelles implications ces conséquences ont-elles sur la conception concrète et sur l'élaboration future du marché ?

Scénario „défense" (compte courant à rémunération des avoirs)

- Quels sont les buts stratégiques concrets (maintien de la clientèle fixe, image du prix, satisfaction de la clientèle, gains) poursuivis par la banque au moyen de ce nouveau compte courant („offre défensive") ?
- Quelles sont les prestations supplémentaires (par exemple carte de crédit) qui devraient être intégrées à la nouvelle offre ?
- Quel devrait être le taux d'intérêt du compte courant afin de conserver la clientèle déjà existante ?
- Quel est le „taux de churn" (taux de résiliation) estimé pour les divers scénarios de prix ?
- Comment la clientèle réagit-elle à l'"offre d'attaque" ? Quels sont les effets de ces réactions sur les objectifs principaux tels que nombre de clients et bénéfices ?
- Comment les concurrents réagissent-ils au nouveau compte courant ? Quels sont les effets de ces réactions au niveau des ventes et des bénéfices ?
- Quelles implications ces conséquences ont-elles sur la conception concrète et sur l'élaboration future du marché de l'"offre de défense" ?
- Quelle devrait être la stratégie de signaling afin d'éviter autant que possible une guerre des prix détruisant les marges ?

- Signaling : il s'agit ici d'une stratégie de communication au moyen de laquelle la banque envoie des „signaux" publics à ses concurrents et à ses clients durant la phase préparatoire à l'ajustement prévu des prix. On cite par exemple l'annonce d'une mesure au niveau des prix, les objectifs poursuivis (comme par exemple le renforcement de la classe moyenne au niveau régional, et pas d'attaque) ou des déclarations de réduction des coûts, transmises aux clients sous forme de conditions améliorées. De cette manière, une procédure de concertation entre les participants du marché est mise en marche. Au moyen du signaling, l'institut donne des indications quant à ses intentions, ses raisons, ses objectifs ou sa situation interne (par exemple la suppression d'agences). Comme moyen de communication, outre les déclarations de presse, l'institut peut également avoir recours à des prises de parole lors de conférences, ou à des déclarations en-ligne. Les concurrents comprennent la raison sous-jacente aux mesures (par exemple une mesure d'augmentation des prix). Mais attention : dans le cadre du signaling, il est nécessaire de vérifier les aspects concernant le droit de la concurrence.

- *Structures de prix différenciées :* la probabilité d'annonces réciproques et répétées de baisse des prix est plus grande si les offres concurrentes sont, en raison de leurs structures de prix, faciles à comparer. C'est pourquoi l'offrant devrait créer des structures de prix se différenciant de celles des concurrents. Des concepts intelligents de prix, tels qu'une formation non-linéaire des prix ou le pricing multi-personnes sont présentés de manière détaillée au cinquième chapitre.

- *Offres-systèmes et offres groupées :* le regroupement de produits (par exemple compte courant et dépôt) représente une autre possibilité de différenciation et de contournement des guerres des prix. Des entreprises telles que Microsoft et McDonald's appliquent avec grand succès de telles solutions groupées (voir les explications au cinquième chapitre).

- *Gestion professionnelle des conditions spéciales :* l'accord de conditions spéciales doit respecter des règles et des procédures claires. Dans un premier temps, il est essentiel d'établir une transparence quant à l'accord de conditions spéciales. Ensuite, il convient d'éliminer les faiblesses de structure et d'élaborer des règles relatives à l'accord de conditions spéciales. La direction doit, au moyen d'instruments (par exemple par des outils de calcul de la clientèle) déterminer de manière transparente les effets que les réductions de prix ont sur les gains, sur les recettes et sur le volume. De cette manière, les conseillers bancaires sont sensibilisés au sujet „imposition du prix plus élevé“ (voir les explications au septième chapitre).

- *Incitation des conseillers :* inciter les conseillers bancaires de la bonne manière est une possibilité de plus pour obtenir des marges plus élevées. Ainsi, les commissions des conseillers d'une banque étaient orientées sur le volume des crédits, c'est à dire que plus le volume acquéri par le conseillé était important, plus sa commission était élevée (indépendamment des marges imposées). La volonté d'atteindre les objectifs de volume, ainsi que la pression croissante de la part de la concurrence, avaient entraîné une application accrue des conditions spéciales. Le rendement sur le capital propre diminua considérablement. La mise en place d'un nouveau système d'incitation, associé à la marge et au volume des crédits, inversa cette tendence négative.

En résumé : dans de nombreux secteurs et entreprises, être fixé sur le prix entraîne une concurrence agressive. Ces „guerres des prix“ ont pour conséquence une destruction gigantesque de valeurs. Les décideurs ont tout simplement négligé le bon pricing. Afin d'éviter des guerres des prix, les directeurs doivent se donner plus de temps pour trouver le bon prix, et exécuter les mesures appropriées sur la base d'analyses fondées (anticipation des réactions de la concurrence, signaling, offre de structures de prix différenciées, offres de systèmes et offres groupés, gestion professionnelle des conditions spéciales, mesure adaptée d'incitation des conseillers).

2.3 Le prix comme générateur de profit

Le profit est déterminé par quatre facteurs : quantité des ventes, prix, coûts fixes et coûts variables. Le schéma 6 présente la formule mathématique du profit :

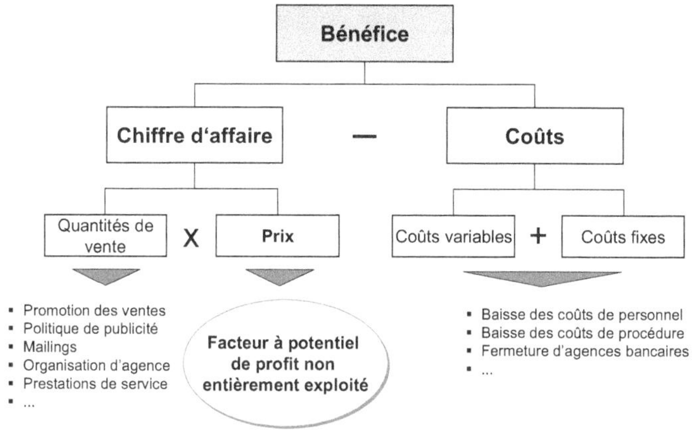

Schéma 6 : Les déterminants du profit.

Le profit est le résultat de la soustraction „chiffre d'affaire moins les coûts". Le chiffre d'affaire, par contre, est le produit des quantités de vente avec le prix. Les quantités de vente (synonyme : les ventes) possèdent, selon le type de produit bancaire, différentes désignations. Ainsi, dans le domaine des crédits, les quantités de vente correspondent au volume des crédits. Dans le domaine des dépôts, les quantités de vente correspondent au volume des dépôts (synonyme : actifs gérés). Les quantités de vente peuvent faire référence à un nombre de pièces, par exemple au nombre de cartes de crédit ou au nombre de comptes courants. C'est pourquoi l'on parle ci-après de manière générale de quantité de ventes et, pour les exemples spéciaux, des synonymes respectifs.

Beaucoup de décideurs investissent la majeure partie de leur temps à diminuer les coûts (par exemple les frais de personnel ou frais d'exploitation). Toutefois, l'aspect coûts est souvent considéré de manière trop unilatérale, et on n'accorde pas assez d'importance à l'optimisation des prix. Le prix est un facteur à potentiel de profil non encore exploité. C'est très surprenant, car le prix est le facteur ayant la plus grande influence sur le profit, comme le schéma 7 l'illustre de manière impressionnante.

Une amélioration de 10 % de ...	Générateur de profit		... augmente le bénéfice de ... Bénéfice (en Mio. €)		
	Ancien	Nouveau	Ancien	Nouveau	
Prix (frais de tenue de compte par an)	100	110	10	20	100%
Coûts variables par an	80	72	10	18	80%
Quantités de vente (nombre de comptes courants)	1 Mio.	1,1 Mio.	10	12	20%
Coûts fixes	10 Mio.	9 Mio.	10	11	10%

Une hausse de 10 % des frais de tenue de compte augmente le prix à 110 euros.
Si tous les autres facteurs sont constants, cela entraîne une hausse du bénéfice de 100 % pour atteindre 20 millions d'euros.

Schéma 7 : Prix, coûts et quantité de vente (ici nombre de comptes courants) comme générateurs de profit.

Une banque propose à ses clients un compte courant à un prix de 100 euros par an. Les quantités de vente comprennent un million de comptes courants. Les coûts variables sont de 80 euros par an. Les coûts fixes sont de dix millions d'euros par an. Dans ces conditions, la banque réalise un profit de dix millions d'euros (= (100-80) x 1 million – 10 millions d'euros). La banque souhaite améliorer les quatre générateurs de profit (donc le prix, les coûts variables, les quantités de vente et les coûts fixes) de 10% chacun, et d'en analyser les effets sur le profit. Le résultat de cette opération est représenté au schéma 7. Une amélioration du prix à hauteur de 10% (de 100 à 110 euros) entraîne, si tous les autres facteurs restent constants, une augmentation du profit de 100%, soit une hausse de dix à vingt millions d'euros (= (110-80) x 1 million d'euros – 10 millions d'euros). Les autres générateurs de profit n'ont pas cette puissance d'impact. Une amélioration de 10% au niveau des coûts variables, des quantités de vente ou des coûts fixes entraîne une hausse de profit respective 80%, 20% et 10%. Ces réflexions prouvent qu'il vaut mieux consacrer le temps et l'énergie de la direction à l'élaboration d'augmentations (intelligentes) de prix plutôt que par exemple à une hausse des quantités de vente. Car le prix (ici les frais de tenue de compte courant) est *le générateur de profit le plus efficace* et doit être compris comme tel par les directeurs et les décideurs. Ceci est surtout le cas lorsque les marges sont étroites.

Les analyses suivantes démontrent la force que détient le prix :

Analyse 1 : Si une banque réalise en moyenne 10 points de base en plus, cela signifie pour une base (dépôts ou crédits)

- 1 milliard d'euros → 1 million d'euros de bénéfice supplémentaire,
- 10 milliards d'euros → 10 millions d'euros de bénéfice supplémentaire,
- 100 milliards d'euros → 100 millions d'euros de bénéfice supplémentaire.

Analyse 2 : si une banque ou une caisse d'épargne ne réalise en moyenne „que" 10 euros par client et par an, cela signifie pour une base de :

- 100.000 clients → 1 million d'euros de bénéfice supplémentaire,
- 500.000 clients → 5 millions d'euros de bénéfice supplémentaire,
- 1.000.000 clients → 10 millions d'euros de bénéfice supplémentaire.

En résumé : aujourd'hui, un directeur investit la plus grande partie de son temps dans la diminution et dans le contrôle des coûts. Cet investissement est sain et logique. Mais emploie-t-on autant de temps et d'énergie pour l'optimisation des prix ? La réponse est non ! Pourtant le prix est le générateur de profit numéro un. La plupart des décideurs ne sont pas conscients de ce fait. C'est pourquoi il est nécessaire que chaque décideur comprenne de manière globale que le prix joue le rôle du générateur de profit dans le cadre de la concurrence moderne, et qu'il l'utilise de manière systématique afin d'optimiser les bénéfices.

2.4 Calculs simples quant à l'effet des prix

Afin de comprendre l'effet que le prix et les éventuels changements de prix ont sur le profit, nous prenons en considération l'exemple suivant (voir également le schéma 8). Une banque offre à ses clients un taux d'intérêt moyen du solde créditeur sur compte courant de 5% (prix). Le volume de crédit (quantité de vente) est d'un milliard d'euro. Les coûts variables sont de 4% (y compris taux de refinancement, coûts des risques et coûts d'immobilisation des fonds propres), de telle manière que la marge est de 1% (correspond à 100 points de base). Cet exemple ne tient pas compte des coûts fixes. Ils ne dépendent pas du prix. En d'autres termes : le prix fournissant la marge totale sur coûts variables la plus élevée génère par conséquent le profit maximal. L'institut réalise une marge sur coûts variables de 10 millions d'euros (= 0,01 x 1 milliard). La direction de la banque contrôle si le taux d'intérêt moyen de 5% est trop élevé, et analyse une baisse des prix de 10% exigée par le service des ventes (correspondant à une baisse de prix de 50 points de base). De combien devrait augmenter le volume des crédits pour pouvoir réaliser la même marge sur coûts variables ? La réponse : de 100% ! Pourquoi ? Pour une baisse de prix de 10%, la marge est réduite de 50%, ce qui correspond à une réduction de 100 points de base à 50 points de base. En conséquence, l'institut devrait doubler son volume de crédits, donc l'augmenter d'un à deux milliards, uniquement pour obtenir la même marge sur coûts variables. En d'autres termes : l'"*élasticité du prix*" devrait être d'au moins -10 (augmentation du volume des crédits de 100%, divisée par une baisse des prix de 10%), pour rendre la diminution du taux d'intérêt rentable. Une entreprise plutôt irréaliste. On définit l'élasticité du prix comme changement proportionnel des quantités de vente divisées par le changement de prix proportionnel. Si par exemple une diminution de prix de 10% augmente les quantités de vente de 5%, l'élasticité du prix est alors de -0,5. L'augmentation proportionnelle des ventes est exactement la moitié de la diminution proportionnelle du prix. L'élasticité de prix est négative car le prix et les ventes changent en direction inverse.

L'exemple montre à quel point il est important de comprendre l'effet que le changement du prix a sur les quantités de vente (ici volume des crédits) et sur la marge sur coûts variables.

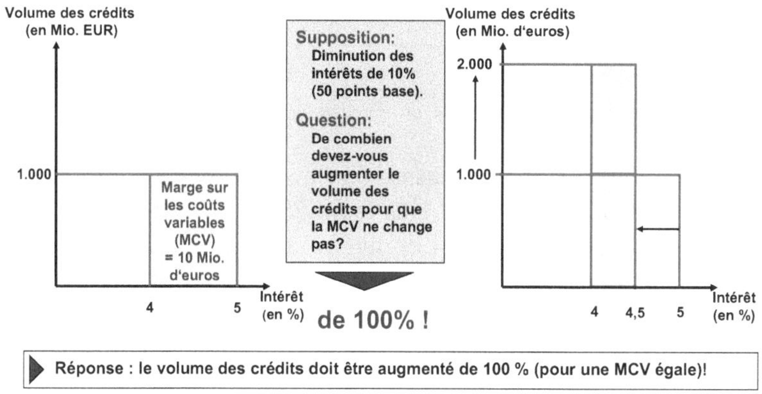

Schéma 8 : Scénario d'une diminution du taux d'intérêt de 10% (50 points de base) : croissance nécessaire des quantités de vente (ici le volume des crédits) pour laquelle la marge des coûts variables reste constante.

Car le volume des crédits, en raison de la diminution de 50 points de base du taux d'intérêt, n'augmente pas aussi fortement, mais par exemple uniquement de 20% pour atteindre 1,2 milliards d'euros, la marge sur coûts variables diminue alors à 6 millions d'euros. Cela correspond à une élasticité de prix de -2 (= hausse des ventes de 20% / diminution du prix de 10%). Dans ce cas, diminution du prix n'est pas rentable.

Diminution du prix en %	Ratio coûts-recettes*												
	0,95	0,90	0,85	0,80	0,75	0,70	0,65	0,60	0,55	0,50	0,45	0,40	0,35
	Augmentation des quantités de vente en % pour la même MCV												
2,0	67	25	15	11	8,7	7,1	6,1	5,3	4,7	4,2	3,8	3,4	3,2
3,0	150	43	25	18	14	11	9,4	8,1	7,1	6,4	5,8	5,3	4,8
4,0	400	67	36	25	19	15	13	11	9,8	8,7	7,8	7,1	6,6
5,0		100	50	33	25	20	17	14	13	11	10	9,1	8,3
7,5		300	100	60	43	33	27	23	20	18	16	14	13
10,0			200	100	67	50	40	33	29	25	22	20	18,2
15,0				300	150	100	75	60	50	43	38	33	30
30,0							600	300	200	150	120	100	86
40,0									800	400	267	200	160

Augmentation du prix en %	Ratio coûts-recettes**												
	0,95	0,90	0,85	0,80	0,75	0,70	0,65	0,60	0,55	0,50	0,45	0,40	0,35
	Augmentation des quantités de vente en % pour la même MCV												
2,0	29	17	12	9,1	7,4	6,3	5,4	4,8	4,3	3,8	3,5	3,2	3
3,0	38	23	17	13	11	9,1	7,9	7	6,3	5,7	5,2	4,8	4,4
4,0	44	29	21	17	14	12	10	9,1	8,2	7,4	6,8	6,3	5,8
5,0	50	33	25	20	17	14	13	11	10	9,1	8,3	7,7	7,1
7,5	60	43	33	27	23	20	18	16	14	13	12	11	10
10,0	67	50	40	33	29	25	22	20	18	17	15	14	13
15,0	75	60	50	43	38	33	30	27	25	23	21	20	19
30,0	86	75	67	60	55	50	46	43	40	38	35	33	32
40,0	89	80	73	67	62	57	53	50	47	44	42	40	38

* Exemple : pour une diminution du prix de 10 % et un ratio coûts-recettes de 0,75, les quantités de vente doivent augmenter de 67 % pour obtenir la même marge de coûts variables.

** Exemple : pour une augmentation du prix de 10 % et un ratio coûts-recettes de 0,75, le volume peut diminuer de 29 % pour obtenir la même marge de coûts variables.

Schéma 9 : Tableau de décision pour les changements de prix.

Cette aide à la prise de décision en matière de diminution et d'augmentation des prix figure dans le schéma 9 issu du calcul de la marge sur coûts variables 9. Les lignes indiquent le ratio coûts-recettes, les colonnes indiquent le changement de prix souhaité. Les pourcentages figurant dans le tableau indiquent le pourcentage de quantité des ventes (par exemple volume des crédits) qu'il convient d'obtenir en plus (dans le cas d'une diminution des prix) ou qu'il est possible de perdre (dans le cas d'une augmentation des prix), sans que la marge sur coûts variables en change. Les directeurs de banque ne doivent procéder à un changement des prix que si le pourcentage du changement prévu de la quantité des ventes dans la direction souhaitée est inférieur ou supérieur à ces taux. Exemple : pour un ratio coûts-recettes de 0,75, une diminution du prix de 10% n'est rentable que si l'on prévoit une augmentation des quantités de vente supérieure à 67%. A marge égale, une augmentation du prix ne serait judicieuse que si les quantités de ventes diminuent à moins de 29%. Les améliorations de marge au moyen d'un pricing professionnel ont un effet immédiat sur le profit, et ne nécessitent en général aucun investissement préalable coûteux. Il est d'autant plus surprenant que la plupart des directeurs de banque négligent l'aspect prix ou l'emploient de manière incorrecte. Le prix est pourtant le générateur de profit numéro un. Un autre exemple va expliciter ceci. Un institut financier réalise un chiffre d'affaire d'un milliard d'euros. Le profit est de 50 millions d'euros. Une analyse fondée révèle qu'il est possible d'augmenter les prix de 5% en moyenne sans que cela provoque une baisse de la quantité des ventes. Cela entraînerait une augmentation du profit de 100% en le faisant passer de 50 millions d'euros à 100 millions d'euros. Mais comment exécuter de telles mesures ?

Pour une décision rationnelle en matière de prix, il est absolument indispensable de connaître la „courbe de demande". Cette fonction reflète les quantités de vente d'un produit selon le prix de ce produit. Sa détermination est donc d'une importance centrale pour l'optimisation des prix. Le schéma 10 montre à titre d'exemple la courbe de demande d'une carte de crédit sur la base de laquelle il est possible de déterminer le prix optimal au niveau du profit. Cette courbe a une inclinaison négative, c'est à dire que plus le prix est élevé (bas), plus les quantités de vente seront faibles (élevées).

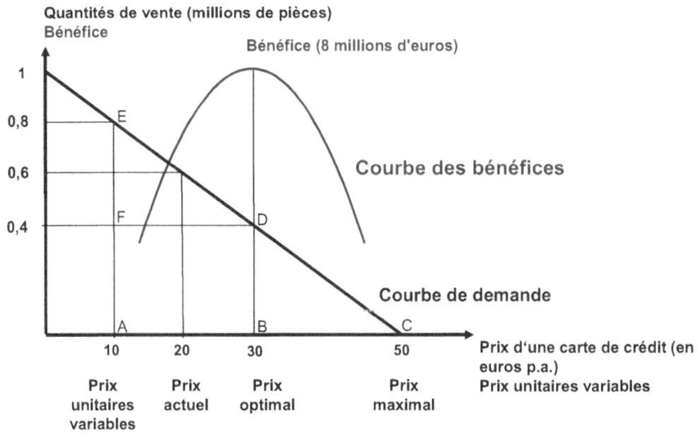

Schéma 10 : Courbe de demande et courbe de profit à l'exemple d'une carte de crédit.

Si l'on connaît la courbe de demande (comme au schéma 10), il est facile de déterminer le prix optimal. La courbe de demande figurant au schéma 10 signifie : q = 1.000.000 - 20.000 * p, à savoir que „q“ représente les quantités de vente et „p“ le prix. Les coûts unitaires variables sont de 10 euros par an. L'auteur part du principe qu'il est permis de négliger les coûts fixes. Dans ce cas, la marge sur coûts variables correspond au profit. Pour un prix de 10 euros (correspondant aux coûts variables), 800.000 cartes de crédit sont vendues. Mais le profit est nul. Lorsque le prix se rapproche des 50 euros (correspondant au prix maximal), la quantité des ventes et le profit se rapprochent de zéro. Le prix maximal est le prix maximal qu'un client est prêt à payer. Le prix optimal au niveau du profit est donc entre 10 et 50 euros. Mais quel est le montant du prix optimal ? Pour parler de façon imagée, la tâche consiste à trouver le rectangle le plus grand possible et pouvant être contenu dans le triangle ACE du schéma 10. Ce rectangle, le plus grand possible (ABDF), est atteint grâce au prix de 30 euros par an pour une carte de crédit. Pour une courbe de demande linéaire et des coûts variables constants (comme au schéma 10), le prix optimal (p_{opt}) se détermine comme suit : $p_{opt} = ½ * (prix maximal + coûts variables)$. Appliqué à notre exemple, il en résulte : $p_{opt} = ½ * (50 + 10) = 30$. Le prix de 30 euros par an pour la carte de crédit maximise le rectangle des profits. A ce prix, 400.000 cartes de crédit sont vendues, et le profit est de 8 millions d'euros (= (30 - 10) x 400.000). La courbe de profit du schéma 10 démontre les points suivants :

- Il existe toujours un prix optimal au niveau du profit (dans cet exemple, 30 euros).
- Plus l'offrant (de la carte de crédit) s'éloigne du prix optimal, plus la fonction de profit est pentue. Si la banque s'éloigne fortement de l'optimum au niveau du prix, un changement supplémentaire du prix dans le mauvais sens (du point de vue du profil) est alors dévastateur.
- Pour une optimisation des prix, la connaissance de la courbe de demande est nécessaire.

Mais les directeurs de banques connaissent-ils la courbe de demande de leurs produits ? Des entretiens avec les directeurs d'instituts financiers révèlent que le prix est très souvent déterminé par rapport aux coûts. On parle dans ce cas de fixation des prix en fonction des coûts. Des déclarations telles que „Nous déterminons nos coûts puis y ajoutons notre marge cible“, „Nous ne connaissons pas l'élasticité des prix ni la courbe de demande de nos produits bancaires“ ou „Nous déterminons le prix sur la base de notre calcul des coûts“ sont typiques. Outre par rapport aux coûts, beaucoup de décideurs s'orientent par rapport aux prix de la concurrence (voir également le schéma 11). Les coûts, les prix de la concurrence et le facteur „à vue de nez“ déterminent les prix. Une enquête effectuée par Simon-Kucher & Partners auprès de directeurs révèle le problème central de la détermination des prix. Selon cette enquête, seulement 31% sont au courant de la courbe de demande. En d'autres termes : ils ne connaissent pas cette courbe importante pour l'optimisation des prix. Un résultat alarmant.

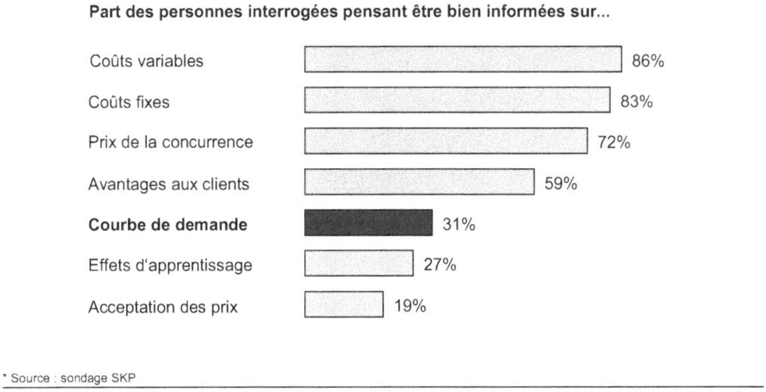

Schéma 11 : Niveau d'information des directeurs quant aux facteurs déterminants en matière de prix.

En résumé : pour pouvoir déterminer le prix optimal, le directeur de banque doit connaître la courbe de demande. En tenant compte des coûts et de la réaction de la concurrence, il peut alors déterminer le prix rapportant le profit maximal. Mais beaucoup de directeurs ignorent la courbe de demande.

Troisième chapitre : Les aspects stratégiques du pricing

Le pricing est un jeu qui se joue pour de grands enjeux ;
pour les stratèges du marketing, c'est le moment de vérité.
Raymond Corey

3.1 Valeur actionnariale et pricing

La valeur actionnariale vise au rendement à long terme pour les investisseurs, aux yeux desquels la valeur boursière a une grande importance. Les banques françaises sont toutefois toujours à la traîne derrière la concurrence internationale en matière de rendement et de valeur boursière. Au niveau du revenu sur capital propre avant impôts, les plus grands instituts financiers français se placent, au classement international des rendements financiers, en 9ème et 13ème positions (valeur : juin 2005). La conséquence : la capitalisation de marché des instituts français est également faible (voir représentation de gauche au schéma 12). Les experts prévoient que cette situation ne va pas changer de manière considérable les prochaines années. En effet, le marché évalue un institut sur la base des profits prévus. Le potentiel de menace est immense, car les faibles valeurs des entreprises invitent à procéder à des rachats. Le schéma 12 illustre la situation de manière objective.

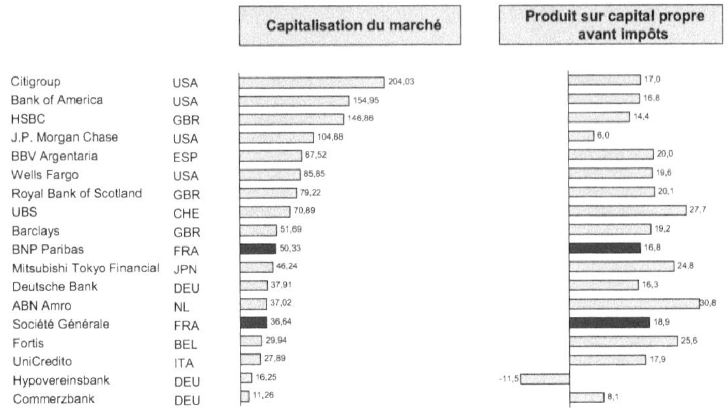

Source : analyse SKP (date : juin 2005)

Schéma 12 : Capitalisation du marché et revenu sur capital propre avant impôt.

En même temps, les potentiels d'amélioration restants se heurtent à des limites au niveau des coûts et des quantités de vente (par exemple l'accroissement du volume des crédits). D'autres rachats (internationaux) intensifient la pression de consolidation existant en Europe (par exemple Unicredito et HypoVereinsbank ou Santander et Abbey).

Quels sont les générateurs de valeur de la valeur actionnariale ?

Traditionnellement, le profit joue un rôle prééminent. Toutefois, selon Dave Ulrich, il perd en importance. Ainsi, au moyen d'analyses empiriques, il parvient au résultat que le profit aurait expliqué 90% du cours boursier jusqu'au début des années 90, mais que ce taux est aujourd'hui de 50%.[1] Les experts sont convaincus que ces résultats d'analyse de Dave Ulrich ont été influencés par l'engouement pour l'Internet. Le marché est devenu nettement plus rationnel, de sorte que le profit (prévu) reste le générateur principal de valeur des valeurs actionnariales. D'autres facteurs importants pour les instituts financiers sont : nombre de clients (nouveaux clients) et accroissement du chiffre d'affaire (ces deux critères sont

1 Voir l'article de Simon et al. (2002), Investor Marketing, Zeitschrift für Betriebswirtschaft (magazine de gestion).

d'importants indicateurs des potentiels futurs de profit), le leadership du marché ou la personne du PDG (ainsi que la stratégie liée à celui-ci). Pour beaucoup de ces facteurs, la gestion des prix joue un rôle important. Pour cette raison, la pratique développe un grand intérêt pour le générateur de profit „prix".

Malgré l'environnement défavorable du marché (clients plus critiques, mondialisation, concurrence grandissante, voir les explications au deuxième chapitre) il apparaît des aspects nettement positifs tels que le renforcement de la prévoyance privée, les potentiels du „silver market" des personnes âgées ou la revalorisation du marketing au sein d'une organisation propre. En utilisant la bonne stratégie, seuls ceux qui s'établissent dans cet environnement tendu composé de problèmes et de chances feront partie des vainqueurs de la lutte pour des profits plus élevés.

Mais quelle est la relation entre pricing et valeur boursière ?

Le pricing professionnel est la clé du succès (mot-clé : croissance rentable). Le prix a de loin l'impact le plus important sur l'accroissement des profits (voir alinéa 2.3). Les erreurs au niveau de la gestion des prix ont un effet négatif sur la valeur boursière, car les potentiels de profit ne sont pas relevés et que les marges sont détruites (voir alinéa 2.2). L'exemple de Charles Schwab le démontre de manière impressionnante. En annonçant qu'il allait réduire certaines de ses commissions de 35%, le courtier en-ligne déclencha une nouvelle guerre des prix. La bourse réagit aussitôt à cette annonce destructrice de marges. Ainsi les cours d'Ameritrade, d'E-Trade et de Charles Schwab diminuèrent le jour de l'annonce (le 4 février 2005) entre 2 et 3%. Chaque institut financier devrait, (surtout) avant de procéder à des réductions de prix, essayer d'évaluer correctement le comportement des concurrents, car la réaction de la concurrence a des effets sur la situation propre de profit. Par conséquent, il faudrait anticiper ces effets. La direction de Charles Schwab aurait dû, au préalable, se poser entre autres les questions suivantes : quels sont les objectifs stratégiques (valeur boursière, acquisition de nouveaux clients, profit, actifs gérés ou nombre de contrats) que nous poursuivons par ces mesures de prix ? Comment les concurrents tels qu'Ameritrade et E-Trade réagissent-ils aux diminutions de prix ? Quels effets ces réactions ont-elles pour nos objectifs ?

En matière de pricing, il n'existe pas de formule magique. Les affaires avec les banques et les assurances sont complexes, les stratégies diverses, les besoins des clients extrêmement hétérogènes. Les agresseurs (tels que Charles Schwab ou ING Diba) misent souvent sur les offres simples et bon marché. Les défenseurs (tels que les grandes banques) par contre, misent sur des systèmes de prix différenciés et complexes.

Pour déployer pleinement les potentiels de profit que représente le pricing, il est bien plus nécessaire d'avoir une gestion professionnelle de la totalité de la procédure de pricing, de la stratégie à la surveillance en passant par l'optimisation et par l'imposition des prix.[2] Alors que les ouvrages de référence ne traitent quasiment que de l'optimisation des prix, une nette majorité des entreprises et des banques considère la procédure de pricing comme plus importante.[3]

En résumé : le profit (prévu) est le générateur de valeur de la valeur actionnariale. Par conséquent, les valeurs boursières des instituts financiers français sont faibles. Des erreurs au niveau de la gestion des prix agissent de manière négative sur la valeur actionnariale, car les potentiels de profit ne sont pas relevés et que les marges sont détruites. Ce dont les banques ont besoin, ce sont donc des profits plus importants, et des taux de croissance stables permettant d'accroître leur propre valeur, et de créer ainsi des barrières aux rachats.

2 Voir à ce sujet l'article de Wübker et Simon (2003).

3 Voir à ce sujet l'article de Simon (2004).

3.2 Processus de fixation des prix : de la stratégie à la mise en œuvre

L'alinéa 2.3 a démontré que le prix est le générateur de profit numéro un. Mais attention : de „simples" augmentations de prix telles que la hausse des prix existants, ou l'ordre „simple" au service des ventes d'"imposer" des prix plus élevés, sont en général voués à l'échec. Ce dont les entreprises et en particulier les instituts financiers ont besoin, ce sont des stratégies de prix innovantes, orientées sur les besoins et les avantages des clients ainsi qu'une entière *réorganisation des processus de prix* en découlant. Notre expérience prouve que beaucoup d'instituts financiers n'ont pas de processus systématique de pricing. L'auteur entend par cela un système de règles, de structures et de mesures organisationnelles servant à fixer et à appliquer les prix. Pour la réorganisation des processus de fixation des prix, il est conseillé d'appliquer un schéma en cinq étapcs débutant par les objectifs stratégiques et terminant par la surveillance (voir schéma 13).

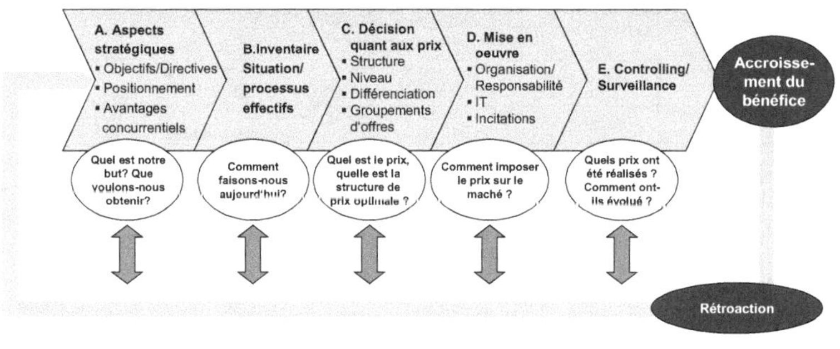

Schéma 13 : Le processus idéal de fixation de prix.

Les processus de fixation des prix sont toujours décisifs lorsqu'une entreprise (comme une banque ou une assurance) a beaucoup de produits ou que les prix sont fixés spécifiquement pour des transactions individuelles lors de négociations. Les tarifs et les listes de services de banques, par exemple dans le segment de la vente au détail, comprennent souvent plus de 300 composantes des prix. Dans le secteur des services bancaires aux particuliers et aux entreprises, il existe encore plus de paramètres des prix, car les prix sont en général négociés de manière individuelle. Dans tous ces cas, il n'est pas possible de consacrer beaucoup de temps ni d'énergie à la prise de décision concernant chacun des prix. Il est nécessaire d'appliquer des processus précisément définis permettant de déterminer et d'imposer les prix, et d'obtenir ainsi des rendements suffisants. Grâce à notre expérience issue de nombreux projets de fixation des prix dans les plus divers domaines de l'industrie financière, nous estimons que l'amélioration réalisable possible du ratio coûts-recettes se situe entre 2 et 5%. C'est ce que nous illustrons au moyen de quelques exemples du secteur bancaire (voir schéma 14).

Secteur	Catégorie de chiffre d'affaire	Approches d'augmentation des bénéfices	Augmentation du CIR (%)
Détail Titres	100 Mio. d'euros	- Quantification systématique de la "valeur au consommateur" - Application de formes intelligentes de la segmentation des prix	approx. 3,0
Détail Opérations de paiement	75 Mio. d'euros	- Réorganisation de la porcédure de pricing - Outil de conseiller pour l'imposition des prix	2,8
Détail Paysage comptes	50 Mio. d'euros	- Assainissement du portefeuille de produits et de prix - Packs à valeur ajoutée innovants et par segment	4
Détail cartes	>50 Mio. d'euros	- Mesure des élasticités de prix par segment - Structures de prix et d'offre innovantes	2,5
Services bancaires aux particulires	>500 Mio. d'euros	- Développement d'une banque de donnée de pricing globale - Systématisation des conditions spéciales (règles/procédures)	5
Services bancaires aux particuliers Services	>20 Mio. d'euros	- Développement de nouveaux services à valeur ajoutée - Mise en application de la stratégie à valeur ajoutée (packs modulaires	3,4
Services bancaires aux particuliers Banque totale	>250 Mio. d'euros	- Audit global de pricing pour tous les produits-noyaux et segments - Outils d'imposition des prix	6
Fonds	>500 Mio. d'euros	- Assainissement du portefeuille de fonds - Optimisation des prix de plus de 100 fonds	3
Entreprises	>250 Mio.	- Développement systématique des générateurs de valeur - Procédure d'imposition des prix et de la valeur	4

Schéma 14 : Processus de fixation des prix : exemples choisis.

- Au niveau des opérations sur titres d'une banque, son levier d'amélioration du profit concernait une différenciation plus ciblée selon les segments de clientèle. On constata qu'un certain groupe de clients de longue date réagissait fortement à un changement des conditions, alors qu'un autre segment et les nouveaux clients ne révélaient aucune réaction à cette même mesure. L'amélioration de la coordination du pricing, de la segmentation, de la différenciation de l'offre et de la politique de communication généra une nette amélioration de l'efficacité du marketing et des prix. Le groupement de certaines prestations et de certains prix joua un rôle central, en particulier pour les ventes croisées. Le résultat : le chiffre d'affaire augmenta d'environ 3 millions d'euros par an. Il fut possible d'améliorer durablement de 3% le ratio coûts-revenus.

- Chez une autre banque, il fut possible, au niveau des services bancaires aux particuliers, d'accroître le profit de 15 millions d'euros par an au moyen d'une analyse fondée (prix de la concurrence, élasticité des prix, segmentation des bénéfices, analyse de la concurrence). Une étude détaillée des différents types de produits révéla que l'institut ne possédait pas de processus systématique de fixation des prix. Pour chaque type de produit, la fixation des prix était effectuée de manière différente. Des consignes de pricing, c'est à dire des directives maîtresses servant de cadre à la politique des prix, étaient inexistantes. L'élasticité des prix des produits analysés était inconnue. Les prix étaient, en général, fixés en fonction des coûts et / ou de la concurrence. Ce projet servit de projet pilote à une future organisation du pricing, et fournit de précieuses informations concernant, outre l'optimisation des prix et de l'offre, la procédure à suivre lors de la fixation de prix optimaux.

- Pour les services bancaires aux particuliers d'une banque suisse, le levier d'accroissement du profit fut une analyse pragmatique de la sensibilité aux prix. Sur la base de cette analyse, et à l'aide de nouvelles structures de prix, la banque put réaliser des „gains rapides", c'est à dire mettre immédiatement en pratique des mesures de réalisation de bénéfices. Les gains supplémentaires étaient de l'ordre de plusieurs dizaines de millions.

- Chez une autre banque, on constata que les conseillers bancaires aux particuliers et aux entreprises étaient trop larges au niveau de l'accord de rabais. Lors des négociations avec les clients, le prix avait une place trop centrale. Ce problème fut résolu à l'aide de règles claires concernant l'accord de conditions spéciales, de guides d'argumentation et d'un nouveau système d'incitation. Les potentiels d'accroissement du profit étaient de plusieurs dizaines de millions. Au cours de la mise en application de ces mesures, le chiffre d'affaire et le profit augmentèrent chacun de plus de 20 millions d'euros par an.

En résumé : les banques ont besoin d'une réorganisation totale de leurs processus de fixation des prix. Les différents cas illustrés au schéma 14 prouvent que la gestion des prix ne concerne pas seulement une simple hausse ou baisse des prix. Les paramètres à améliorer sont considérablement plus complexes : information, connaissances, compétences, responsabilités, initiatives et structures des prix telles que prix multi-dimensionnels ou non linéaires, regroupement de prix, pricing multi-personnes et différenciations, pour ne citer que les principaux. Il s'agit en somme d'une hausse massive de l'intelligence de pricing de la banque toute entière. Pour connaître du succès, il est essentiel de comprendre cela. De plus, l'engagement de la direction de la banque est indispensable. En effet, il s'agit ici de réorganiser les compétences d'un institut en matière de pricing ainsi que l'accroissement du profit en découlant.

3.3 Objectifs stratégiques et lignes directrices en matière de pricing

Dans ce paragraphe, l'auteur se penche sur les aspects stratégiques de la gestion des prix comprenant, selon le schéma 13, la première phase du processus de fixation des prix. Des directives claires et nettes quant aux objectifs ainsi que des principes définissant la politique de l'offre et des prix forment la base du pricing moderne et sont indispensables pour un processus efficace de fixation des prix. Ces exigences paraissent banales, mais la pratique prouve le contraire. Nous savons, pour avoir participé à de multiples projets, que la plupart des instituts financiers n'ont pas d'objectifs clairement définis, et encore moins des directives ou des principes définissant la politique de prix de leurs produits et services. Il convient, dans une première étape, de déterminer les objectifs stratégiques poursuivis par l'offrant au moyen de la gestion des prix, et de les classer par ordre de priorité. Pour beaucoup d'instituts financiers, des systèmes d'objectifs complexes et souvent confus sont plus habituels qu'exceptionnels.

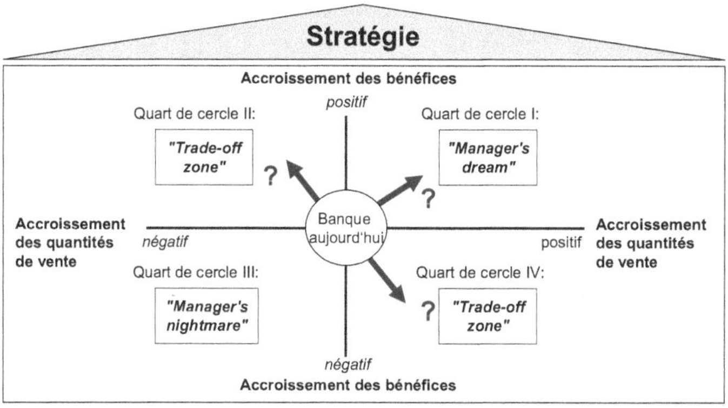

Schéma 15 : Objectifs stratégiques : accroissement des profits et accroissement des quantités de vente.

Il convient d'illustrer ceci par un exemple. Un conflit particulièrement répandu existe entre les objectifs de profit et les objectifs des quantités de vente. La plupart des directeurs aimeraient avoir des prix plus élevés sans devoir s'accommoder d'une diminution des quantités de vente ou des parts de marché (mot-clé : croissance rentable). Beaucoup d'instituts financiers ont des objectifs explicites quant aux quantités de vente (augmentation du nombre de transactions, accroissement des actifs gérés ou hausse du volume des crédits). C'est pour cela que, dans le cadre de la détermination des prix, le profit n'est jamais l'unique objectif. Dans la pratique, la règle est un mélange des objectifs de profit et des objectifs de quantités de vente. Les directeurs doivent donc peser le pour et le contre de ces deux objectifs. Ce compromis est illustré au schéma 15.

L'axe horizontal représente l'augmentation des quantités de vente, et l'axe vertical l'accroissement du profit. Le point de jonction des deux axes représente le statu quo. Le quart de cercle I décrit le „rêve du directeur", au cours duquel augmentent aussi bien le profit que les quantités de vente ; le quart de cercle III représente le „cauchemar du directeur", car diminuent aussi bien le profit que les quantités de vente. Au quart de cercle II, le profit augmente mais les quantités de vente baissent ; l'inverse est représenté au quart de cercle IV, dans lequel le profit progresse mais les quantités de vente s'amoindrissent. Ces deux quarts de cercle sont décrits comme zones de compromis, car le directeur doit peser le pour et le contre entre la hausse de profit et la hausse des quantités de vente. On observe, pour les quarts de cercle II et IV, beaucoup de mouvements chez les prestataires de services financiers. Au quart de cercle II, la hausse des prix fait augmenter le profit, alors que les quantités de vente diminuent. Nombreux sont les instituts désirant adopter cette méthode. Sur plusieurs centaines de projets et d'entreprises, il nous apparaît que seul un nombre très restreint de directeurs prennent vraiment au sérieux l'objectif d'"accroissement de profit" et poursuivent celui-ci avec engagement. Plusieurs exemples le confirment. Nous avons discuté, avec un institut financier leader au Royaume-Uni, des alternatives en matière d'accroissement du profit. Il était évident qu'il n'était pas possible de contourner une hausse (intelligente) des prix. Toutefois, le directeur du marketing commenta ce fait indéniable par les mots „Mais alors nous allons perdre des clients !" Cela mit un terme aux discussions. Un autre grand institut financier européen avait pour objectif un „accroissement net des recettes". L'analyse d'un processus systématique de fixation des prix révéla que la mise en pratique des mesures d'amélioration allait permettre d'accroître les recettes de plus de 40 millions d'euros. L'objection : „Mais cela va nuire à la satisfaction de nos clients", émise par un directeur, mit fin à beaucoup des mesures prévues. Ces exemples sont typiques et symptomatiques. Pour cela, il est indispensable de placer la clarification des directives et des objectifs stratégiques en tête de la réorganisation du processus de fixation des prix. Selon la définition et l'ordre de priorité des objectifs, la direction devrait fixer des principes, dénommés „directives de pricing" pour la future politique de prix. Ces principes constituent le cadre de la gestion future des prix et des offres, et doivent faire l'objet d'une communication et d'une „expérience" internes. Le schéma 16 illustre un tel positionnement des prix chez la banque A du Royaume-Uni.

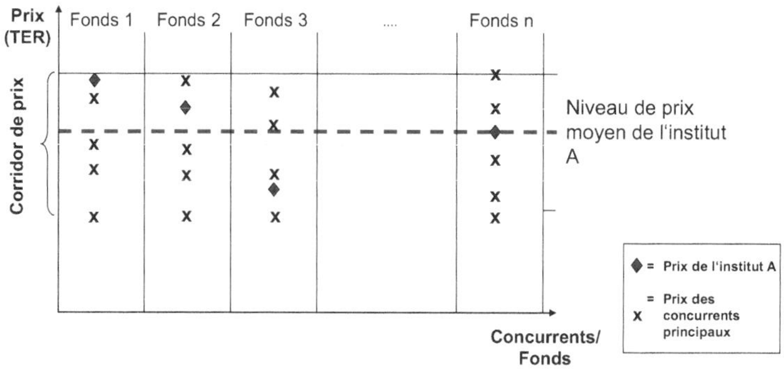

Schéma 16 : Positionnement des prix dans un environnement concurrentiel.

L'institut n'avait pas de politique de prix consistante. Certains produits étaient positionnés, au niveau du prix, dans le quart supérieur (par exemple le placement 1), d'autres produits (voir le placement 3), se trouvaient dans le quart inférieur. Après que ces résultats eurent été discutés pour la première fois de manière transparente et dans le détail avec la direction, l'on convint de la directive de pricing suivante (directive de positionnement des prix) :

„Nous voulons nous positionner au Royaume-Uni comme fournisseur de premier rang. Nous pratiquons, pour l'excellente qualité de nos produits et services, ainsi que pour la notoriété de notre marque, des prix élevés. Les prix de nos placements vont être à l'avenir positionnés dans le quart supérieur."

Directives de pricing	Organisation
① Le profit d'abord	▪ Objectif central de la banque A : une croissance rentable. Les produits du domaine X doivent être globalement rentables. Le but est que tous les types de produit atteignent un CIR d'au moins 75%. Avantages aux clients, propensions à payer, coûts et prix de la concurrence déterminent la structure rentable future des prix des produits.
② Positionnement concurrence/prix	▪ La banque X veut se positionner sur le marché comme fournisseur de premier rang ("nous sommes le Mercedes Benz des services bancaires"). Pour la qualité de ses produits et services, elle prend des prix élevés, donc les produits doivent, aux yeux des clients, avoir un rapport qualité-prix logique. Les prix des produits doivent se situer dans le corridor supérieur des prix de marché (1er quart).
③ Elasticités des prix	▪ Désormais, la banque A collecte et analyse des informations quant aux générateurs principaux de recettes. Outre les préférences, les avantages aux clients et les prix de la concurrence, on détermine également de manière valide et fiable les propensions à payer et les élasticités de prix.
④ Auto-sélection	▪ Le client est libre de décider lequel des produits (packs de produits) ou services il souhaite. Il s'affecte les différentes offres selon ses besoins (principe d'auto-sélection). Ce principe se retrouvera dans les offres futures.

Schéma 17 : Extrait d'une liste de directives de pricing.

Ceci était l'une des dix directives de pricing qui avaient été élaborées en collaboration avec la direction. Le schéma 17 illustre à titre d'exemple quelques-unes des directives de pricing d'une banque allemande, élaborées avec la direction et à caractère obligatoire.

L'importance de telles directives de pricing est révélée par la déclaration du directeur d'une grande banque européenne : „L'élaboration de divers principes de pricing était extrêmement importante pour notre future politique de prix et d'offre. Nous avions un cadre clairement défini. Au cours des nombreuses discussions sur des questions de prix, nous nous sommes orientés par rapport aux directives de pricing. Cela nous a beaucoup aidées."

Il convient de développer les directives de pricing au cours d'une procédure en plusieurs étapes. Dans un premier temps, l'auteur conseille d'utiliser comme base d'élaboration de ces directives la „stratégie d'entreprise". On constate très souvent que les stratégies d'entreprise ne contiennent aucune consigne quant à la stratégie de prix. Dans un deuxième temps, on formule des hypothèses sur la stratégie de prix et on la discute et l'évalue par rapport à différents segments (par exemple les services bancaires aux particuliers, services bancaires de détail et services bancaires aux entreprises). On affine ensuite ces résultats au cours de plusieurs séances de concertation. Il en résulte les directives de pricing, adoptées en accord avec les unités concernées (parfois nommées également les cinq ou dix „commandements du pricing“). La procédure décrite prend, selon la culture d'entreprise respective, trois à cinq semaines. Il est très important d'inclure les différents secteurs le plus tôt possible pour garantir plus tard l'acceptation des directives „vécues“. Ceci est illustré par la déclaration d'un directeur : „Si nous n'avions pas intégré les différents services et secteurs suffisamment tôt, nous n'aurions pas pu appliquer et „vivre“ ces directives de pricing avec succès.“

En résumé : les objectifs stratégiques clairs et les directives de pricing forment la base d'une gestion moderne des prix et sont indispensables à un processus efficace de fixation des prix. Il est fréquent que les banques ne possèdent pas (à l'écrit) ces objectifs et directives. C'est pourquoi il est nécessaire de les élaborer avec la direction et de les classer par ordre de priorité. Le résultat est que la direction se voit remettre les cinq ou dix commandements du pricing.

3.4 Positionnement et avantages concurrentiels

Dans le cadre de la concurrence moderne, le prix gagne de plus en plus en importance et forme ainsi un élément central de la stratégie concurrentielle. „Nouveau round dans la concurrence aux clients de banques“, disait le titre du FAZ du 2 septembre 2004. La Comdirect-Bank offrait un taux d'intérêt de 4,25% pour les dépôts à terme fixe de six mois. Par cette quatrième action publicitaire pour 2004, la Comdirect-Bank accentua la concurrence des prix pour les dépôts à court terme. Depuis lors, d'autres banques procèdent à des opérations similaires. Cet exemple montre que les réflexions quant à la concurrence, prenant le prix comme élément principal, deviennent indispensables. Le triangle stratégique, avec les points-clés institut propre („nous“), client et concurrence, a fait ses preuves en tant que cadre de référence d'un tel mode de pensée. Ce sont le profit retiré („value-to-customer“) ainsi que le prix exigé qui définissent la position de l'institut, dans le triangle, par rapport aux clients aussi bien que par rapport à la concurrence. Le schéma 18 illustre cette situation. Pour se positionner avec succès dans le triangle stratégique, il est nécessaire de bien connaître les trois points-clés et les relations existant entre eux.

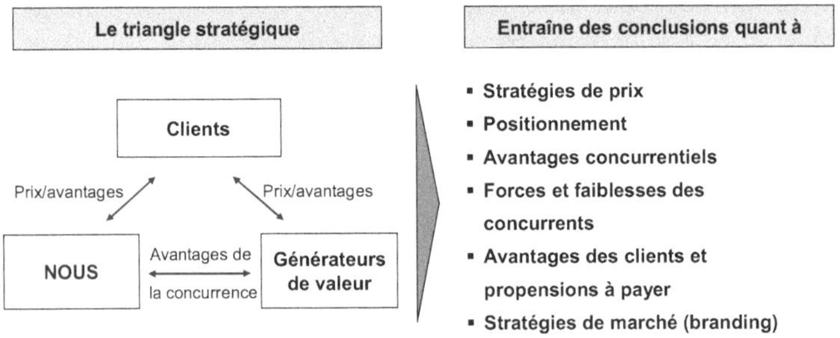

Schéma 18 : Positionnement au sein du triangle stratégique.

Le marketing classique se concentre sur la relation „nous – client/non-client", et tente d'analyser et de satisfaire les besoins du client/non client (voir la représentation de gauche au schéma 18). La stratégie concurrentielle vise également à créer et à défendre des „avantages concurrentiels". Un „avantage concurrentiel stratégique" doit remplir trois critères :

1. concerner une caractéristique de prestation *importante* au client,
2. être *perçu* activement par le client
3. ne pas être rattrapable facilement par les concurrents, donc être durable.

Le fait de remplir à la fois les trois critères „important", „perçu" et „durable" constitue un standard élevé. Au cours de nombreux ateliers avec des directeurs de banque, l'auteur n'a, pour l'ensemble, pas obtenu de réponse claire et définitive à la question „Quel est votre avantage concurrentiel ?". Beaucoup de directeurs ne sont pas conscients du fait que le prix joue un rôle capital en tant que paramètre concurrentiel stratégique. Ainsi, dans la plupart des cas, il remplit les critères „important" et „perçu". En revanche, normalement, il n'est possible de maintenir durablement un avantage concurrentiel au niveau du prix que si l'institut a une position favorable au niveau des coûts. La ING Direct, selon ses propres déclarations leader français des banques directes, en est un bon exemple. Depuis sa création en 2000, la banque directe du groupe néerlandais de services financiers universels ING a pu accroître sa clientèle d'en moyenne 26% par an. Le concurrent peut, si nécessaire, suivre sans bénéficier d'avantages au niveau des coûts. C'est pourquoi le pricing est, parmi les aspects concurrentiels, inséparable de la gestion des coûts et de la gestion de marque. Ceux-ci sont, dans leurs secteurs de marchés respectifs, non seulement leaders au niveau des prix, mais ils disposent également d'une marque forte et donc d'une grande confiance de la part des investisseurs.

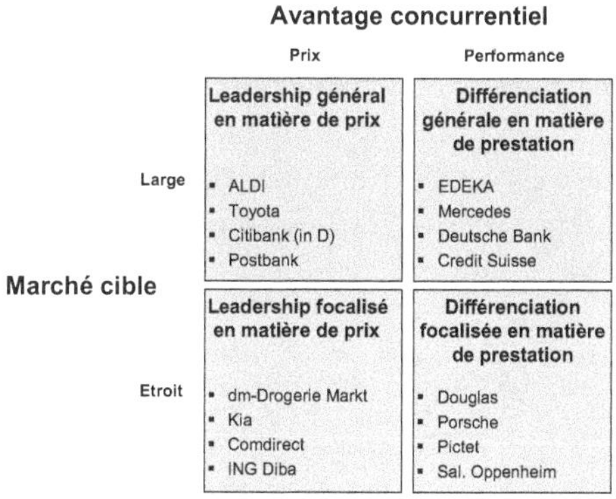

Schéma 19 : Stratégies concurrentielles génériques.

Le schéma 19 représente les stratégies concurrentielles génériques dans le cadre du pricing. Porter (1985) parle dans son ouvrage de référence des „stratégies génériques". Toutefois, pour ce concept, il ne se base pas directement sur le prix, mais sur les coûts. Le choix des marchés cibles (larges ou étroits) ainsi que le positionnement dans l'environnement concurrentiel (prix ou prestation) exigent premièrement la connaissance des propres avantages concurrentiels et deuxièmement une décision active entre les deux alternatives mentionnées.

Mais comment déterminer les avantages concurrentiels et le moteur de création de valeur d'une banque ? Pour identifier les forces et les faiblesses concurrentielles, il faut disposer d'informations quant à l'importance de chacune des exigences des clients (importance relative) et de leurs perceptions des prestations en comparaison avec la concurrence (prestation relative). Ces deux dimensions se synthétisent en une matrice des avantages concurrentiels (voir schéma 20), représentant les avantages et inconvénients concurrentiels. La matrice des avantages concurrentiels illustre un autre principe important selon lequel une banque devrait tenter d'être particulièrement forte au niveau de certains paramètres d'une importance capitale. En compensation, il est alors possible, pour les paramètres moins importants, de proposer des prestations plus faibles. Le „corridor idéal" de la matrice s'étend de l'angle inférieur gauche à l'angle supérieur droit (voir également schéma 20). Les dimensions „importance relative" et „prestation relative" doivent être déterminées par un sondage auprès des clients. Pour ce faire, on peut employer différentes méthodes telles que le sondage direct ou l'analyse conjointe (au sujet des méthodes, voir également les descriptions au prochain chapitre).

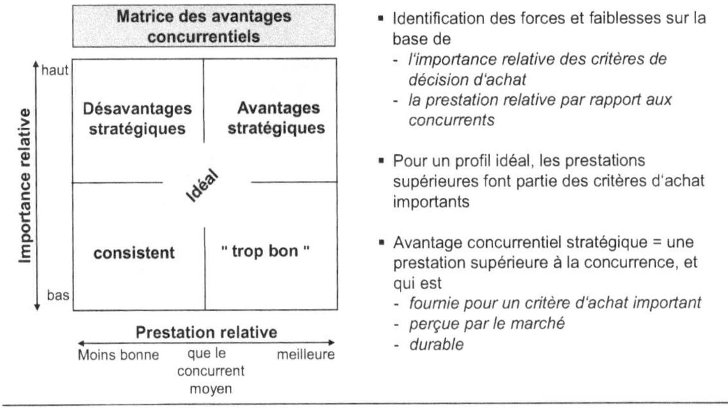

Schéma 20 : Concept de la matrice des avantages concurrentiels.

Ci-après est décrite une application de la matrice des avantages concurrentiels à l'exemple d'une grande banque européenne (voir schéma 21). Pour établir une liste des moteurs de création de valeur et pour obtenir une image la plus complète possible des influences réelles, une procédure de sélection en plusieurs étapes a une fois de plus été instaurée. Dans un premier temps, l'équipe chargée du projet a, sur la base de diverses sources d'information (établissement de points-repères et bibliographie) répertorié d'importants facteurs de différenciation. Ensuite, dans un second temps, ceux-ci ont été développés et classés par ordre de priorité au cours d'ateliers et en collaboration avec le personnel du service de commercialisation des différents départements de vente de la banque. Le fait que le personnel de vente ait participé à un stade précoce a été d'une importance capitale, car ce sont justement ces mêmes collaborateurs qui, en raison de leur travail étroit avec les clients, possèdent des connaissances très détaillées sur les facteurs auxquels les clients accordent de l'importance. Il en résulta une liste de 16 générateurs potentiels de valeur, ceux-ci étant ensuite évalués individuellement par les clients et par le personnel. Beaucoup de personnes interrogées possédaient plusieurs coordonnées bancaires, de telle sorte qu'il a été possible, dans la plupart des cas, d'évaluer directement plusieurs banques à la fois. Comme il a été demandé à chaque client d'évaluer également l'importance qu'il accordait aux facteurs respectifs, il a été possible d'établir, pour chaque banque représentée, un classement de l'importance de ses générateurs de profit par rapport à chaque banque concurrente. De plus, la matrice des avantages concurrentiels a permis de visualiser les avantages concurrentiels de chaque banque pour l'ensemble du marché. On considère comme noyau générateur de valeur les facteurs que les clients perçoivent comme importants et jugent „meilleur de sa catégorie“ au niveau de leur prestation. Un des objectifs de cette étude était d'analyser les avantages concurrentiels, tant du point de vue des clients que du point de vue du personnel. Les informations collectées furent extrêmement intéressantes (voir les résultats au schéma 21). La banque ayant fait l'objet de l'étude est, du point de vue du personnel, leader en matière de prestation pour les trois caractéristiques particulièrement importantes que sont „services et prestations bancaires en-ligne“, „grande densité d'agences“ et „largeur/profondeur de l’éventail de produits“ et disposait ici d’avantages concurrentiels stratégiques. Du point de vue des clients, cette banque possédait un avantage concurrentiel stratégique supplémentaire („diversité des canaux de distribution“).

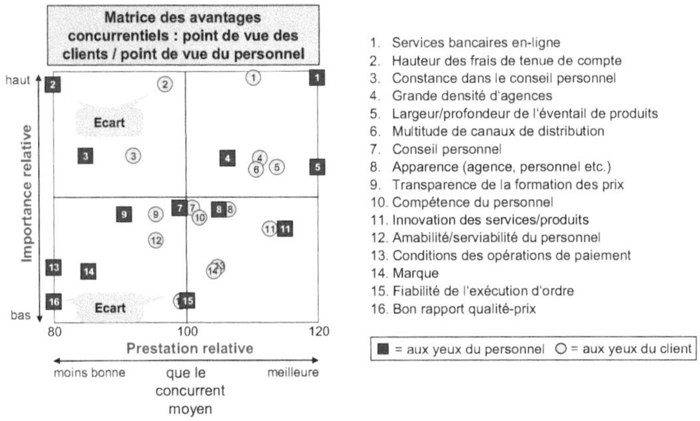

Schéma 21 : Exemple d’une matrice des avantages concurrentiels pour une banque.

Alors que le personnel percevait les frais de tenue de compte comme nettement trop chers et donc comme représentant un désavantage concurrentiel stratégique, les clients les considéraient comme acceptables. Il y eut sur ce point une différence considérable entre le personnel et les clients au niveau de la perception du prix. Cette différence est également apparue au niveau de la perception du rapport qualité-prix. Du point de vue des clients, celui-ci était conforme au marché ; en revanche, du point de vue du personnel, le rapport qualité-prix était mauvais (voir point 16 dans le schéma). Le personnel exigea une diminution des prix ; pour les clients, ceux-ci n’étaient pas trop élevés. Pour le service marketing, ces informations sont d’une importance élémentaire. Pour cet exemple concret, il a même été possible d’augmenter certains prix, car la qualité des produits et des services de cette banque était perçue comme étant très bonne. L’analyse de générateur de valeur révéla que le personnel de la banque jugeait sa propre banque plus mal que les clients. Cette information était d’une importance centrale pour la direction. Du point de vue des clients, les prestations de la banque étaient meilleures que du point de vue du personnel. Manifestement, il régnait un manque d'assurance. Sur la base des résultats obtenus par cette analyse des avantages concurrentiels, la banque parvint à mieux se positionner sur le marché, à développer ses forces et à éliminer les faiblesses identifiées. Les informations obtenues par cette analyse furent discutées avec les services de commercialisation et de marketing au cours de nombreux ateliers. Les recommandations suivantes furent élaborées :

Recommandation 1 : désormais, la banque va régulièrement identifier ses générateurs de valeur du point de vue du personnel et des clients. De cette manière, elle apprend les causes de ses forces concurrentielles et de ses forces de marque, et peut communiquer en conséquence et de manière ciblée, en interne et en externe, les générateurs de valeur.

Recommandation 2 : pour déterminer les générateurs de valeur, une procédure systématique et en plusieurs phases est nécessaire. Cela signifie que plusieurs services (marketing, gestion de produit, distribution, controlling) doivent être intégrés à un stade précoce : dans une première étape, il convient de rassembler, d'évaluer et de classer par ordre de priorité les générateurs potentiels de valeur au cours de plusieurs ateliers de commercialisation. Ensuite, les clients et le personnel procèdent à l'évaluation des générateurs de valeur.

Recommandation 3 : pour définir l'importance (importance relative) et la perception de prestation (perception relative), la banque applique des méthodes modernes (telles que l'analyse conjointe). La matrice des avantages concurrentiels permet ensuite d'identifier systématiquement les générateurs de valeur et d'en déduire des mesures appropriées d'élaboration du marché.

Recommandation 4 : les résultats de l'analyse des générateurs de valeur doivent être employés pour l'élaboration de guides spécifiques à l'argumentation concurrentielle. Ceux-ci permettent d'améliorer la motivation du personnel de distribution, ce qui implique pour finir une imposition systématique des prix.

Recommandation 5 : il convient de tester les guides d'argumentation dans des régions pilotes et de communiquer les success stories en résultant. Cela renforce l'assurance de l'équipe de distribution et facilite ainsi encore plus la possibilité d'imposer les marges de prix identifiées.

En résumé : le choix de la stratégie concurrentielle générique (par exemple le leadership général au niveau du prix, par opposition à la différenciation des prestations) influence de manière décisive les marges de manœuvre en matière de politique des prix. Toutefois, pour ce choix, non seulement les aspects concernant la politique de prix sont importants, mais également d'autres aspects tels que l'attrait des marchés-cibles, la situation concurrentielle ou les compétences de la banque. Pour pouvoir correctement appliquer le prix dans le cadre de la stratégie concurrentielle, il est indispensable de connaître l'importance et les prestations liées aux caractéristiques relatives et non-relatives au prix. Il est possible de synthétiser les deux aspects en une matrice des avantages concurrentiels représentant les avantages et les désavantages concurrentiels stratégiques. Une banque ne peut survivre durablement que si elle possède au moins un avantage concurrentiel.

3.5 Segmentation et pricing

On entend par „segmentation“ la répartition de marchés globaux hétérogènes en marchés partiels homogènes (segments) au moyen de certains critères des clients (potentiels) tels que le prix qu'ils sont prêts à payer, le revenu, les préférences ou les élasticités des prix. L'offrant peut traiter les différents clients sous forme de groupe ou de manière individuelle. Ainsi, un marchand de bazar considère chaque client de manière individuelle pour ensuite donner son prix (mot-clé : pricing au cas par cas). En général, un pricing entièrement individualisé n'est ni praticable, ni judicieux du point de vue économique. C'est pourquoi la segmentation consiste à classifier en segments les clients selon certains critères de sorte que ceux-ci soient chacun le plus homogène possible, et entre eux le plus hétérogènes possible. L'offrant peut alors s'adresser aux segments ainsi identifiés en utilisant des programmes de marketing et des prix spécifiques à chacun des segments. Le dilemme de la segmentation consiste en ce que, pour l'élaboration du marché de manière spécifique à chaque segment, seuls les critères relatifs au comportement (tels que les préférences ou les prix que les clients sont prêts à payer) sont directement pertinents, mais la plupart difficiles à observer. A l'inverse, les caractéristiques socio-économiques (telles que revenus ou actifs gérés) sont plus simples à observer et il est possible de s'adresser de manière plus ciblée aux segments définis au moyen de ces critères, mais la pertinence de leur comportement est souvent confuse. Beaucoup de banques segmentent leur clientèle selon des caractéristiques observables telles qu'actifs gérés ou volume des crédits, sans associer à ces informations des critères judicieux au niveau du comportement tels que préférences ou sensibilité aux prix. Les directeurs de banques doivent résoudre ce dilemme comme suit :

1. Dans un premier temps, les segments sont définis sur la base de caractéristiques de comportement (par exemple les préférences).

2. Evaluer les relations entre les caractéristiques clients liées au comportement et les caractéristiques générales (par exemple âge, revenu, profession).

3. Ensuite, sur la base des caractéristiques générales, les segments ciblés sont fortement mis en corrélation avec les caractéristiques de comportement, puis redéfinis.

L'exemple suivant illustre cette procédure. Une banque se trouvait face au défi de réorganiser ses packs de comptes courants, car les banques en-ligne et les banques directes abordaient ses clients avec des prix agressifs. Offrir à chaque client des packs qualité-prix individuels était, du point de vue de la direction, difficilement réalisable et non rentable. La direction était consciente de ce que les offres s'adressant à l'ensemble des clients ignoraient probablement les préférences individuelles. Ses besoins se différencient trop de ceux du „client moyen", qui de toute façon n'existe presque jamais. Il s'avéra donc nécessaire de former des groupes de clientèle se ressemblant fortement au niveau de leurs préférences. Prestations et prix s'adaptent de manière ciblée à ces segments. La segmentation de la clientèle fut effectuée comme suit : dans un premier temps, il fallut définir les attentes individuelles au niveau des avantages ainsi que le prix que les clients étaient prêts à payer. On élabora ensuite des groupes de clientèle dont les préférences au sein du groupe respectif étaient le plus ressemblantes possibles, et le plus différentes possibles de celles des autres groupes. Enfin, ces segments furent décrits au moyen de critères facilement identifiables et observables. La procédure employée pour la segmentation était l'analyse conjointe (voir, pour la méthode, les représentations au quatrième chapitre). Cette méthode permit, pour chaque composante des services bancaires y compris du prix, de déterminer les valeurs d'avantages sur la base desquelles il a été possible de regrouper les clients de manière optimale. Ces valeurs d'avantages furent utilisées pour l'analyse de groupes, ayant pour but de regrouper les clients de manière à ce que les membres d'un groupe présentent des valeurs d'avantages les plus semblables possibles, et se différenciant le plus possible de celles des membres des autres groupes. Une autre procédure statistique, l'analyse discriminante, permit ensuite de mettre les groupes formés en relation avec les caractéristiques les décrivant. Ainsi, une analyse révéla qu'un segment était principalement constitué de clients à salaire élevé, d'âge moyen et possédant une formation universitaire, alors qu'un deuxième segment réunissait des clients plus jeunes, en cours de formation professionnelle et à revenus faibles. Le simple fait de connaître ces paramètres relativement faciles à observer permit à l'employé de banque, au cours des opérations quotidiennes sur place, de classer un client dans l'un des segments et d'en déduire ses préférences.

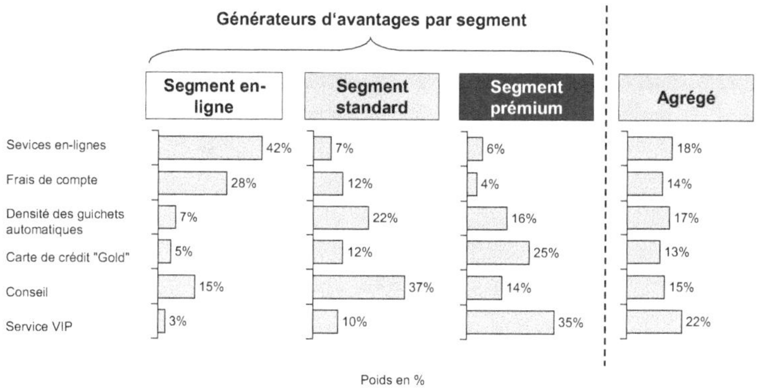

Schéma 22 : Exemple de segmentation.

Le schéma 22 présente la formation de segments à l'exemple d'un compte courant. Ces informations permettent d'adapter sur mesure les opérations de gestion des prix. Ainsi, sur la base des valeurs d'avantages individuelles de ses clients, la banque put identifier trois segments étant chacun homogène, et bien distincts les uns des autres. Dans ce cas, on parle de segmentation des avantages.

Les trois segments de prix sont présentés dans le schéma 23 : segment de prix bas, segment de prix standard, et segment de prix élevés. Le segment de prix bas se départage bien des autres segments grâce à la caractéristique „en-ligne" („délimitation"). Le segment de prix élevés utilise beaucoup les symboles de statut social (tels que carte de crédit gold ou services VIP). A l'aide de cette formation des prix et des offres spécifiques à chaque segment, la banque put s'affirmer sur le marché vis-à-vis des discounteurs tout en se positionnant comme fournisseur de premier rang.

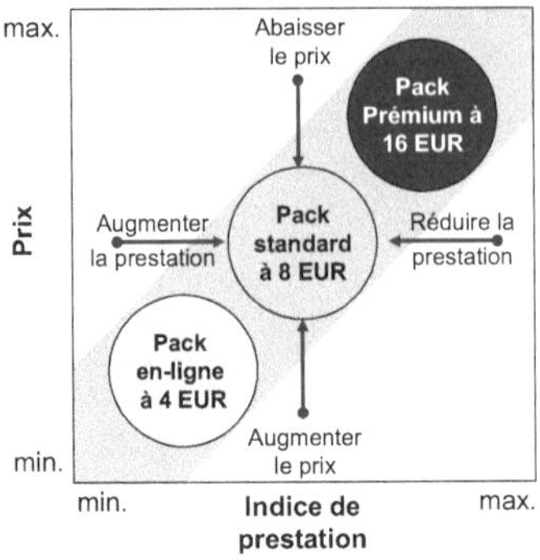

Schéma 23 : Pricing par segment – modèle à trois niveaux de prix.

En résumé : la segmentation consiste à répartir les clients, selon certains critères (par exemple les préférences), en segments, de sorte que ceux-ci soient chacun le plus homogène possible, et entre eux le plus hétérogènes possibles. Les directeurs de banques peuvent ainsi, au moyen de prix et de programmes de marketing spécifiques à un segment, s'adresser aux segments identifiés. L'identification des segments de marché est la première étape de la procédure de segmentation du marché. Pour cela, il convient dans un premier temps de définir les critères de segmentation remplissant les exigences de pertinence du comportement, d'observabilité et de disponibilité. Le dilemme de la segmentation consiste en ce que, pour l'élaboration du marché en segments, seuls les critères de comportement (tels que préférences ou prix que les clients sont prêts à payer) ne sont pertinents que de manière directe, mais généralement difficiles à observer. A l'inverse, il est plus aisé d'observer les caractéristiques socio-économiques (telles que le revenu ou les actifs gérés) et d'orienter les segments définis au moyen de ces critères, mais leur pertinence de comportement est souvent confuse. Beaucoup de banques segmentent leur clientèle selon des caractéristiques observables telles que les actifs gérés ou le volume des crédits, sans associer ces informations importantes aux critères de comportement tels que préférences ou sensibilité aux prix.

3.6 Marque et pricing

„95% de notre activité commerciale est permutable, elle a un caractère de marchandise“, analyse le PDG d'une grande banque suisse de renom. Mais si les produits et services deviennent de plus en plus comparables, les banques peuvent se différencier par la marque. Cette évolution touche beaucoup de branches, comme par exemple les télécommunications, l'approvisionnement en énergie, le tourisme ou même l'industrie automobile. Dans ce contexte, la marque et la valeur de la marque d'une banque ont une importance grandissante. On entend par „valeur de marque“ la valeur associée à un nom ou à un symbole. La valeur de la marque est quantifiable. Des études correspondantes révèlent que Coca-Cola, par exemple, a une valeur de marque d'environ 56 milliards d'euros ou UBS une valeur de marque de 6,279 milliards d'euros.[4] De tels résultats sont certes informatifs, mais n'ont quasiment aucune influence sur les activités commerciales quotidiennes d'une banque.

De notre point de vue, la plus-value de marque est beaucoup plus importante : celle-ci mesure le prix qu'un client est prêt à payer pour les produits d'une entreprise en comparaison avec ses concurrents, et mesure donc l'image de marque. Celle-ci désigne, pour des prestations comparables, l'augmentation de prix réalisable par une marque du point de vue des clients. L'industrie automobile fournit un bon exemple. Les modèles VW Sharan et Seat Alhambra sont identiques au niveau technique, mais pour l'un, les clients payent 30.000 euros, alors qu'ils ne payent que 26.500 euros pour l'autre. L'“image de marque“ définit la différence de prix. Depuis toujours, les fabricants de marque se trouvent confrontés à la difficile tâche de définir et

4 BusinessWeek, 1er août 2005.

d'utiliser de manière optimale la marge de fixation des prix rendue possible par la valeur de leur marque. Les prestataires de services financiers sont certes conscients du fait que leurs produits possèdent un prix optimal par rapport aux offres concurrentes de marques plus faibles, mais peu d'entre eux connaissent une procédure de quantification de cet optimum. Ceci est également confirmé par un sondage auprès de directeurs du secteur financier effectué en 2004. Environ 40% des directeurs de banque interrogés n'avaient pas encore quantifié la plus-value de marque de leur institut par rapport aux concurrents (voir schéma 24).

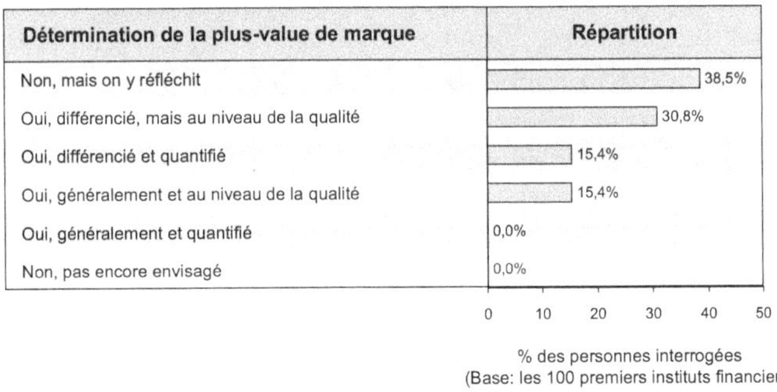

Schéma 24 : Analyse de quantification de la plus-value de marque.

Mais comment les banques peuvent-elles mesurer leur image de marque et leur prix optimal de manière fiable et valide ? Dans un premier temps, il est nécessaire de posséder des informations sur le prix que chaque client individuel est prêt à payer, ainsi que sur les générateurs de valeur de marque du point de vue de chaque client. Il n'est possible de générer ces informations qu'au moyen d'un sondage de la clientèle. Dans le cadre d'un tel sondage, les clients et non-clients de l'entreprise analysée sont confrontés à des „compromis", donc avec divers scénarios de produits se différenciant au niveau de la marque, du prix et de l'éventail de prestations. Selon le comportement individuel de sélection, la prise de décision est, au cours d'une procédure en plusieurs étapes, rendue de plus en plus difficile pour le client. Cela permet de caractériser de mieux en mieux les préférences de la personne interrogée, et d'obtenir une validité élevée au niveau des résultats. Toutefois, le défi de cette méthode très précise consiste à sélectionner pour la détermination de l'image de marque les produits-noyau justes, et de les associer aux marges de prix pertinentes pour chaque client individuel. Seule l'application correcte de cette procédure permet d'obtenir des résultats probants.

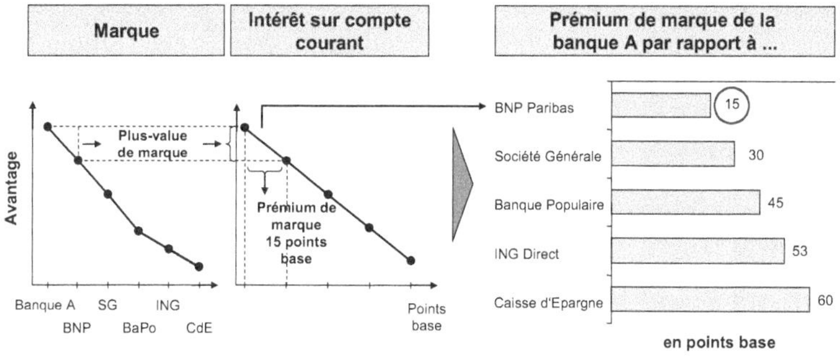

Schéma 25 : Détermination de l'image de marque perçue de manière individuelle par chaque client.

Les résultats d'une telle analyse permettent d'abord de quantifier l'image de marque de la banque, perçue de manière individuelle par chaque client, en comparaison aux principaux concurrents de la banque. Le schéma 25 illustre cette relation. Ainsi, la banque A possède auprès du client interrogé une image de marque (pour le solde créditeur d'un compte courant) de 15 points de base par rapport à la BNP Paribas et même 60 points de base par rapport de la Caisse d'Epargne. En agrégeant ces valeurs dans une fonction de répartition, il est possible, sur la base des résultats, de déterminer les courbes de demande en tenant compte de différents scénarios de prestations, et de les comparer dans un modèle de simulation. Cela permet ensuite de déduire les prix optimaux pour différents produits ou dans différents segments (par exemple des particuliers très aisés par opposition à des entreprises). De plus, de telles études permettent de connaître les causes de l'image de marque, c'est à dire les „générateurs de valeur de marque", comme par exemple la compétence du personnel ou une meilleure orientation par rapport aux clients, donc d'obtenir des informations sur les facteurs agissant fortement sur la marque. Enfin, il convient, en accord avec les services de marketing et de distribution, de déterminer une procédure permettant d'identifier et d'appliquer de manière optimale les différents prix que les clients sont prêts à payer dans chacun des segments. Il existe pour cela des „guides de commercialisation" identifiant au moyen de questions-filtres, et en nombre de plus en plus réduit, l'image de marque perçue par le client, ainsi que des aides à l'argumentation traduisant les générateurs de valeur de marque dans le langage du client.

En résumé : beaucoup de banques manquent d'instruments de mesure leur permettant de mesurer leur valeur de marché et leur image de marque. Les méthodes développées par la science commencent petit à petit à être appliquées par les entreprises. Seule l'utilisation de tels instruments en contact direct avec le client permet d'obtenir des résultats valides quant au prix maximum possible d'un offrant du point de vue des clients. Dans un monde où les offres sont de plus en plus comparables, la connaissance de tels instruments prend une importance élémentaire. D'autre part, la quantification de l'image de marque ne suffit pas : il faut ensuite, au moyen de guides et d'arguments, et en coopération avec les services de marketing et de commercialisation, la „faire descendre dans la rue".

Quatrième chapitre : Méthodes d'optimisation des prix

Il existe toujours un prix juste.
Saint-Thomas-d'Aquin

4.1 La matrice recettes-risques

Il existe nombre de possibilités permettant une fixation intelligente des prix. Les produits et systèmes de prix les plus prometteurs sont ceux adaptés aux clients des banques et à chacun des segments de clientèle. Dans ce contexte, on parle également de personnalisation (des prix). La personnalisation des prix a pour effet une augmentation des alternatives d'offres parmi lesquelles chaque client peut choisir l'offre adéquate. Tant un établissement professionnel des prix offre d'une part des possibilités de recettes élevées, tant les risques de mauvaises mesures de fixations des prix sont grands. Ceci est illustré par le tableau des risques et des recettes représenté en schéma 26. Le tableau englobe les dimensions de contribution aux recettes (élevée ou faible) ainsi que les risques (élevés ou faibles). Il existe ainsi un risque élevé lors de mesures de fixation des prix si les clients réagissent très sensiblement aux prix. Ce tableau permet aux directeurs de banques d'évaluer de manière systématique leurs nombreux produits ainsi que les composantes de leurs prix sous le rapport des recettes et des risques. Cette évaluation sert alors de base à la détermination des mesures de fixation des prix prioritaires. C'est pourquoi la question décisive est de savoir comment les clients réagissent aux changements de prix.

Une analyse de diverses mesures de fixation des prix dans le segment de vente au détail d'une banque révéla d'une part que la hauteur des frais de tenue de compte avait une influence considérable sur les recettes, d'autre part que les clients réagissaient de manière très sensible à cette composante du prix (risque élevé et recettes élevées, voir schéma 26).

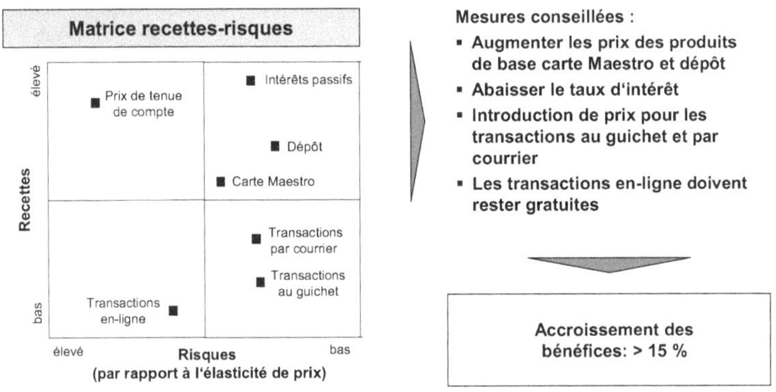

Schéma 26 : La matrice recettes-risques.

La raison : les frais de tenue de compte se trouvent au centre de l'attention des clients et sont pour cette raison sujets d'une communication intense (composants sensibles aux prix, voir également les illustrations au sixième chapitre). Le classement systématique dans ce tableau des nombreuses composantes des prix a donné de précieux renseignements quant à la détermination des mesures prioritaires de fixation des prix. Ainsi, l'analyse systématique de composantes sélectionnées des prix parmi une multitude de projets révéla qu'une diminution de l'intérêt sur l'avoir passa quasiment inaperçue auprès des clients alors qu'elle provoqua une forte hausse des recettes (risque faible et recettes élevées). L'analyse systématique des mesures les plus diverses eut pour conséquence, dans un cas particulier, une augmentation des bénéfices de plus de 20 millions d'euros par an par rapport à la situation précédente.

Le contrôle de gestion de la banque transmet les chiffres des recettes à la direction. La grande inconnue de ce tableau est la dimension des risques. L'élasticité des prix sert d'indicateur des risques. Mais comment les directeurs de banque peuvent-ils la déterminer ? Au moyen de quelles méthodes les banques peuvent-elles déterminer de manière fiable la fonction prix-ventes de leurs différents produits ?

En résumé : au moyen de la matrice recette-risques, la direction peut évaluer de manière systématique les nombreuses composantes de prix et d'offre d'une banque en regard des recettes et des risques. Il est alors possible, sur la base de cette évaluation, de déterminer des mesures prioritaires de fixation des prix. Le risque est mesuré au moyen de l'élasticité des prix. En d'autres termes : les produits bancaires possédant une haute élasticité des prix ont pour conséquence, lors d'une augmentation des prix, des pertes de ventes trop élevées et sont donc classées „à risques" (une élasticité élevée des prix signifie des risques élevés).

4.2 Méthodes de détermination de la fonction prix-ventes

Cette partie présente les différentes méthodes de mesure de l'élasticité des prix et de détermination de la fonction prix-ventes pour les produits bancaires. D'une part sont décrites les méthodes déterminant cette fonction sur la base d'observations. En font partie les expériences relatives aux prix (expériences en laboratoire et sur le terrain) ainsi que l'observation des données réelles du marché. D'autre part sont présentées les méthodes permettant de déterminer la fonction prix-ventes au moyen de sondages auprès de clients de banques. Il convient de citer comme forme de sondage les sondages d'experts ainsi que les sondages de clients. Ces derniers se distinguent entre sondages directs et en mesures communes (également nommées „sondage indirect de clients"). Le schéma 27 représente une vue d'ensemble des diverses méthodes.

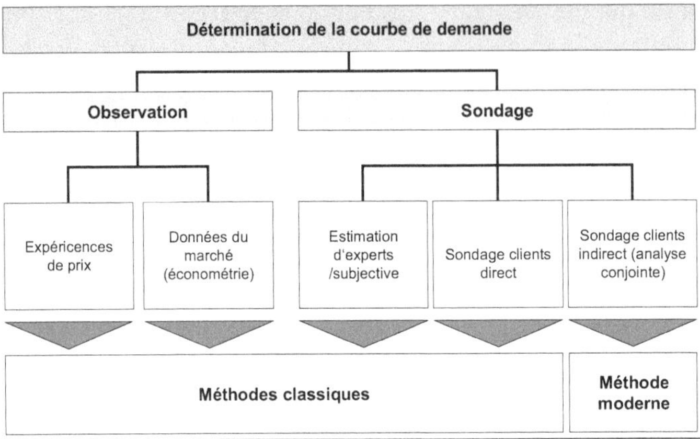

Schéma 27 : Vue d'ensemble des méthodes de détermination de la fonction prix-ventes.

4.2.1 *Méthodes de détermination de la fonction prix-ventes sur la base d'observations*

4.2.1.1 *Expériences sur les prix*

Lors d'expériences sur les prix, des prix alternatifs (par exemple des variations des intérêts) sont fixés pour des situations d'achat réelles ou proches de la réalité, et l'effet obtenu sur les quantités de vente (par exemple le volume des dépôts) est contrôlé par rapport au comportement des clients de banque. Ainsi, l'acquisition d'informations s'effectue au moyen d'informations, et non par sondages[1].

On peut distinguer les expériences au niveau des prix entre les deux formes d'expériences en laboratoire, et sur le terrain. Nous savons par expérience que les expériences en laboratoire ne sont pas adaptées aux clients de banques. D'une part, la situation en laboratoire est en grande partie artificielle, car le client est conscient de la situation de test. La validité externe (c-à-d le caractère général) des résultats

1 Voir également les descriptions de Schmalen (1995, page 32).

obtenus est donc douteuse. D'autre part, il n'est pas certain que les participants adoptent en situation réelle le comportement simulé en laboratoire.

Il est possible d'éviter certains points critiques en procédant à des *expériences sur le terrain*, c'est à dire à des expériences ayant lieu dans des conditions normales et réelles (par exemple dans une agence de banque ou pour les services bancaires en-ligne). Pour les expériences sur le terrain, on choisit des participants parmi des clients de banque, sans que ceux-ci soient au courant de l'expérience. Ainsi, dans plusieurs agences d'une banque, les intérêts d'un compte courant ont été modifiés de manière systématique (entre 0,5% et 1,5%) et les effets sur la quantité des ventes (par exemple le nombre de nouveaux comptes courants ou le volume des dépôts) ont été évalués. Le publipostage permet d'effectuer de manière efficace de tels tests de prix. Dans une autre banque, un échantillon de 1.000 clients a été sélectionné et s'est vu proposer un compte à intérêts au jour le jour et à un taux d'intérêt de 2%. Les réactions ont été très positives, si bien que la direction a décidé d'élargir cette offre à l'ensemble de la clientèle. Les expériences sur les prix offrent l'avantage d'un bon contrôle des influences externes agissant sur le marché et garantissent ainsi une grande validité, ce qui signifie que le changement de la variable dépendante (comme par exemple le volume des dépôts) est attribué uniquement à la manipulation de la variable indépendante (comme par exemple les intérêts). Les expériences sur le terrain présentent une validité externe plus élevée, c'est à dire un caractère général plus élevé des résultats que les expériences en laboratoire, car elles sont effectuées dans des conditions réelles et que les participants n'adoptent pas un comportement „réactif". On en retient que les expériences sur les prix peuvent s'avérer très utiles pour déterminer la fonction prix-ventes. Un inconvénient – en particulier pour les expériences sur les prix effectuées au sein d'agences – est représenté par les coûts élevés et le temps nécessaire.

4.2.1.2 Les données du marché

Pour beaucoup de marchés, des données historiques sont disponibles, par exemple sur les volumes, sur les prix et les intérêts ou sur d'autres variables de marketing. Les banques possèdent souvent elles-mêmes ces informations sous forme de banques de données. La généralisation grandissante de l'Internet permet de mesurer rapidement et avec précision les mesures de marketing car les données sont saisies dans leur intégralité et en détail et peuvent s'affecter l'une à l'autre. Sur la base de ces données, il est possible, au moyen de modèles économétriques, de déterminer les fonctions prix-ventes, afin d'en déduire les prix et quantités de ventes optimales. La validité externe de telles analyses est élevée car il s'agit de données historiques du marché.

La condition préalable indispensable à l'utilisation des données de marché pour la mesure de l'effet des prix est une variation suffisante des variables indépendantes et donc du prix, quelle que soit la manière dont il a été défini. Si le prix n'a pas changé au cours du temps ou s'il ne diffère pas selon les panels, il est donc logiquement impossible d'en mesurer son influence. A ce moment-là, cette méthode de détermination de la fonction prix-vente s'annule. En règle générale, pour l'analyse des données de marché, on applique les techniques de régression économétriques. Le schéma 28 présente un exemple pratique dans le domaine du financement à la construction.

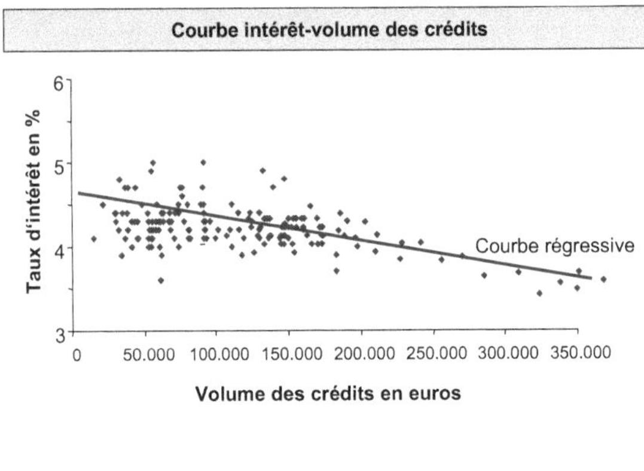

Schéma 28 : Détermination de la fonction prix-vente (ici fonction intérêt-volume des crédits) sur la base des données de marché.

Les expériences sur les prix et les données de marché permettant de déterminer la fonction prix-vente ont dans la pratique moins d'importance que les sondages. A ce niveau, les sondages sous forme d'enquêtes intégrées, ainsi que les estimations d'experts, jouent un rôle nettement plus important.

4.2.2 Méthodes de détermination de la fonction prix-vente sur la base des sondages

Au niveau des sondages, on distingue les sondages d'experts et les sondages de clients. Les sondages de clients se subdivisent en sondages directs et en sondages au moyen d'enquêtes intégrées (sondage indirect).

4.2.2.1 Sondages d'experts

Au niveau des sondages d'experts, des „experts", c'est à dire des personnes connaissant bien le marché, comme par exemple des directeurs de produit ou des conseillers bancaires, évaluent les effets des changements de prix sur les réactions du marché (changement au niveau de la clientèle ainsi qu'au niveau de la concurrence). Le concept de PRICESTRAT, développé par Simon-Kucher & Partners, s'est avéré être un modèle efficace d'assistance à la prise de décision pour l'évaluation des mesures de gestion des prix. Il permet non seulement de représenter les réactions de la clientèle par rapport aux changements des prix, mais également de prendre en compte les réactions de la concurrence par rapport aux propres mesures sur les prix. A ces fins, des experts internes à la banque sont chargés d'évaluer les réactions des clients par rapport aux propres changements de prix. Pour cela, les prix sont soumis à une variation systématique, et les experts procèdent à l'évaluation des changements des quantités de ventes jusqu'à ce que l'étendue entière du prix soit prise en compte. Ensuite, les experts doivent procéder à l'évaluation de la réaction de la concurrence. Il convient pour cela de déterminer pour chacun des concurrents pris en compte si un changement des prix est possible, et, le cas échéant, dans quelle étendue (en réaction aux changements de prix provoqués). Un algorithme synthétise ces informations isolées en données quantitatives sur la fonction prix-ventes recherchée. Le schéma 29 illustre la procédure suivie lors des sondages d'experts.

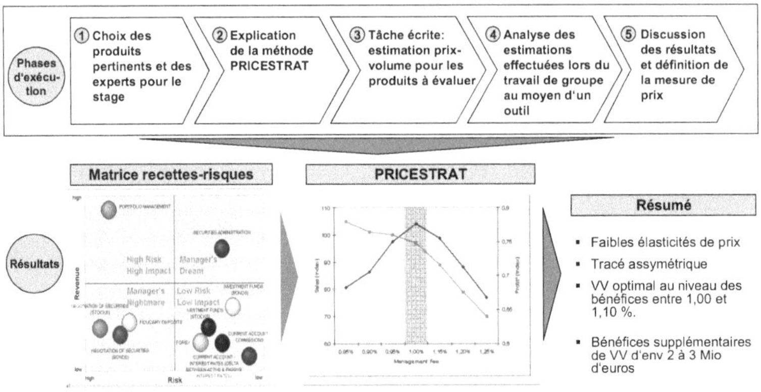

Schéma 29 : Procédure lors d'un sondage d'experts.

Pour le procédé illustré par le schéma 29, il convient de répondre aux interrogations suivantes :

- Quels sont les effets des changements de prix de produits sélectionnés (par exemple compte courant, crédit sur compte courant, comptes d'épargne, carte de crédit) sur les quantités de vente ?
- Quels sont les mouvements à attendre entre les divers offrants du marché (par exemple Postbank, Sparkasse, Volksbank) lors de changements des prix propres ?
- Quelles sont les réactions éventuelles des principaux concurrents ?
- Quel est le niveau d'élasticité des prix respectifs (avec et sans réaction de la part de la concurrence) ?
- Quels effets les changements de prix et les réactions de la concurrence ont-ils sur les recettes et les bénéfices ?

L'analyse et la simulation de ces estimations d'experts s'effectuent au moyen d'un outil informatique (PRICESTRAT) développé spécialement à cet effet par Simon-Kucher & Partners. Cela permet d'identifier immédiatement les effets de diverses déterminations de prix et de les quantifier, d'en discuter et d'y réfléchir de manière idéale sur place, dans l'atelier.

Ceci est illustré par l'exemple pratique suivant. Une banque au Royaume-Uni se trouvait face au défi de lancer sur le marché un nouveau pack compte courant. Les avis divergeaient entre les différents services (marketing, contrôle de gestion, distribution) quant à la hauteur du prix de lancement. Alors que par exemple le directeur du contrôle de gestion voulait lancer le produit pour au moins sept euros par mois, le service de distribution insistait pour proposer le pack pour moins de cinq euros par mois. Afin de résoudre ce conflit, douze directeurs issus des différents services (marketing, contrôle de gestion, distribution) furent choisis comme „experts compétents" pour déterminer la fonction prix-vente.

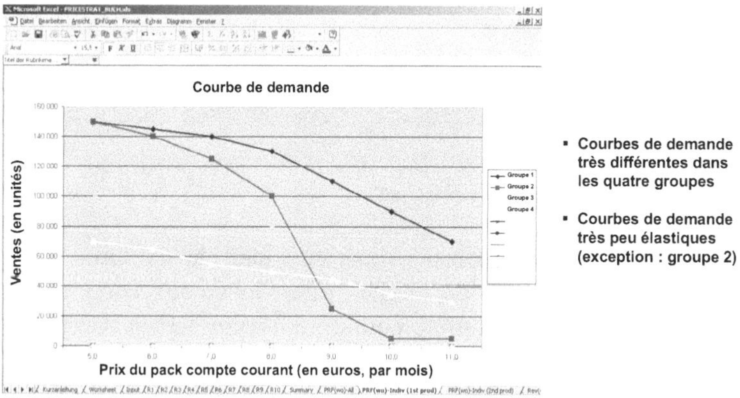

Schéma 30 : Fonctions prix-ventes déterminées par sondage d'experts.

Ces experts furent chargés d'estimer les quantités de ventes respectives du pack compte courant pour différents prix (de cinq à onze euros par mois). Les réactions de la concurrence au niveau des prix ont également été prises en compte. Le schéma 30 présente le résultat de cette procédure d'estimation sous la forme des quatre fonctions prix-ventes. La direction souhaite, sur la base de cette estimation, appliquer un prix homogène. C'est pourquoi les quatre fonctions ont été synthétisées en une fonction prix-ventes agrégée. Les coûts unitaires variables du pack compte courant étaient de quatre euros par mois. Ces informations permirent de déterminer les bénéfices à prévoir pour chaque prix. Le prix rapportant le plus de bénéfices était huit euros, ce qui signifiait un bénéfice mensuel de 3.600.000 euros.

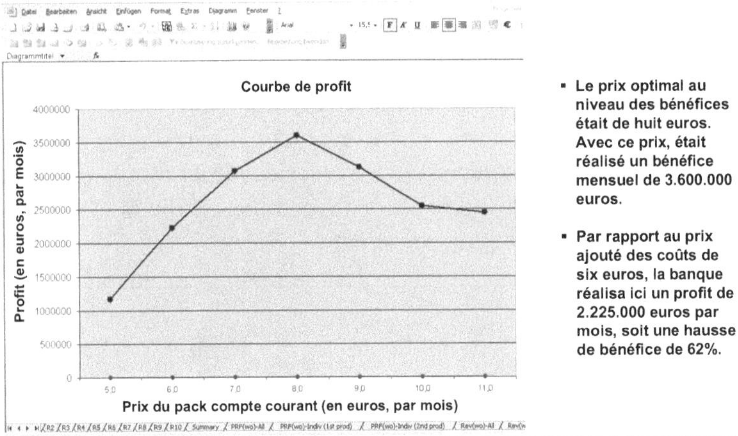

Schéma 31 : Maximisation des bénéfices (sur la base de fonctions prix-ventes estimées de manière subjective).

Le prix se basant sur des coûts supérieurs était de six euros (= 4 euros x 1,5) – une majoration de 5% fut attribuée aux coûts unitaires variables pour le pack compte courant à 4 euros. Si la banque avait déterminé le prix en se basant sur des coûts supérieurs (comme il l'avait été envisagé au départ), elle aurait dû renoncer pour la première année à un bénéfice de 16,5 millions d'euros (= 3.600.000 euros – 2.225.000 euros) x 12. En d'autres termes : le prix optimal engendre 62% de bénéfice en plus (voir également les illustrations 31 et 32).

Le sondage d'experts convient particulièrement lors d'innovations ou de nouvelles situations (par exemple l'arrivée imminente de nouveaux concurrents). L'emploi de cette méthode est bon marché, rapide et pragmatique. Un désavantage de cette procédure est le fait qu'elle se base exclusivement sur des sources d'information internes. L'estimation effectuée par les directeurs et par les conseillers peut ne pas correspondre au comportement des clients. Notre expérience sur plus d'une centaine d'applications de cette méthode dans le secteur financier prouve cependant que les experts connaissent relativement bien leurs marchés et leurs clients. Ces expériences pratiques permettent les conclusions suivantes :

- Pour la détermination de la fonction prix-ventes, il convient de choisir des experts connaissant bien le marché, issus de différentes fonctions (marketing, distribution, contrôle de gestion) et de différentes zones (centrale et agences), et, sur la base de leurs expériences, étant en mesure d'évaluer les réactions des clients et de la concurrence.
- Cinq à dix experts doivent participer à l'atelier PRICESTRAT.
- Les résultats des estimations doivent être discutés ouvertement. Il est permis de corriger les estimations. Les résultats doivent être décidés au consensus général.
- Il convient d'employer des outils tels que PRICESTRAT afin de pouvoir immédiatement présenter les résultats (fonction prix-ventes → fonction chiffre d'affaires → fonction bénéfices (en tenant compte des coûts)).
- La méthode de sondage d'experts peut être effectuée en peu de temps. Appliquée seule, elle présente le risque d'estimations internes communes erronées, de jugements politiques et d'être faussé par les propres attentes. C'est pourquoi le sondage d'experts convient comme validation servant de complément à d'autres méthodes (expériences sur les prix ou sondage clients).

Produits	Particularité de pricing	Prix prévu / ancien prix (Indice)	Nouveau prix par PRICESTRAT (Indice)	Hausse des bénéfices (in %)
Pack compte courant (voir ex.)	Orienté par rapport aux coûts	100	133	62%
Crédit sur compte courant	Orienté par rapport aux risques	100	105	12%
Fonds	Fortement dépendant du rendement	100	115	19%
Produits d'épargne	Orienté par rapport à la concurrence et aux coûts	100	108	14%
Dépôt	Faible élasticité des prix	100	112	34%
Opérations de paiement de B2B	Marchandise	100	103	8%
Conseil au niveau des titres	Degré d'innovation élevé	100	108	15%

Schéma 32 : Résultats PRICESTRAT pour des produits bancaires choisis.

Le schéma 32 présente les résultats PRICESTRAT pour certains produits bancaires sélectionnés. La première ligne illustre les résultats de l'étude de cas présentée au préalable. Dans les autres cas, les fonctions prix-ventes ont également été estimées au moyen de sondages d'experts. Sur la base de ces informations, il a été possible de calculer les prix rapportant un bénéfice maximal et les augmentations de bénéfices par rapport aux prix envisagés auparavant.

En résumé : le sondage d'experts est une méthode simple, bon marché et pragmatique de détermination de la fonction prix-ventes pour les produits bancaires. Elle a fait ses preuves dans la pratique bancaire et convient particulièrement aux innovations et dans les cas d'urgence (mot-clé : time to market). Un désavantage de ce type de sondages est qu'il se base exclusivement sur des sources d'information internes. Ainsi, la validité des résultats dépend de la qualité de l'estimation des experts bancaires. L'expérience a prouvé que les sondages d'experts permettent de déterminer de manière fiable les fonctions prix-ventes des produits bancaires. Grâce aux systèmes d'assistance à la prise de décisions, tels que l'outil PRICESTRAT, il est possible, tout en tenant compte des coûts, de déterminer les prix permettant d'obtenir un bénéfice maximal.

4.2.2.2 Sondage clients

Au niveau des sondages clients, on distingue deux méthodes différentes : d'une part, le sondage direct de clients. Ici, on demande directement aux clients quel prix maximum ils sont prêts à payer pour un produit particulier (par exemple une carte de crédit). D'autre part, il existe la méthode des enquêtes intégrées, qui détermine de manière indirecte la fonction prix-ventes sur la base de jugements de préférences.

A. Sondage direct de clients

Dans le cadre d'un sondage direct de clients (par exemple sur des cartes de crédit) on pose aux clients des questions du type :

- Combien êtes-vous prêt à payer pour cette carte de crédit ?
- Pour quel prix achèteriez-vous cette carte de crédit de manière sûre ?
- Quelle est la probabilité que vous achetiez cette carte de crédit pour un prix de 50 euros par an ?
- Quelle devrait être la différence de prix pour que vous passiez de la carte de crédit A à la carte de crédit B ?

Les réponses à ces questions ou à des questions similaires permettent de déterminer les fonctions prix-ventes.

Dans l'exemple suivant, il s'agissait de la détermination des fonctions prix-ventes pour une carte de crédit dans le segment des particuliers. Pour cela, on a pris en compte trois segments différents. On montra aux clients la nouvelle carte de crédit de la banque et on leur expliqua les nombreux avantages qu'elle présentait par rapport aux autres cartes de crédit. Ensuite, on questionna les clients au moyen d'un questionnaire informatisé. L'avantage d'un sondage informatisé était entre autres que les trois questions apparaissaient l'une derrière l'autre. La technique de questionnement reposait sur les recommandations de Peter van Westendorp, qui avait développé cette méthode de sondage direct durant les années 1970.

1. „Quel est, pour vous, un prix annuel élevé pour cette carte de crédit ?“

2. „Quel est, pour vous, un prix annuel bon marché pour cette carte de crédit ?“

Le schéma 33 présente les résultats de cette enquête. Les informations issues de ces deux questions (prix élevé ou prix bon marché) ont été inscrites dans les graphiques respectifs. Le point de jonction de ces deux fonctions „prix élevé et prix bon marché“ est ce que l'on appelle le prix indifférent, c'est à dire le prix considéré comme convenable par la clientèle (voir également le schéma 33).

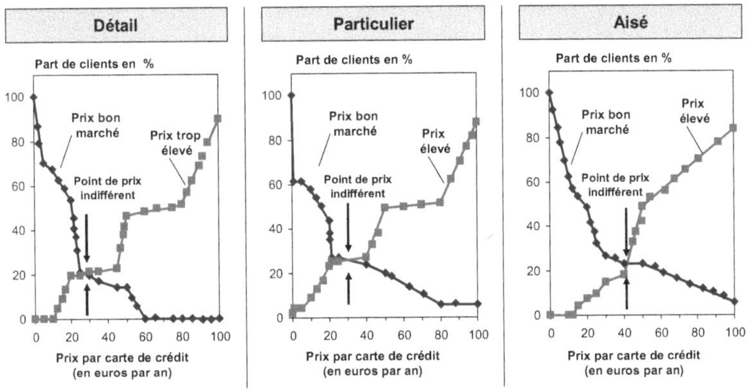

Schéma 33 : Fonctions prix-ventes spécifiques aux segments pour une carte de crédit, déterminées par un sondage clients direct.

Pour deux segments (vente au détail et particuliers) ce prix était d'environs 30 euros. Le segment aisé considérait même comme convenable un prix de 40 euros. Un sondage d'experts ayant également été effectué confirma le prix de 30 euros par an. La banque lança la carte de crédits pour 29,90 euros. Elle put ainsi augmenter de 9,90 euros l'ancien prix de 20 euros. Les bénéfices augmentèrent d'environ 3 millions d'euros par an.

Le sondage de clients direct se caractérise d'une part par sa simplicité, ses coûts bas et son économie de temps, mais est d'autre part douteux pour les raisons suivantes :

- La question directe de savoir combien le client est prêt à payer pour un produit peut attirer une trop forte attention sur le prix et rendre le client particulièrement conscient des prix.
- Le sondage direct de clients a pour effet que le prix est considéré de manière isolée. Par contre, dans la réalité, le client compare le prix et les aspects pratiques.
- Le sondage direct présente le risque que les participants indiquent un prix plus bas que celui qu'ils sont réellement prêts à payer. Ceci implique donc que cette méthode présente le risque de déterminer de „faux" prix (en règle générale trop bas), sur la base desquels sont fixés des „faux" prix.

En conséquence, il est conseillé de ne pas se fier uniquement à un sondage direct de clients. Cette méthode devrait plutôt être combinée à d'autres procédures.

B. Enquête intégrée

L'emploi d'une enquête intégrée (sondage „indirect" de clients) permet de pallier aux désavantages cités ci-dessus que représente un sondage direct de clients. Une „enquête intégrée" (conjoint measurement), également nommée „analyse intégrée", signifie une procédure décompositionnelle permettant de déterminer, à partir des jugements de préférence (jugements de la valeur totale des avantage), la valeur des avantages partiels d'un modèle de préférence défini au préalable.[2] Contrairement au sondage direct, la méthode d'enquête intégrée ne considère pas de manière isolée le prix que les clients sont prêts à payer, mais le détermine par rapport aux avantages de l'ensemble des options d'achat tout en comparant le prix et les avantages ; de telle sorte que la méthode d'enquête intégrée convient mieux que le sondage direct à l'évaluation des réactions des clients. L'enquête intégrée permet de répondre aux questions suivantes :

2 Voir entre autres Green et Srinivasan (1978), Wittink et al. (1994).

- Combien le client est-il prêt à payer pour des prestations supplémentaires comme par exemple pour une carte de crédit (telle qu'une assurance-voyage ou une assurance accidents) ?
- Quelle est l'importance des caractéristiques de produits telles que les intérêts ou les niveaux de service dans le cadre de la décision d'achat ?
- Quels prix les clients sont-ils prêts à payer pour certains produits bancaires (par exemple des services de dépôt, des packs compte courant, des produits d'épargne) ?
- Quels sont les points de plus-value d'une marque par rapport aux autres marques ?
- Quels sont les avantages des clients et les prix que ceux-ci sont prêts à payer pour différents modèles de dépôt ? Quelles implications en résulte-t-il pour la formation des prix ?
- Combien le client est-il prêt à payer pour les caractéristiques d'un crédit (tels que la hauteur du remboursement d'un crédit, la rapidité du traitement du crédit ou le conseil) ?

Dans le cadre de l'évaluation de l'effet des prix, il convient, lors d'une enquête intégrée, d'effectuer les cinq étapes suivantes :

1. Définition des caractéristiques principales du produit (par exemple durée du traitement du crédit, taux d'intérêt du crédit, hauteur du remboursement exceptionnel et type de conseil),
2. Définition des éléments de chaque caractéristique (pour la durée du traitement du crédit, cela peut être par exemple : 1 semaine, 2 semaines, 3 semaines),
3. Conception du questionnaire (exige une grande expérience) et exécution du sondage,
4. Calcul de la fonction de préférence et de la valeur des avantages partiels,
5. Calcul de la fonction prix-ventes.

Ces mesures englobent uniquement l'analyse de l'effet des prix qui doit ensuite être transformée en recommandations de prix et de produits ou en stratégies de segmentation pour la banque. L'enquête intégrée a souvent été appliquée pour la détermination de prix et pour la conception de produits bancaires (par exemple dépôts, carte de crédit, crédit sur compte courant, compte courant, compte au jour le jour ou financement de construction). Cette méthode, fermement établie dans le domaine des sciences et dans la pratique, est représentée ci-dessous dans le cadre d'une étude de cas étendue.

En résumé : le sondage direct de clients quant à leur comportement par rapport aux prix est simple et bon marché. La saisie et l'analyse n'exigent un investissement important ni en temps, ni au niveau des méthodes employées. Cette méthode présente toutefois de grands désavantages (attention des participants extrêmement concentrée sur les prix, prise en compte isolée du prix etc.). Pour cette raison, l'utilisation isolée de cette méthode est problématique pour les directeurs de banque. Il est conseillé de la combiner à d'autres procédures. Il existe de meilleures méthodes de détermination de la fonction prix-ventes pour les produits bancaires. Parmi celles-ci, la méthode de l'enquête intégrée possède une importance particulière. Dans le cadre d'une enquête intégrée, les clients ne sont pas questionnés directement au sujet de leur comportement par rapport aux prix, mais on déduit les préférences indirectement de l'effet des prix. Cette méthode constitue une excellente base pour la détermination d'un prix orienté vers les avantages (intérêts). L'enquête intégrée peut être mise en oeuvre de diverses manières par les banques (pour des modèles innovants de dépôts, pour des produits de financement et de dépôts, pour de nouveaux services, pour des facteurs tels que la marque). Il est possible que les résultats soient très fortement influencés par la conception de l'enquête. C'est pourquoi il convient d'aborder nombre d'aspects avec le plus grand soin (par exemple pour la définition des caractéristiques, pour les caractéristiques d'un produit bancaire et pour sa conception, pour le choix des modèles de préférence, pour le calcul des fonctions prix-ventes).

4.3 Exemple d'enquête intégrée

Une banque employa l'enquête intégrée comme base de positionnement et de fixation des prix pour ses comptes courants dont le service marketing estimait qu'ils étaient le centre de l'attention de la clientèle. Pour la direction, les questions principales étaient :

- Comment les comptes courants doivent-ils être conçus ? De quelles caractéristiques convient-il de tenir compte ?
- Quelle est la valeur de notre marque ?
- Combien les clients paient-ils pour les différents comptes courants ?
- Aux yeux de la clientèle, quelle est l'importance des différentes caractéristiques (par exemple carte eurochèque ou l'intérêt actif) ?
- Quelle est la valeur des avantages et quels prix les clients sont-ils prêts à payer pour les caractéristiques des produits influençant la décision d'achat ?

Pour pouvoir répondre à cette question, le projet a été effectué en six étapes :

1ère étape : La définition des caractéristiques du compte courant fut effectuée par la direction (marketing, gestion de produit, contrôle de gestion et directoire pour les particuliers) sous forme d'un atelier. L'objectif était, sur la base d'études de la concurrence et de quelques entretiens avec des clients, d'analyser les sept caractéristiques suivantes sous le rapport des avantages qu'elles représentent :

- Institut (marque)
- Frais de tenue de compte
- Intérêts appliqués sur les avoirs
- Intérêts sur les découverts sur compte courant
- Carte de crédit

- Carte eurochèque
- Garanties de service

Ces caractéristiques ne doivent pas dépendre les unes des autres, c'est à dire qu'un élément particulier d'une caractéristique implique le même élément ou exclue certains éléments pour une autre caractéristique. Exemple : une banque directe, en règle générale, ne propose pas de conseil en placement. S'il existait une caractéristique „conseil en placement", l'élément „avec conseil en placement" serait exclu pour les banques directes. Les caractéristiques „institut bancaire" et „prestations de conseil" ne seraient, dans ce cas, pas dépendantes.

2ème étape : Pour chacune des caractéristiques sélectionnées, ont été déterminés des éléments dont l'importance et les avantages qu'ils représentent pour les clients doivent être analysés. La détermination de l'envergure des éléments des caractéristiques a été particulièrement critique. D'une part, afin de pouvoir entièrement recouvrir le secteur optimal, il convient de ne pas choisir une envergure trop étroite. D'autre part, la détermination d'éléments situés en dehors d'un intervalle réaliste peut déformer les résultats. C'est dans ce contexte que la direction a élaboré les éléments représentés dans le tableau 1 :

Caractéristiques	**Eléments**
Institut bancaire	Société Générale, Crédit Agricole, Banque Populaire, BNP Paribas, Caisse d'épargne
Frais mensuels de tenue de compte	12 euros, 9 euros, 6 euros, 3 euros, 0 euro
Intérêts sur l'avoir	Pas d'intérêt 1,0%, 2,0%
Intérêt pour crédit en compte courant	12%, 10%, 8%
Carte de crédit	Pas de carte de crédit, carte standard, carte or
Carte eurochèque	Pas de carte eurochèque, une carte eurochèque, carte eurochèque plus carte partenaire
Carte régionale	oui (intégration d'entreprises régionales partenaires), non

Tableau 1 : Conception d'enquête intégrée pour un compte courant.

3ème étape : Afin qu'elles soient représentatives, les personnes interrogées ont été soumises au préalable à une analyse afin de déterminer si elles sont intéressées par un nouveau compte courant. Si c'était le cas, un entretien assisté par ordinateur avait lieu. Pour l'entretien principal, on appliqua l'analyse intégrée adaptative. L'avantage de cette méthode informatisée est que le programme adapte les packs compte courant présentés aux réponses données. De cette manière, il est possible de saisir les informations nécessaires (valeurs des avantages, importances) efficacement et de manière individuelle à chaque client. Le schéma 34 présente une comparaison typique d'analyse intégrée adaptative de deux comptes courants.

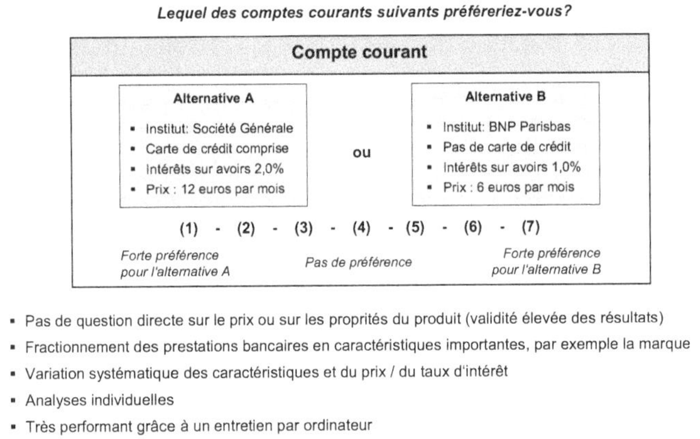

Schéma 34 : Exemple d'une comparaison d'analyse intégrée adaptative.

La personne interrogée est mise dans une situation de décision réelle caractérisée par le fait qu'aucun des comptes n'est mieux que les autres au niveau des éléments des caractéristiques. Cette comparaison serait banale et n'exigerait aucune comparaison entre les deux possibilités. Le compte courant A impose certes des frais de tenue de compte plus élevés (ici 12 euros par mois), mais les prestations sont meilleures (application d'un taux d'intérêt de 2% sur l'avoir, carte de crédit comprise). La personne interrogée doit, dans cette situation, décider si l'économie réalisée au niveau des coûts pour l'(hypothétique) compte courant B de la BNP Paribas, de six euros par mois, compense la renonciation à un taux d'intérêt supérieur et à une carte de crédit comprise dans les frais de tenue du compte courant.

Selon ses préférences personnelles, la personne interrogée choisit une note sur une échelle de 1 à 7. Sur la base de cette décision, le programme informatique sélectionne alors un nouveau couple à comparer. Au moyen d'une analyse parallèle des réponses, le programme détermine si une caractéristique particulière n'a aucune importance pour la personne interrogée ou si d'autres caractéristiques ont une grande importance. Cela conduit à une conception adaptée des couples suivants à comparer et complique de plus en plus les décisions de la personne interrogée au cours de l'entretien. En définitive, celle-ci doit effectuer une sélection entre deux caractéristiques (ou plus).

Il n'est pas nécessaire que toutes les caractéristiques intégrées à la conception des produits soient décrites. Dans le schéma 35, la description de concept comporte quatre caractéristiques respectives. Au cours de l'entretien, le nombre des caractéristiques incluses peut être augmenté. Cela complique encore la comparaison pour la personne interrogée et accroît en même temps la similitude avec la réalité au niveau de la situation de prise de décision. Un entretien dure en règle générale environ 30 minutes.

4ème étape : A partir des réponses données par les personnes interrogées, il est possible, au moyen d'une analyse régressive multiple, de calculer les avantages que les clients tirent de chacun des éléments des caractéristiques. Pour l'essentiel, la méthode d'analyse multiple fournit trois informations :

1. Avantages que chacun des éléments des caractéristiques représentent pour les clients.
2. Importance des caractéristiques lors de la décision d'achat
3. Prix que les clients sont prêts à payer pour chacun des éléments des caractéristiques ou pour un compte courant.

Avantage de chacun des éléments des caractéristiques

Le résultat de l'analyse multiple citée ci-dessus est représenté dans le schéma 35. Il présente les fonctions d'avantages se rapportant à chacune des caractéristiques du compte courant.

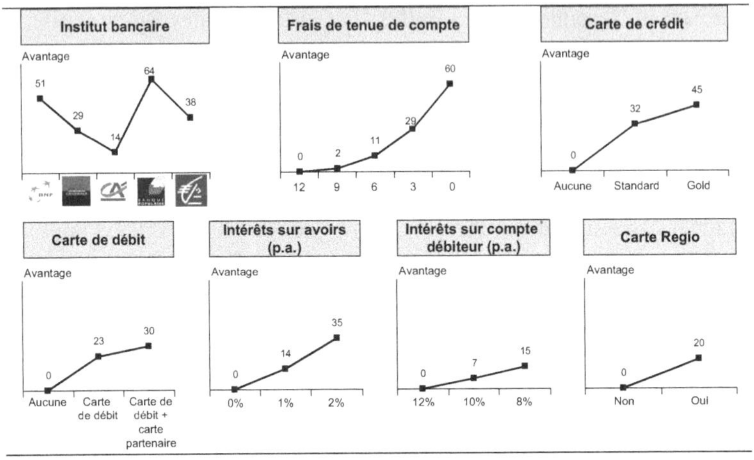

Schéma 35 : fonctions d'avantages pour les caractéristiques d'un compte courant.

Les fonctions d'avantage indiquent dans une unité neutre l'avantage de chacun des éléments. Les échelles d'avantages sont identiques pour toutes les caractéristiques, car elles sont représentées à la même échelle. L'accroissement des avantages en raison d'une réduction du taux d'intérêt sur le découvert de 12% à 10% est, dans ce cas, aussi élevé pour le client que le passage d'une carte de crédit standard à une carte de crédit or. L'avantage amoindri pour le client en raison du taux d'intérêt sur le découvert plus élevé peut donc être compensé par une carte de crédit or (au lieu d'une carte de crédit normale). Si l'on applique cela au prix que les clients sont prêts à payer, cela signifie donc que le client (toutes choses étant égales) est prêt à payer, pour un compte ayant un taux d'intérêt sur le découvert de 10% et une carte de crédit standard, le même prix que pour un compte ayant un taux d'intérêt sur le découvert de 12% et une carte de crédit or.

Pour un niveau d'agrégation maximal, il est possible de calculer les avantages pour l'ensemble de la clientèle ; à un niveau d'agrégation moindre pour certains segments de clientèle ou de manière désagrégée sur une base individuelle. Il est possible de constituer des segments de clientèle ex ante sur la base de caractéristiques descriptives et observables, comme par exemple l'âge, le lieu de domicile (ville ou campagne), les services utilisés (financement à la construction, produits de placement) et la durée de la relation d'affaires (toutes ces informations doivent également être saisies lors du même sondage), ou ex post sur la base de l'importance des caractéristiques résultant de l'analyse multiple. Lors de la segmentation ex post (également nommée „segmentation des bénéfices", voir alinéa 3.5), il est possible d'identifier d'éventuels segments constitués de clients particulièrement sensibles aux prix (segment „sensible au prix") ou comportant des exigences élevées au niveau des prestations (segment „Premium").

La normalisation effectuée dans cet exemple a pour conséquence que l'élément respectivement le plus mauvais constitue le „point nul" de chaque caractéristique. La hauteur absolue de la valeur des avantages n'est pas pertinente. Les caractéristiques ont souvent un „sens" naturel. Cela signifie qu'il est possible, indépendamment des résultats du sondage, de classer les éléments des caractéristiques dans un ordre logique (meilleur/moins bon). Cela vaut par exemple pour les frais de tenue de compte (0 euros est mieux que 3 euros, 3 euros sont mieux que 6 euros etc.) ou pour la carte eurochèque (la carte partenaire incluse est mieux qu'une carte eurochèque seule, qui est mieux que pas de carte eurochèque du tout). Il est donc simple de contrôler la validité de la valeur des avantages résultant de cette analyse. Si la valeur des avantages des éléments des caractéristiques ne correspond pas au classement naturel, c'est qu'il existe un illogisme évident parmi les réponses des personnes interrogées. Au niveau des caractéristiques d'image de marque, le sens entre les instituts ou les marques bancaires n'est pas prédéfini. Cette caractéristique ne possède pas de sens préalable.

Importance des caractéristiques au niveau de la décision d'achat

Si l'envergure entre les éléments d'une caractéristique est supérieure aux autres caractéristiques, on peut alors en conclure que cette caractéristique constitue pour le client le critère principal de décision. L'avantage qu'en retirent les clients se différencie ici plus fortement au niveau de chacun des éléments que pour les autres caractéristiques. L'importance des critères de décision correspond aux rapports suivants :

Importance du critère de décision i = (différence entre les avantages du meilleur et du plus mauvais élément de la propriété i) ÷ (somme de la différence des avantages de toutes les propriétés)

Dans cet exemple, le programme mathématique calculait les importances relatives des sept caractéristiques des personnes interrogées (voir tableau 2).

Caractéristiques	**Importance relative**
Institut bancaire	19,6%
Frais de tenue de compte (0 à 12 euros)	23,5%*
Taux d'intérêt sur l'avoir (0 à 2%)	13,7%
Intérêt pour découvert bancaire (8 à 12%)	5,9%
Carte de crédit (aucune à OR)	17,7%
Carte eurochèque (aucune à „carte partenaire“)	11,8%
Carte régionale (oui, non)	7,8%
Total	100,0%

Tableau 2 : Importance relative des caractéristiques lors du choix du compte courant.

Les frais de tenue de compte, représentant 23,5%, se sont avérés être la caractéristique de produit la plus importante. Le taux d'intérêt sur les découverts possédait, avec seulement 5,9%, la plus faible importance. Aux yeux des clients, la carte régionale, représentant uniquement 7,8%, était relativement sans importance. La faible importance de cette carte aux yeux des clients a été une révélation importante pour la direction, car d'autres concurrents avaient déjà lancé des concepts similaires et que la banque avait l'intention d'intégrer cette carte au nouveau compte courant. En raison de ce résultat, la carte régionale, dont la réalisation aurait entraîné des frais énormes, n'a pas été mise sur le marché.

Pour nombre d'applications d'une enquête intégrée au sein des branches les plus diverses, l'expérience nous a prouvé que les degrés d'importance demandés comme décrit plus haut et de manière indirecte diffèrent des degrés d'importance demandés de manière directe. En particulier, nous constatons régulièrement que l'importance du prix est plus élevée lors de questions directes que lors de calculs indirects basés sur une enquête intégrée. Ceci indique que les clients,

---

* $23{,}5\% = \frac{60}{255} \cdot 100$

lors d'une question directe, exagèrent (consciemment ou non), l'importance du prix.

Prix que les clients sont prêts à payer

Comment parvient-on de la valeur des avantages au prix que les clients sont prêts à payer ? Si l'on considère le rapport de la marge de prix résultant des réponses comme la somme des points d'avantages respectifs maximaux par caractéristique, on obtient alors le prix que les clients sont prêts à payer par point d'avantage (ici : 12 euros correspondent à 269 points d'avantage, donc 0,04461 euros par point d'avantage). Si l'on multiplie chacun des points d'avantage avec le prix que les clients sont prêts à payer par point d'avantage, il est alors possible de transformer les fonctions d'avantage en fonctions de prix que les clients sont prêts à payer. En additionnant les prix que les clients sont prêts à payer, il est possible de déterminer les prix que les clients sont prêts à payer pour des concepts de produits. Voici deux exemples :

Description compte de base	**Prix mensuel que les clients sont prêts à payer**	**Description compte confort**	**Prix mensuel que les clients sont prêts à payer**
Société Générale	1,695 euros	Société Générale	1,695 euros
Taux d'intérêt sur l'avoir : 0%	0,00 euros	Taux d'intérêt sur l'avoir : 2%	1,561 euros
Carte de crédit : aucune	0,00 euros	Carte de crédit : VISA	2,007 euros
Carte eurochèque	1,026 euros	Carte eurochèque avec carte partenaire	1,338 euros
Taux d'intérêt sur le découvert : 10%	0,312 euros	Taux d'intérêt sur le découvert : 12%	0,00 euros
Total du prix que les clients sont prêts à payer	3,033 euros	Total du prix que les clients sont prêts à payer	6,601 euros

Tableau 3 : Détermination du prix que les clients sont prêts à payer pour des solutions alternatives à un compte courant.

Dans cet exemple, le prix que les clients sont prêts à payer (par mois) pour un compte de base ou pour le compte confort est de 3,03 euros ou de 6,60 euros. Sur la base des prix que les clients sont prêts à payer et déterminés par les sondages, il serait possible de proposer le compte de base pour par exemple 3,0 euros par mois et le compte confort pour 6,60 euros par mois. Les comptes comprennent les prestations indiquées dans le tableau ci-dessus.

5ème étape : Sur la base de la valeur calculée des avantages et des prix que les clients sont prêts à payer, il a été possible de déterminer la fonction prix-ventes de différentes alternatives au compte courant. Afin de pouvoir convertir les valeurs des avantages en estimations des quantités de ventes, une règle de conversion est nécessaire pour déterminer les probabilités de vente. Pour la situation présente ici, nous partons du principe qu'un client prend le compte courant lui offrant les avantages les plus élevés. Une simulation complexe a permis de déduire les fonctions prix-ventes pour les différents comptes courantes. Lors de la simulation, il est possible de tenir compte de scénarios alternatifs (changements des propres comptes courants ainsi que réactions au niveau des prix de la part de la concurrence). Le schéma 36 présente à titre d'exemple la fonction prix-ventes évaluée et la fonction bénéfice correspondante (en tenant compte des coûts) pour le compte courant standard. Il apparaît clairement que le prix optimal pour ce compte est d'environ 6 euros. Par rapport au prix de 5 euros envisagé à l'origine, il en résulterait un bénéfice de 24% supérieur. Le tableau fait apparaître clairement qu'il existe un seuil de prix au niveau de 6 euros (à la droite de ce prix, la fonction prix-ventes chute). Le modèle développé a été employé par la direction non seulement pour déterminer les prix optimaux, mais également pour améliorer la conception des comptes courants.

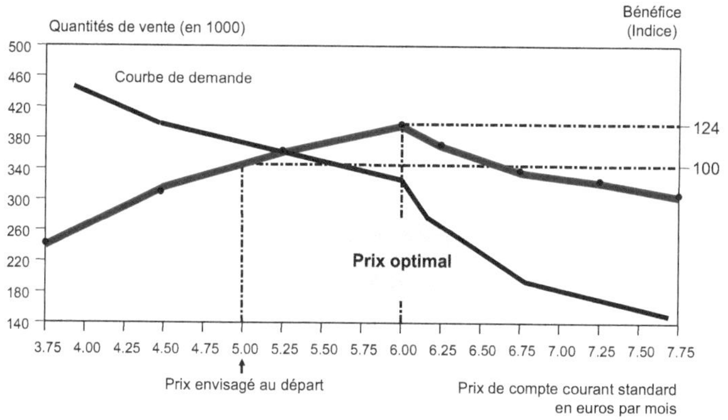

Schéma 36 : Fonction prix-ventes et fonction bénéfices pour le compte courant standard.

Lors de nombre d'applications pratiques, nous avons, en tant que conseiller pour la méthode présentée et démontrée ici à l'exemple du compte courant, fait de très bonnes expériences. Cependant, l'enquête intégrée ne doit pas être employée de manière schématique. Une expérience et une expertise approfondie sont nécessaires, ainsi qu'une excellente connaissance du marché et du secteur. Lors d'une application schématique, le risque d'obtenir des résultats insensés est très élevé.

En résumé : dans la pratique, deux méthodes de détermination de la fonction prix-vente se sont révélées particulièrement judicieuses. En premier lieu, les jugements d'experts sont pris en compte au moyen d'un modèle d'assistance à la prise de décision (tel que PRICESTRAT) pour l'estimation de l'effet des changements des prix (approche pragmatique, en particulier au niveau des innovations et dans les cas d'urgence). En second lieu, le procédé statistique d'enquête intégrée a fait ses preuves au niveau du calcul des rapports fonctionnels entre les prix et les quantités (évaluation fondée, convient particulièrement au niveau des décisions importantes). Le schéma 37 représente une vue d'ensemble des différentes méthodes et leur jugement.

Critères d'évaluation	Expériences en matière de prix	Données du marché	Sondage expert	Sondage clientèle	
				Direct	Analyse conjointe
Validité	élevé	élevé	moyen	plutôt bas	élevé
Fiabilité	moyen/élevé	bas	moyen/élevé	incertain	élevé
Coûts	moyen/élevé	selon la disponibilité et l'accès	très bas	moyen/bas	moyen/élevé
Applicabilité à de nouveaux produits	oui	non	oui	douteux	oui
Applicabilité aux produits établis	oui	oui	oui	oui	oui
Jugement général	adéquat	peu adéquat	très adéquat	peu adéquat	très adéquat

Schéma 37 : Aperçu des méthodes de détermination de la fonction prix-vente.

4.4 Particularités de la détermination prix-ventes

Les produits bancaires se caractérisent par une série de propriétés nécessitant quelques éléments particuliers de la détermination du rapport prix-ventes. Du point de vue des clients (finaux), les produits bancaires sont interactifs, sont une question de confiance et nécessitent dans de nombreux cas des explications. Pour la banque, il en résulte des particularités issues de la combinaison fréquente du point de vue des clients entre le produit et la procédure d'accompagnement, de la multitude de produits ainsi que de la question de savoir quel est le produit convenant à une optimisation.

A l'exception des cas où un client final acquiert un produit standardisé par Internet, clients et banque interagissent au niveau de l'établissement de la prestation. Ceci vaut par exemple pour l'élaboration commune d'un financement de construction avec des particuliers ou pour la couverture d'une opération internationale avec des entreprises. Dans tous ces cas, clients et banque agissent en interaction. Le client perçoit cette interaction comme faisant partie de la prestation. Cette procédure détermine de manière capitale la satisfaction ou l'insatisfaction du client, même si elle n'a quasiment rien à voir avec la fourniture propre de la prestation financière.

Etant donné que les produits bancaires sont également intangibles, la procédure, par rapport au produit, gagne en importance. A l'inverse des biens automobiles ou des biens de consommation courante, les clients n'ont pas la possibilité d'inspecter au préalable les produits bancaires ni donc de contrôler leurs attentes au niveau du rendement du produit ou de vérifier que le produit correspond bien à l'objectif visé. Il n'est souvent pas possible au client de contrôler le rendement du produit après l'avoir utilisé : c'est seulement au moyen d'indicateurs et non par le produit-même qu'il est possible de déterminer si la forme de financement choisie était vraiment la meilleure ou si l'investissement dans un fonds a été la bonne décision. En raison du caractère de confiance de nombre de produits bancaires, les clients on recours au préalable à des indicateurs dont ils espèrent des prévisions quant au rendement attendu. C'est ainsi que s'explique l'importance d'indiquer les rendements des produits d'investissement réalisés par le passé, même si les banques tiennent toujours à mentionner en petits caractères que ces succès du passé ne permettent aucune déduction quant au rendement à venir.

Les indices de rendement historiques font partie de ces indicateurs ainsi que par exemple la réputation dans le domaine de l'assurance maladie privée et en raison du caractère interactif des produits bancaires, nombre des éléments que le client perçoit aux éventuels points de contact avec sa banque comme la documentation, les locaux d'une agence ou le conseiller et l'effet multiple que celui-ci a sur le client en raison de sa prestance.

Vient s'ajouter à cette situation déjà complexe pour le client le fait que nombre de produits bancaires nécessitent une explication. Les décisions complexes d'investissement ou de financement nécessitent souvent une confrontation intensive avec le sujet de la part du client et exigent du conseiller non seulement des connaissances détaillées, mais également qu'il soit en mesure d'expliquer de manière simple et compréhensible les connexités souvent complexes.

En définitive, la question se pose toujours de savoir ce qu'est le produit. S'agit-il uniquement de la prestation financière centrale ou s'agit-il également d'éléments accompagnant la procédure ? En d'autres termes : quel est précisément le produit pour lequel le prix doit être fixé ?

Pour la mesure du rapport prix-ventes, trois tâches résultent des spécificités des produits bancaires :

Dans un premier temps, il est nécessaire de définir précisément le produit qui doit être analysé. Cela se rapporte tant au point central de la prestation qu'aux éléments d'accompagnement évoqués ci-dessus.

Ensuite, il est nécessaire d'expliquer le produit au client sous toutes ses facettes, de sorte qu'il soit autant informé lors de l'estimation qu'il le serait aussi lors d'une décision. Il convient cependant de garder à l'esprit que cela ne signifie pas forcément une information maximale. Une analyse préalable approfondie est nécessaire pour déterminer quelles doivent être les connaissances détaillées.

Après, il est nécessaire, dans le cadre de l'estimation, de représenter le mieux possible une situation réelle de décision. Cela comprend également le choix de la bonne méthode de sondage et des caractéristiques du produit qui doivent être analysées. Il est capital de confronter le client, dans le cadre de l'estimation, aux bonnes options de choix. C'est pourquoi l'enquête intégrée convient particulièrement, car elle crée des options de choix réalistes. De plus, il est facile de simuler la décision d'achat au moyen de la technique de scénario. Pour cela, les clients sont mis dans la situation de décision, ce que des éléments visuels peuvent appuyer.

Outre la question de savoir quel est le produit à analyser (en raison des chevauchements entre prestation principale et procédures d'accompagnement), la banque est confrontée au défi d'un large éventail de produits. Il n'est donc ni possible, ni judicieux d'analyser systématiquement tous les produits. Il est bien plus nécessaire de se concentrer sur les facteurs de réussite principaux. La matrice recettes-risques déjà évoquée ci-dessus fournit une approche adéquate permettant de concentrer les efforts sur les points les plus importants.

Enfin, la question se pose pour la banque de savoir quel est le prix optimal. Cette question, à première vue banale, s'avère être fréquemment un problème à ne pas sous-estimer et qui apparaît en particulier lorsque les prix facturés aux clients ne correspondent pas aux prix figurant dans les tarifs. Ceci est toujours le cas quand le client obtient des réductions sur les prix tarifaires. Si la fixation des prix ne s'oriente que vers les tarifs, sont alors mesurés des éléments de prix n'ayant en fait aucune importance sur le marché. Si l'on se concentre au contraire sur les rabais accordés dans les sondages, ceci n'est souvent pas pertinent pour les clients, qui sont moins intéressés par les rabais que par les prix finaux absolus. Toutefois, si l'on n'utilise que les prix finaux, les éléments de prix faisant l'objet de questions ne sont justement pas pertinents pour les clients qui sont plus intéressés par le rabais que par le prix final (ce comportement d'achat, de plus en plus fréquent dans le secteur bancaire, est baptisé „rabaitite" par nombre de directeurs). Il est, de plus, souvent impossible, au niveau du sondage, de couvrir de manière adéquate la multitude des conditions.

Il n'existe pas de solution générale à ces problèmes. Il convient plutôt de retenir comme conclusion que la détermination dans le secteur bancaire du rapport prix-ventes doit toujours être optimisée au cas par cas. Il convient d'accorder la détermination de manière individuelle à la configuration respective du problème du point de vue du client et de la banque.

En résumé : il existe une série de particularités au niveau de la détermination de la fonction prix-ventes pour les produits bancaires (par exemple l'intangibilité, la complexité et la nécessité de procéder à des explications). C'est pourquoi il résulte, pour la mesure de la fonction prix-ventes, les défis suivants :

1. Le produit à analyser doit être défini de manière exacte.
2. Il doit être expliqué au client (au participant) de manière à ce qu'il possède lors de l'estimation les mêmes connaissances que celles qu'il aurait lors d'une décision réelle.
3. Dans le cadre de l'estimation, la situation de décision doit être représentée le mieux possible.

Cinquième chapitre : Différenciation intelligente des prix

Il existe différents types de discrimination des prix.
A.C. Pigou

5.1 L'idée de base de la différenciation des prix

Une politique de prix unique peut fortement limiter le profit qu'une banque réalise avec ses produits ou ses prestations. La différenciation des prix permet à la banque d'accroître massivement ses bénéfices. Ceci est illustré par un exemple. Pour simplifier, on suppose, sans limiter la validité générale des déclarations recueillies, qu'il existe sur le marché observé trois segments prêts à dépenser des sommes différentes pour une carte de crédit. Tous les segments sont de la même importance et comprennent 10.000 clients. Le segment A est prêt à payer 40 euros, alors que le segment B serait prêt à payer jusqu'à 60 euros. Le prix que le segment C est prêt à payer est de 80 euros. La fabrication de la carte de crédit coûte à la banque 20 euros. Une courbe de demande représente la situation de la banque conformément au schéma 38. Si l'institut demande un prix de 80 euros, seul le segment C procèdera à l'achat, 10.000 cartes seront donc vendues ; si le prix est de 60 euros, les ventes augmentent pour atteindre 20.000 cartes, car les B et C achètent. Pour un prix de 40 euros, le segment A achète également, le maximum des ventes, s'élevant à 30.000 cartes, est atteint. Une diminution supplémentaire du prix n'engendre pas d'augmentation des quantités.

La banque se pose la question de savoir quel prix unique optimal au niveau des bénéfices elle devrait exiger sur le marché. Il apparaît immédiatement que fixer un prix supérieur à 80 euros, c'est à dire un prix prohibitif, ne génère aucun chiffre d'affaire, aucune marge sur les coûts variables, et, en raison des coûts fixes inévitables, occasionne des pertes. Il est de plus évident qu'une diminution des prix à moins de 40 euros fait que les marges sur coûts variables sont un cadeau. En conséquence, on s'intéresse ici à l'avantage relatif des prix possibles de 40 euros, 60 euros et 80 euros.[1]

Pour un prix de 40, euros la banque réalise un chiffre d'affaire de $U = 30.000 \cdot 40 = 1.200.000$ pour des coûts de $K = 30.000 \cdot 20 = 600.000$, donc un bénéfice (correspond ici à la marge des coûts variables) de $G = U - K = 600.000$. En revanche, si la banque demande un prix unitaire de 60, elle réalise alors un bénéfice de $G = 20.000 \cdot 60 - 20.000 \cdot 20 = 800.000$. Si elle augmente encore le prix à 80, les bénéfices retombent à $G = 10.000 \cdot 80 - 10.000 \cdot 20 = 600.000$. Il semble être optimal pour la banque, dans le cas d'un prix unique, d'exiger pour la carte de crédit celui de 60 euros. Cette situation est illustrée au schéma 38. La surface hachurée sous la courbe de demande représente le bénéfice réalisable, le produit issu de la marge de coûts variables par pièce (60 euros – 20 euros) et des quantités de vente (20.000 cartes).

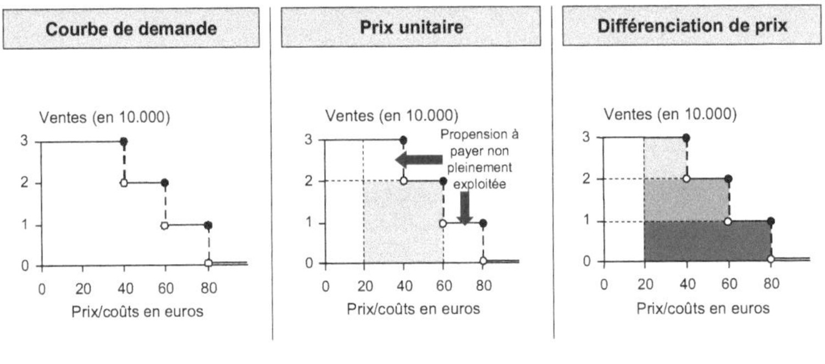

Schéma 38 : Prix unitaire par comparaison à une différenciation des prix.

1 Pour une meilleure vue d'ensemble, la notation suivante renonce à l'indication de la monnaie.

Le fait que cette stratégie n'est quand même pas optimale pour la banque est prouvé par le calcul suivant : pour le segment A, les clients sont prêts à payer 40 euros. Vendre à ce prix au segment A rapporterait à la banque un bénéfice de 200.000 euros. Le prix unique en revanche, est supérieur au prix que A est prêt à payer, donc le segment A n'achète pas, et la banque perd 200.000 euros. Le segment B est prêt à payer 60 euros. C'est précisément ce prix que l'on exige de ce segment, cela engendre un bénéfice de 400.000 euros. Par contre, le segment C serait prêt à payer 20 euros de plus qu'il ne l'est demandé. En fixant un prix unitaire, l'institut perd ce „surplus du consommateur", c'est-à-dire la différence entre la somme qu'un client est prêt à consacrer et le prix du marché.

Il semble donc logique, du point de vue de la banque, d'exiger des prix différents de chacun des segments. Pour exploiter pleinement le surplus du consommateur du segment C, on exige de celui-ci un prix de 80 euros. Le segment B paye toujours 60 euros. Le segment A n'est certes prêt à payer que 40 euros, mais cela engendre une marge positive des coûts variables par pièce, de telle sorte qu'il peut acheter le produit à 40 euros. Il en résulte un chiffre d'affaire de $U = 800.000 + 600.000 + 400.000 = 1.800.000$ des coûts de $K = 30.000 \cdot 20 = 600.000$ et donc un bénéfice supérieur de 50% (par rapport à la politique de prix unique), soit de 1.200.000 euros.

La figure de droite du schéma 38 représente les bénéfices de chacun des segments. On remarque que contrairement à la figure située au centre du schéma 38, une partie nettement plus grande de la surface située sous la courbe de demande est remplie. En règle générale, on dit que : plus la surface sous la courbe de demande est grande, plus les bénéfices sont importants. Dans la pratique bancaire, que signifie „remplir une surface la plus grande possible sous la courbe de demande" ?

Dans un premier temps, il faut connaître les différents prix que les clients sont prêts à payer. En général, dans la pratique on sous-estime trop ce problème. Il convient d'appliquer des méthodes d'analyse professionnelles (voir le quatrième chapitre), car si les volontés de payer sont mal ou non quantifiées, la fixation de prix devient alors un jeu de hasard. Le défi de la différenciation des prix consiste à s'adresser séparément aux clients regroupés en segments étant prêts à payer un prix suffisamment homogène, afin de leur demander des prix différents. En effet, on exige des prix différents pour des produits bancaires essentiellement identiques. Ci-après sont représentés les instruments de différenciation des prix. La célèbre systématisation proposée par Pigou (1920) inclut trois types d'approche de différenciation des prix.

Selon la *différenciation des prix du premier degré*, l'offrant est en mesure d'exiger du client exactement le prix que celui-ci est prêt à payer. Ce principe est illustré par l'habitude typique du vendeur de bazar qui, dans le cadre de négociations individuelles, essaie toujours d'obtenir le prix maximal que l'autre partie est prête à payer. Dans le secteur des services bancaires (supérieurs) aux particuliers et aux entreprises, il existe un grand nombre de produits bancaires dont les prix (par exemple des taxes forfaitaires, dénommées „taxes tout compris", et dans la gestion de capitaux, intérêts sur solde créditeur ou intérêts sur les dépôts à terme) sont généralement négociés de manière individuelle. Au cours de ces négociations, les conseillers bancaires essayent d'exploiter pleinement et de manière individuelle les prix que les clients sont prêts à payer. Ici aussi, il s'agit d'une différenciation des prix du premier degré.

Si l'on renonce à une détermination individualisée des prix, et que l'on répartit au contraire l'ensemble des clients dans des segments dont la propension à payer est homogène, il en résulte les possibilités de différenciation des prix du deuxième et du troisième degré. Au niveau de la *différenciation des prix du deuxième degré,* on propose essentiellement des produits identiques à des prix différents, et on accompagne ces différences de prix de modifications minimales du produit. La caractéristique principale de ce type de fixation différenciée des prix est le fait que le client sélectionne lui-même, il a le choix entre les différentes possibilités de prix différents, et choisit selon ses préférences. De nombreuses banques offrent à leurs clients différents packs de comptes courants (par exemple basique, standard, premium). Les clients de la banque sont libres de choisir lequel de ces trois packs ils aimeraient avoir. Il s'agit donc d'une différenciation des prix du deuxième degré.

C'est justement cette possibilité de choix qui est supprimée, ou du moins limitée, au niveau de la *différenciation des prix du troisième degré*. L'objectif de cette forme de fixation différenciée des prix est de former des segments isolés. Pour chacun des segments, on fixe le prix maximal au niveau des marges sur les coûts variables, et on associe la disponibilité de ce produit bancaire à ce prix aux caractéristiques spécifiques au segment respectif (par exemple l'âge). Ainsi, de nombreuses banques offrent des tarifs jeunes ou des tarifs étudiants pour des produits bancaires sélectionnés tels que le compte courant. Par exemple, la Deutsche Bank offre des prix réduits pour les enfants, pour les adolescents et pour les étudiants (par exemple le „junges Konto"). La Citibank offre un compte courant gratuit pour les nouveaux clients. Cette offre est associée à la condition que le client soit lycéen, en formation professionnelle ou en cours de service civil ou militaire. Ces exemples représentent une différenciation des prix de troisième degré.

La différenciation des prix permet à la banque d'augmenter ses bénéfices de manière massive. Il existe un grand nombre de champs d'action créatifs permettant d'appliquer une différenciation des prix. Le schéma 39 présente une vue d'ensemble des diverses formes de différenciation des prix, présentées de manière détaillée dans les paragraphes suivants.

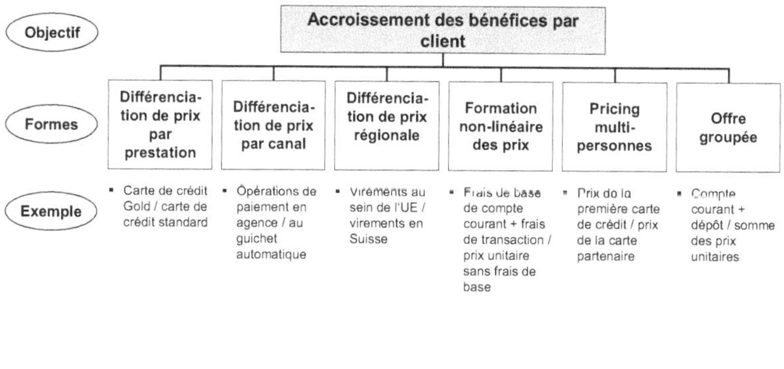

Schéma 39 : Vue d'ensemble des formes de différenciation des prix.

En résumé : une fixation différenciée des prix, nommée „différenciation des prix", peut permettre à toute banque d'accroître considérablement son chiffre d'affaire. La raison : pour le même produit bancaire, les différents clients sont prêts à payer des prix différents. Il est nécessaire de définir ceux-ci, pour s'en servir ensuite de base à la fixation des différents prix pour les différents clients (segments). Si la banque a défini la courbe de demande, elle devrait alors fixer les prix de manière à maximiser la surface sous la courbe de demande. Le présent chapitre présente ci-après des formes innovantes de différenciation des prix et de potentiels d'accroissement des bénéfices.

5.2 Différenciation des prix selon les prestations

Une différenciation des prix selon les prestations a lieu lorsqu'une banque offre les variantes d'un produit (par exemple une carte de crédit ou compte courant) à des prix différents, et dont la différence ne correspond pas aux coûts de fabrication. La banque segmente sa clientèle selon les différents prix que les clients sont prêts à payer et oriente les variantes de ses produits vers les segments de clientèle de manière à ce que les segments prêts à payer plus se décident pour la prestation ayant le prix le plus élevé (voir également Fassnacht 1996, 68). Le fait que les différences d'avantages perçues soient suffisamment grandes entre les différents produits est décisif pour le succès d'une différenciation des prix selon les prestations. L'application d'une différenciation des prix selon les prestations est illustrée par l'exemple suivant :

- La banque American Express offre à ses clients diverses cartes de crédit se différenciant au niveau des prix et des prestations. La *Blue Card* est destinée aux personnes entrant dans la vie active et ayant un revenu faible. Outre la fonction de paiement, elle comprend également une assurance-voyage pour des dommages allant jusqu'à 75.000 euros, ainsi qu'une protection contre les abus lors de transactions en-ligne. Pour obtenir la carte, il faut avoir un revenu annuel d'au moins 20.000 euros. La carte est gratuite la première année, après quoi les frais annuels sont de

35 euros. La *Gold Card* offre, en plus des prestations de la BlueCard, une assurance-voyage confort ainsi que divers services d'agence de voyage. L'assurance-voyage couvre des dommages d'un montant de 300.000 euros. L'obtention de cette carte de crédit est possible à partir d'un revenu annuel de 50.000 euros. Les frais annuels sont de 185 euros.

- La Banque Populaire propose à ses clients différents comptes courants. Pour le compte courant de base „Equipage Essentiel", le client paie un prix fixe mensuel de 4 euros. Le compte „Equipage Avantage" est disponible pour un prix fixe mensuel de 7,10 euros. Il offre, outre les prestations de l'offre de base, d'autres prestations telles qu'une assistance juridique. Le compte „Equipage Privilège" offre de plus une carte de crédit à un tarif préférentiel. Les frais mensuels sont de 11,90 euros.

Lors d'une différenciation des prix selon les prestations, les clients choisissent librement les produits individuels et le prix à payer en conséquence. La clientèle se segmente elle-même. La différenciation des prix selon les prestations fait donc partie de la différenciation des prix du deuxième degré selon Pigou.

5.3 Pricing multi-canaux

De plus en plus de clients changent de mode d'accès à leur banque. Au lieu de se décider pour un canal de distribution, de plus en plus de clients préfèrent un mélange, ils utilisent donc, pour entrer en contact avec leur banque, différents canaux de manière alternative ou simultanément (par exemple agence, Internet et téléphone). Le pricing spécifique aux canaux est pratiqué depuis longtemps par exemple dans le domaine du courtage. Ainsi, beaucoup de banques différencient les prix qu'elles pratiquent pour des transactions de titres de valeur selon le type d'ordre : Internet, WAP, ordinateur vocal, centre d'appels, fax, courrier ou par le biais d'un conseiller dans une agence. Le changement du comportement des clients oblige les banques à proposer plusieurs canaux d'accès en même temps. Ainsi, ce ne sont plus les canaux isolés de diverses banques qui se font concurrence, mais les systèmes entiers de différents offrants. La discussion à ce sujet se concentre sur des questions organisationnelles et informatiques. Bien que l'existence de plusieurs voies d'accès rende indispensable la définition d'une structure de prix optimale pour un système multi-canaux, le problème de la fixation des prix n'est quasiment pas pris en compte. Seul un système de prix optimisé au-delà de tous les canaux permet de guider les flux de clients de manière rentable. Ci-après sont présentés les facteurs de réussite dont il faut tenir compte. Lorsque les questions préliminaires ont été élucidées, il est ensuite possible de se consacrer au pricing par canaux, avant de décider, dans un second temps, du niveau des prix.

Définition de la structure des prix

Il convient d'élucider les questions essentielles suivantes :

Tarification des avantages par rémunération des prestations, ou par frais d'utilisation des canaux ?

Au niveau du pricing par canaux, les avantages issus des différents canaux de distribution ne sont pas, en règle générale, tarifés directement par des frais d'utilisation des canaux, mais de manière indirecte par le biais de la rémunération de la prestation obtenue par ce canal. Ainsi, beaucoup de banques différencient les frais de transaction pour les opérations sur titres selon le type d'ordre : Internet, WAP, ordinateur vocal, centre d'appels, fax, courrier ou par le biais d'un conseiller dans une agence. Les canaux bon marché tels que l'Internet, WAP et les ordinateurs vocaux sont, au niveau des tarifs bancaires, au niveau minimal, et l'utilisation d'autres médias (centre d'appel, fax et courrier) augmente considérablement les frais de transaction. Ils atteignent généralement leur maximum lors de l'exécution des transactions par un conseiller d'agence. Il est également possible d'envisager des frais d'utilisation de plusieurs voies d'accès. Toutefois, étant donné que ceci est jusqu'à présent inhabituel dans le secteur bancaire, il est incertain que les clients seraient prêts à payer pour cela. On trouve parfois de tels frais dans d'autres secteurs, comme par exemple chez les entreprises de construction mécanique, ayant une hotline gratuite, mais exigeant une rémunération pour l'assistance de la part d'un conseiller direct.

Prix par canaux ou prix unique ?

Dans le cadre de la fixation de la structure de prix apparaît la question de savoir s'il vaut mieux, pour une certaine prestation, exiger un prix unique pour tous les canaux de distribution, ou fixer un prix par canal. La pratique montre que dans le cadre d'une maximisation des profits, les prix uniques sont généralement inférieurs à des prix fixés par canal. Ceci provient surtout du fait qu'au niveau du prix unique, on ne tient pas compte des élasticités de prix ni des différents prix que les clients sont prêts à payer, et que la marge de prix n'est pas utilisée entièrement. On renonce ainsi à exploiter pleinement le „surplus du consommateur“, c'est-à-dire la différence entre la propension à payer des clients et le prix effectivement demandé. Cette problématique est renforcée par des différences des prix de distribution, de transaction et de service entre les canaux, car ces prix ne sont pas représentés dans un prix unique. Si l'on décide, dans ce contexte, de pratiquer des prix par canaux, il convient alors de procéder à de petites différenciations de produit afin de justifier les différences de prix par des différences d'avantages (par exemple un conseil complet en agence au lieu d'une assistance téléphonique). On choisit souvent un prix unique pour des raisons de simplicité et de transparence. De manière générale, dans le cas du pricing par canaux, les entreprises doivent choisir entre „différenciation ou simplicité“. La solution à ce dilemme repose dans une politique de prix et d'offre par canaux correspondant au principe de „sélection personnelle“, donc au fait que chaque client choisit l'offre lui convenant le mieux. De cette manière, l'offrant peut pratiquer un pricing juste et différencié.

Pricing multi-composantes : quelle composante et combien ?

De plus, dans le cadre de la fixation de la structure des prix, il convient de tenir compte du fait que le prix d'une prestation se compose de différentes composantes. En font par exemple partie, pour les services bancaires en-ligne, les frais de dépôt, les frais de transaction, les frais de découvert, les frais de tenue de compte pour les comptes de compensation etc. En conséquence, il convient dans un premier temps de déterminer le nombre des éléments à intégrer. Dans ce cas de figure, il faut également prendre une décision quant à la tarification des prestations d'information et de conseil, celles-ci n'étant, depuis peu, plus rémunérées de manière implicite par l'achat du produit, mais tarifées de manière séparée. Ainsi, la Deutsche Bank avait commencé, au niveau des services bancaires aux particuliers, à se faire rémunérer séparément les prestations de conseil „accompagnant les ventes", et à exiger en échange de faibles prix de transactions.

Fixation du niveau de prix

Une fois la structure de prix fixée, il convient ensuite de définir de manière isolée le niveau de prix optimal pour le produit considéré pour chacun des canaux de distribution, avant de procéder, à l'étape suivante, à une détermination tous canaux. Pour l'optimisation isolée des prix selon les différents canaux, il convient de tenir compte de trois dimensions d'orientation : clientèle, coûts, concurrence (voir schéma 40).

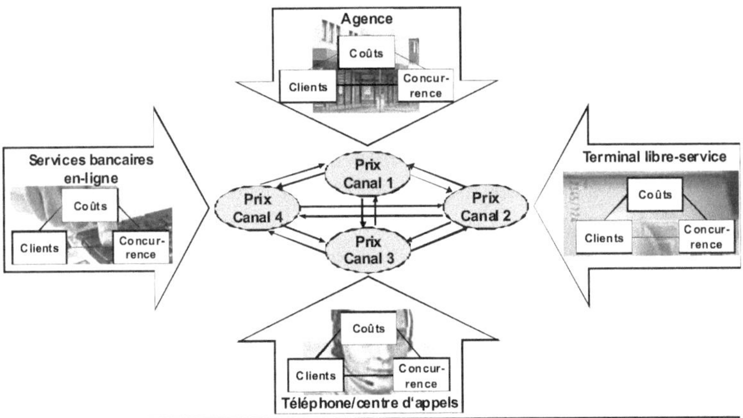

Schéma 40 : Points d'orientation pour une optimisation des prix par canaux.

Client

Pour garantir l'attrait du concept de distribution, les préférences des clients doivent être le point de départ de la détermination des prix. Les avantages offerts par un produit déterminent le prix que le client est prêt à payer, et déterminent donc le prix à payer. Mais comme les avantages ne sont pas pareils pour tous les clients et dans toutes les situations, la base de la détermination des prix par canal est formée par le fait de saisir par canal les avantages offerts et le prix en résultant et que les clients sont prêts à payer. Pour cela, il faut dans un premier temps saisir les besoins des (segments de) clients et des prix qu'ils sont prêts à payer. Ceci est possible, d'une part, par un sondage direct auprès de la clientèle. Toutefois, l'attention de la personne interrogée est attirée sur le prix de manière non naturelle, ce qui risque d'altérer les résultats. D'autre part, l'analyse conjointe peut également aider (voir également le quatrième chapitre). Cette procédure a pour avantage que les clients ne sont pas questionnés directement sur le prix, mais sont confrontés à différentes offres qu'ils jugent selon leurs préférences. Cela permet ainsi de contourner le problème de validité du sondage direct. Cette procédure est régulièrement appliquée dans les secteurs où la procédure de pricing est gérée de manière très professionnelle comme par exemple le secteur pharmaceutique ou le secteur automobile. Ces secteurs peuvent servir d'exemple aux banques et aux caisses d'épargne. L'analyse conjointe permet de déterminer les avantages offerts au client par les différents canaux de distribution. Etant donné que les avantages dont profitent les clients déterminent le prix que les clients sont prêts à payer, connaître celui-ci est indispensable à la fixation du prix optimal au niveau des bénéfices.

Un exemple pratique illustre cette procédure. Dans le cadre d'une étude empirique, l'analyse conjointe permit de définir en unités monétaires la valeur que le client accordait à l'accès par certains canaux. Pour cela, on proposa au client plusieurs offres se composant de plusieurs caractéristiques, chacune contribuant partiellement à l'ensemble des avantages. Certaines caractéristiques avaient pour le client une grande importance, d'autre une importance moindre. Les caractéristiques pertinentes étaient, dans le cas de cette offre, le prix, la banque faisant l'offre, les informations supplémentaires et les canaux d'accès, et chaque caractéristique possédait diverses variantes. Dans le cas des canaux de distribution, c'étaient par exemple les variantes Internet, agence ou téléphone (voir schéma 41).

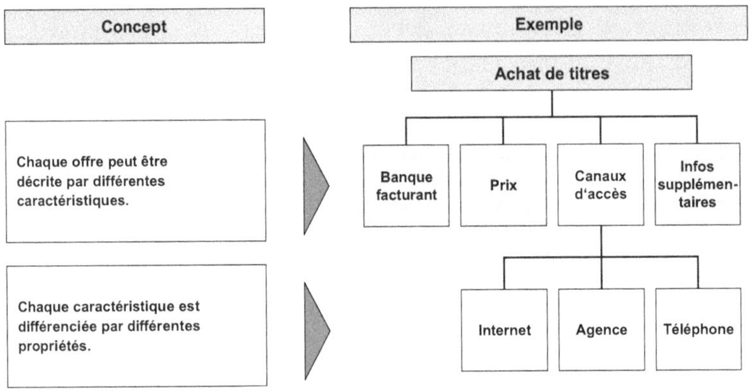

Schéma 41 : Structure d'analyse conjointe.

Pour chaque variante de caractéristique, la procédure détermina la valeur des avantages. Ces variantes de caractéristiques sont comparables avec l'échelle d'avantages pour le prix. Cette association permit de manière indirecte de déterminer le prix que les clients étaient prêts à payer pour les différents canaux (identiquement à l'exemple du quatrième chapitre). Les valeurs déterminées des avantages partiels servirent à fournir des informations pour un système de pricing-support générant pour chaque produit une courbe de demande. Celle-ci illustrait le marché ainsi que les produits concurrents. Cela permit de déterminer les prix sur la base des avantages profitant aux clients.

Coûts

Les différents canaux de distribution se distinguaient considérablement au niveau de la structure et du niveau des coûts. Ainsi, on estima que les coûts d'une transaction dans une agence sont environ cent fois supérieurs à ceux de services bancaires en-ligne. Par conséquent, les prix déterminés en fonction des avantages profitant aux clients furent complétés par la prise en compte de l'aspect „coûts". Pour déterminer le prix optimal au niveau des bénéfices, on prit en compte, dans le cadre de la simulation de marché, l'aspect „coûts". Pour cela, la courbe de demande déterminée au préalable fut multipliée par la marge des coûts variables unitaires, c'est à dire par la différence entre le prix et les coûts limites. Il en résulta la fonction de bénéfice. Le prix optimal au niveau des bénéfices était atteint là où la dimension cible atteignait son maximum. Cela permit d'intégrer coûts et clients comme éléments d'orientation pour la détermination des prix.

Concurrents

Dans le cadre de la détermination des prix par canal, outre les coûts et les avantages profitant aux clients, il faut également tenir compte des concurrents. D'une part, il a déjà été tenu compte de la concurrence dans le cadre du modèle de simulation du marché illustrant le marché, donc également les entreprises concurrentes. Le modèle est alimenté par des informations quant à la prestation perçue (donc quant aux avantages) fournie par l'objet considéré par rapport à la prestation des produits concurrents. En outre, les réactions potentielles des concurrents ont également été prises en considération. Ainsi, il convient par exemple d'éviter que des concurrents se voient, en raison d'un bas prix, obligés d'utiliser un canal, de s'adapter et de déclencher une chute des prix. C'est exactement ce qu'il est arrivé dans le secteur du courtage, où les offrants proposèrent des prix de plus en plus bas. En définitive, un tel écrasement des prix n'est utile à personne, et n'a pour seul effet que d'abaisser le niveau des prix et donc la marge de bénéfices existant sur le marché. C'est pourquoi il est nécessaire, pour tenir compte des réactions de la concurrence, de procéder à une correction de la courbe de demande sur la base des estimations d'experts.

Détermination du niveau des prix au-delà des canaux de distribution

Jusqu'à présent, on n'a considéré de manière isolée que le niveau des prix des canaux. Toutefois, pour une gestion multi-canaux réussie, il est capital d'intégrer les différents canaux à une stratégie commune.

Si la stratégie multi-canaux a pour but de créer une plus-value pour le client, les canaux ne doivent alors pas être isolés les uns des autres, mais au contraire être compris et gérés comme système interdépendant. Ceci doit également se répercuter au niveau du pricing. Il convient alors, lors de la fixation du niveau des prix, de tenir compte de la situation tant d'un point de vue général qu'au niveau des relations existant entre les différents canaux de distribution.

Pour cela, il est nécessaire d'harmoniser les résultats de l'optimisation du niveau des prix pour chacun des canaux au niveau des interdépendances. Il est indispensable de procéder à des adaptations de prix lorsqu'il apparaît des mouvements indésirables entre les canaux. S'il n'est pas possible de les rattraper par une différenciation des produits, il faut alors les supprimer en harmonisant les prix. Un corridor de prix facilitera cette tâche (voir schéma 42). Pour cela, les prix optimisés de manière isolée sont aplanis dans une grille de référence. Il faut ensuite définir un prix maximal et un prix minimal à ne pas dépasser. Il est nécessaire d'augmenter les prix des prestations sur des canaux de distribution étant inférieurs au prix minimal, ou de renoncer à proposer ce produit par le biais de ce canal. Si le prix spécifique à un canal est supérieur au prix maximal, il convient alors de l'abaisser, à moins d'être prêt à accepter des mouvements indésirables.

Le point critique lors de la fixation du corridor de prix est la détermination des limites supérieure et inférieure. Il s'agit ici d'une procédure extrêmement complexe et dans le cadre de laquelle il est nécessaire de tenir compte non seulement des données issues de l'optimisation de prix par canal, mais également de nombreuses autres informations comme par exemple celles concernant le volume de marché pour chacun des canaux, les élasticités de prix selon les canaux ou les éventuelles tendances de mouvement.

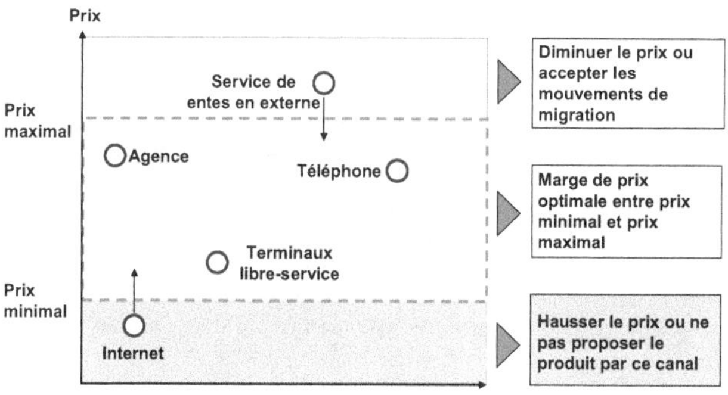

Schéma 42 : Harmonisation des prix au-delà des canaux et au moyen d'un corridor de prix.

En résumé : l'existence des canaux de distribution alternatifs crée une plus-value pour les clients, qu'il est possible d'exploiter au niveau des prix. Pour des produits distribués par le biais de différents canaux, il semble opportun de se détourner d'un prix unique, afin de tenir compte de manière convenable des différences de coûts et d'avantages entre les canaux. Pour cela, il convient dans un premier temps de considérer les canaux de manière isolée, avant d'y associer une harmonisation du système de prix au-delà des canaux. Jusqu'à présent, dans beaucoup de cas, la détermination du prix s'effectue en pratique uniquement par rapport aux coûts, et les avantages profitant aux clients et engendrés par l'utilisation des canaux ne sont pas pris en considération. Pour déterminer les prix optimaux au niveau des coûts, il ne suffit pas de se focaliser sur l'aspect „coûts". Il faut au contraire tenir compte simultanément des coûts, de la clientèle et de la concurrence, afin de ne pas gâcher le potentiel de réalisation de bénéfices.

5.4 Euro-Pricing

Une différenciation régionale des prix a lieu lorsqu'une banque fixe les prix pour un même produit dans des régions différentes de telle manière que la différence de prix n'est pas égale à la différence des coûts. Par „Euro-pricing" on entend dans ce livre une politique des prix coordonnée au niveau européen. En raison de l'introduction de l'Euro, des technologies informatiques modernes et des évolutions politiques, les marchés nationaux jusqu'à présent en grande partie séparés se ressemblent de plus en plus et les barrières existant entre eux s'atténuent, de telle sorte qu'il est de plus en plus difficile de mettre en œuvre une politique de prix différenciée par pays, c'est-à-dire d'appliquer des prix optimaux au niveau national, en particulier pour les clients actifs au niveau international. Ceci est particulièrement notable au niveau du marché intérieur européen, dont la mise en place complique le maintien des différences de prix en partie énormes des produits bancaires (par exemple des comptes courants). C'est pourquoi il est de plus en plus important d'appliquer une politique de prix coordonnée au niveau européen. Ce besoin d'action est causé par des différences de prix existant en Europe et étant pour certains produits largement supérieures à 100%.

Du point de vue des banques, il est judicieux de pratiquer des prix spécifiques aux régions et aux pays, car elles utilisent les différences de comportement des clients, de pouvoir d'achat et de concurrence pour différencier les prix et accroître les bénéfices. Avec l'introduction de l'Euro, les différences de prix, par exemple, ont nettement gagné en transparence. Le risque que les clients changent de banque ou qu'ils choisissent l'offre la moins chère augmente. Au regard de cette évolution, la fixation d'un prix unitaire au niveau européen ou au niveau régional semble être pour beaucoup de banques la solution la plus simple aux problèmes de prix. Toutefois, les banques se trouvent face au dilemme suivant : elles doivent d'une part maintenir les différences de prix existant entre les régions et garantissant des bénéfices maximaux, et éviter d'autre part le „scénario d'horreur" régional selon lequel tous les prix chutent au niveau régional le plus bas. Pour résoudre ce dilemme, on conseille la fixation d'un „corridor régional de prix". On comprend par cela la fixation d'un intervalle de prix comportant une limite supérieure et une limite inférieure entre lesquelles se trouve l'ensemble des prix régionaux. Pour déterminer ce corridor régional de prix, les quatre étapes suivantes sont nécessaires :

1. *Définition des prix régionaux optimaux :* les prix optimaux par région forment le point de départ. On les détermine sur la base de la courbe de demande par région. Celle-ci décrit le rapport entre le prix et les quantités de vente par région à analyser. La courbe de demande peut être évaluée au moyen des données historiques du marché, par des estimations d'experts ou par des sondages clients (par exemple par une analyse conjointe) (voir quatrième chapitre). Une fois que les courbes de demande par région sont disponibles, il est alors possible de calculer les prix optimaux pour chaque région tout en tenant compte des coûts de produit.

2. *Evaluation du besoin d'action :* les directeurs de prix doivent évaluer de manière quantitative et qualitative les réactions du marché (risques potentiels en raison du changement) aux différences de prix pour les prix régionaux optimaux, ainsi que le besoin d'action en découlant. Le besoin d'action dépend de l'effet et de l'étendue des quotas de rotation et des possibilités de différenciation des prix et produits.

3. *Détermination du corridor de prix européen :* s'il existe un problème de prix au niveau régional, (par exemple des pertes élevées en raison de la prolongation des capitaux immobilisés), il est alors nécessaire d'élever les prix dans certaines régions (par exemple en Italie) et de les diminuer dans d'autre (par exemple en Suisse). Les prix pratiqués dans les différents pays européens doivent être optimisés de sorte à se trouver dans un certain corridor de prix prédéfini. Pour déterminer le corridor de prix optimal, nous utilisons le système international de pricing (Internationale Pricing-System / INTERPRICE). Une application issue des services bancaires aux particuliers illustre la fixation d'un corridor de prix optimal. Une banque privée suisse voyait son

marché des volumes et de prix élevés menacé par des offres meilleur marché provenant d'Italie, de France et d'Angleterre car il existait des différences au niveau des frais de gestion allant jusqu'à 33% (soit 65 points de base). La fixation d'un corridor de prix optimal entraînait, par rapport à un prix unique, une augmentation des gains de 25%. La figure de gauche du schéma 43 présente les effets que la largeur de corridor choisie a sur les bénéfices ; la figure de droite décrit le positionnement des prix de départ et celui de 10% après fixation de la largeur de corridor pour la banque privée.

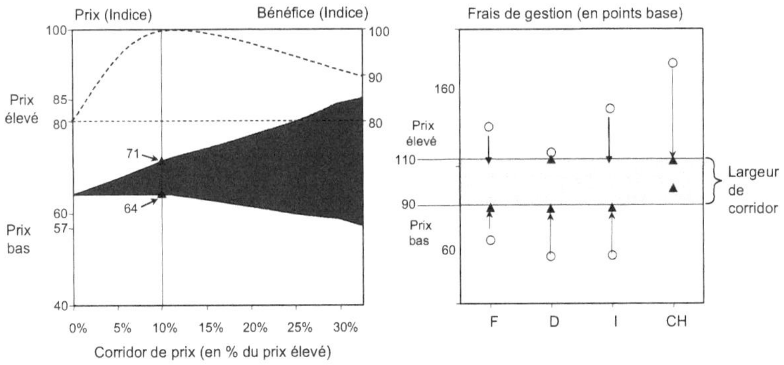

Schéma 43 : Exemple de détermination du corridor de prix optimal.

Pour la pratique, la règle générale dit que : la marge des prix du corridor de prix, c'est à dire la différence de prix entre prix national maximal et minimal, doit être située directement en-dessous des coûts d'arbitrage. Les limites du corridor de prix sont des consignes de prix à caractère obligatoire pour chacun des pays. De façon générale, lors de la fixation du corridor de prix en euros, les grands volumes de marchés en Europe sont sensés déterminer le niveau des prix. Pour éviter que les prix ne glissent vers les marchés de volumes rentables, il peut même être judicieux de cesser de servir un marché petit, à bas prix et situé à l'extérieur du corridor de prix.

4. *Introduction d'un controlling des prix au niveau européen :* l'introduction d'un controlling des prix a pour but d'assurer une identification des évolutions futures des prix et des marchés et de prendre à un stade précoce les mesures d'adaptation de la stratégie de prix et de produit.

La différenciation régionale des prix fonctionnera si les coûts d'arbitrage sont supérieurs aux différences de prix pour suffisamment de clients. Il est nettement plus facile d'appliquer des différences de prix régionales si les produits bancaires sont au niveau local.

En résumé : les prix optimaux isolés par pays sont de plus en plus dangereux. En effet, les différences de prix sont souvent suffisamment importantes pour changer de banque ou pour procéder à des transferts de capitaux. Pour cette raison, il est conseillé de fixer un corridor de prix international permettant d'une part une certaine différenciation des prix, d'autre part évitant les risques d'un arbitrage dû à des différences de prix trop importantes. Pour déterminer le corridor de prix optimal, il est nécessaire de disposer d'informations détaillées quant aux courbes de demande de chacun des pays, quant aux coûts d'arbitrage et quant aux taux de rotation.

5.5 Formation non-linéaire des prix

Une différenciation des prix selon les quantités existe si une banque pratique une différenciation des prix selon les quantités de vente (par exemple nombre de transactions, importance du volume des dépôts et des crédits), c'est à dire si, pour des quantités de vente supérieures, le prix unitaire est fixé plus bas : par exemple si, pour 100 transactions, le prix par transaction est moindre que le prix d'une transaction. La non-linéarité du prix total à payer par le client par rapport aux quantités de vente est une caractéristique essentielle d'une différenciation des prix par rapport aux quantités de vente. C'est pourquoi l'on parle également de formation non-linéaire des prix, très répandue dans la pratique bancaire, comme le prouvent les exemples suivants :

- Le courtier en-ligne Cortal Consors propose à ses clients un dépôt standard. Le prix de ce dépôt dépend du nombre de transactions effectuées par an. Le prix de base est de 4,50 euros par transaction, et le taux de commission est de 0,25% du volume de transaction.
- Une variété intéressante de formation non-linéaire des prix est proposée par exemple par la Commerzbank. Ainsi, les contributions annuelles pour les cartes de crédit dépendent du volume annuel du chiffre d'affaire effectué avec la carte.
- Dans le secteur bancaire privé, les clients se voient proposer, par exemple, des prix différents selon la hauteur des placements. On applique ici la logique : plus le capital immobilisé est élevé, plus le prix moyen est bas (en pourcentage du capital immobilisé).

La formation non-linéaire des prix possède diverses formes. En font partie, entre autres, les remises sur grandes quantités (la hauteur de la remise est proportionnelle à l'importance du volume d'achat), les programmes bonus (lorsque certaines quantités de vente sont atteintes, il existe diverses avantages comme chez la banque American Express) ou le tarif double (par exemple frais fixes plus prix variable).

Remise sur les grandes quantités

Pour les quantités de vente ou les chiffres d'affaire élevés, sont accordées d'importantes réductions de prix conformément à un barème des prix, de telle sorte que le prix moyen à payer diminue au fur et à mesure que les quantités augmentent. Le tableau 4 illustre un tel barème des prix comme pratiqué par une banque. Pour la remise sur grandes quantités, la direction peut appliquer une remise sur grandes quantités calculée ou spécifique.

Remise sur grandes quantités	
Transactions par trimestre	*Prix par transaction*
Jusqu'à 9	20 euros
À partir de 10	15 euros
À partir de 20	10 euros
À partir de 30	7,50 euros

Tableau 4 : Exemple d'un barème des prix et des quantités dans le secteur du courtage.

Pour la remise calculée sur grandes quantités, on applique à la quantité respective totale d'achat le prix valable par transaction et situé dans l'intervalle des quantités. Si un client effectue par exemple 40 transactions par trimestre, il paye donc 300 euros (= 40 transactions x 7,50 euros par transaction). Etant donné que le prix entrant en vigueur lors du dépassement d'une limite est également valable pour toutes les unités précédentes, cela entraîne pour le client l'apparition d'une ou de plusieurs zones inefficaces. Dans le cas du tableau 4, cette zone se trouve par exemple entre 9 et 11 transactions. Le client n'achèterait probablement pas dans cette zone, mais passerait directement de 9 à 11, car 11 transactions sont moins chères que 9.

Pour la remise sur grandes quantités au cas par cas, le prix ne vaut respectivement que pour l'intervalle de quantité indiqué. Restons a l'exemple ci-dessus de 40 transactions, le client paie donc, pour cette structure de prix, un prix total de 512,50 euros (= (9 x 20) + (10 x 15) + (10 x 10) + (11 x 7,50)). Dans cet exemple, la remise sur grandes quantités au cas par cas engendre pour la banque une nette hausse du chiffre d'affaire. Toutefois, il a été supposé que les quantités de vente sont identiques pour les deux formes : une supposition discutable. Il n'est pas possible de dire de manière générale laquelle de ces deux variantes de formation non-linéaire des prix doit être appliquée. Ce qui est décisif, c'est l'acceptation de ces deux concepts de prix de la part des clients (équité, attrait, prix que les clients sont prêts à payer) et les effets que ces deux formes ont sur les quantités de vente ainsi que le chiffre d'affaire et les bénéfices en résultant.

Programmes bonus

Une variante des remises sur grandes quantités est représentée par les programmes bonus, depuis quelques années beaucoup utilisés par les banques. La banque American Express possède un programme bonus. Pour les chiffres d'affaires réalisés avec leur carte de crédit, les clients obtiennent des „points-récompenses" (Membership Rewards) qu'ils peuvent ensuite échanger contre des forfaits de ski, des voitures de location ou des nuits d'hôtel.

Du point de vue stratégique, au premier plan de ces programmes se trouve moins l'effet à court terme que la fidélisation à long terme de la clientèle, donc l'amélioration de la fidélité des clients.

Tarif double

Cette forme de formation non-linéaire des prix se caractérise par deux composantes du prix. En règle générale, un montant fixe est payé indépendamment du niveau d'utilisation, et des prix variables dépendant de l'utilisation. Un exemple bien connu est la BahnCard de la Deutsche Bahn AG. Le montant fixe est considéré par les clients comme „carte d'entrée" pour une autre structure de prix meilleur marché pour les prestations reçues. Le principe de la BahnCard fonctionne également pour les banques. Un modèle de prix innovant dans le secteur des crédits prévoit par exemple que le client paye une seule fois les frais de garantie d'un plafond de crédit. Dès qu'il utilise celui-ci, il obtient en échange une réduction sur les intérêts débiteurs du crédit. Cela crée une sécurité de planification pour les deux parties, et cela fonctionne : une étude de Simon-Kucher & Partners au sein de la classe moyenne révèle que presque trois quarts des personnes interrogées seraient prêtes à regrouper les crédits qu'elles ont auprès d'autres banques. Une banque sur deux serait prête à substituer les maturités. Et une personne sur trois de la classe moyenne aimerait augmenter le volume de ses crédits.

Afin d'expliquer le fonctionnement de la formation non-linéaire des prix, nous considérons l'exemple suivant. Supposons que trois segments de clientèle A, B et C sont prêts à payer des prix différents pour les quantités de vente de leurs cartes de crédit, comme illustré au tableau 5.

Quantité de cartes de crédit	*Prix que les clients sont prêts à payer en euros p.a.*			*Prix optimal en euros*	*Ventes*	*Bénéfices en euros*
	A	*B*	*C*			
1	40	50	45	40	3	120
2	30	40	40	30	3	90
3	20	10	25	20	2	40
Somme					8	250
Formation du prix unique				40	5	200

Tableau 5 : Exemple de différenciation des prix par rapport aux quantités.

Afin de simplifier, mais sans chercher à limiter la validité générale, on prend par exemple des coûts marginaux et des coûts fixes égaux nuls.

Selon le tableau 5, le segment A par exemple, est prêt à payer 40 euros par an pour la première carte de crédit ; pour la deuxième, il n'est prêt à payer que 30 euros, et pour la troisième uniquement 20 euros. Si l'offrant applique une formation des prix uniques, le prix unique optimal est donc $p = 40$. Pour ce prix, A achète une carte de crédit et B et C en achètent deux, donc cinq cartes de crédit sont vendues en tout, et il en résulte un bénéfice de $G^{\max} = 5 \cdot 40 = 200$. Pour définir les prix optimaux en appliquant la différenciation des prix selon les quantités, on procède de la manière suivante : d'abord, on détermine le prix optimal au niveau des bénéfices pour la première carte de crédit. Celui-ci est de $p_1 = 40$, et les trois segments achètent, car le prix demandé est égal ou inférieur au prix qu'ils sont respectivement prêts à payer. Pour la première unité, il en résulte donc un bénéfice de $G_1 = 3 \cdot 40 = 120$. Pour $p_1 = 45$, seuls B et C seraient prêts à acheter ; le bénéfice ne serait alors que de $G_1 = 2 \cdot 45 = 90$. Pour $p_1 = 50$, seul C achèterait, donc le bénéfice serait de $G_1 = 50$. Ensuite on calcule, pareillement à la procédure indiquée ci-dessus, le prix optimal pour la deuxième carte de crédit. Celui-ci est de $p_2 = 30$. Les trois segments achètent, et il en résulte un bénéfice de $G_2 = 3 \cdot 30 = 90$. Pour $p_2 = 40$ B et C seraient prêts à acheter, de telle sorte que le bénéfice serait de $G_2 = 2 \cdot 40 = 80$. Pour la troisième unité, on obtient un prix optimal de $p_3 = 20$. A ce prix, les segments B et C achètent, et il en résulte un bénéfice de $G_3 = 2 \cdot 20 = 40$. Le tableau 5 représente la structure de prix non-linéaire optimale. De cette manière, on vend huit cartes de crédit. Chacun des clients est donc associé par autosélection à certains niveaux factices de prix. En appliquant une différenciation des prix par les quantités, on obtient un bénéfice total de $G^{max} = 120 + 90 + 40 = 250$, étant, avec 50 euros (25%) supplémentaires, nettement supérieur au bénéfice maximal de 200 euros réalisable en fixant un prix unique.

Pour définir ses structures de prix non-linéaires, la banque doit connaître les prix que chacun des clients est prêt à payer par unité, c'est à dire pour 1, 2... *n* unités. Ce n'est qu'à partir de la connaissance de ces informations qu'il est possible d'appliquer cette forme de différenciation des prix. La différenciation des prix selon les quantités permet donc une meilleure segmentation du marché et une meilleure exploitation des prix que les clients sont prêts à payer, ce qui a été illustré au moyen de l'exemple. Lors de cette forme de différenciation des prix aussi, les clients décident librement de la quantité de vente et du prix à payer. Les clients se répartissent eux-mêmes parmi les différents segments, il s'agit alors d'une différenciation des prix du deuxième degré au sens de Pigou. Les avantages des structures de prix non-linéaires sont multiples. Comparées aux structures de prix linéaires, pour lesquelles par exemple un montant est facturé pour chaque transaction effectuée, elles permettent de mieux exploiter les prix connus que les clients sont prêts à payer. Etant donné que celles-ci ont tendance à diminuer lorsque leur utilisation augmente, une structure non-linéaire convient nettement mieux. De plus, il ne faut pas sous-estimer les effets positifs que les structures de prix non-linéaires ont sur la fidélisation de la clientèle. Toute les autres prestations utilisées par le client (par ex. une transaction) sont meilleur marché. On incite ici les transferts, par exemple depuis d'autres banques, d'un plus grand volume d'opérations.

En résumé : la formation non-linéaire des prix est une variante de la différenciation des prix, lors de laquelle les clients, par leur comportement, se répartissent en segments qu'ils ont définis eux-mêmes („self selection", selon Pigou il s'agit d'une différenciation des prix du deuxième degré). La même structure de prix est proposée à tous les clients, la banque ne pratique donc aucune discrimination. En choisissant certaines quantités de vente, les clients payent de facto des prix moyens par pièce différente. La mesure et l'optimisation sont difficiles pour une formation non-linéaire des prix. Pour déterminer les prix optimaux, la banque doit connaître le prix que chaque client est prêt à payer. Les potentiels d'augmentation des bénéfices par rapport à une formation de prix uniques s'élèvent en général à plusieurs dizaines de pourcents.

5.6 Le pricing multi-personnes

On entend par pricing multi-personnes une politique de prix pratiquée par les banques en fonction du nombre de personnes (voir également Simon/Wübker 2000). Pour un certain nombre de personnes, on exige, pour une prestation, un prix total dont le prix moyen par personne est généralement inférieur au prix unitaire. La banque a le choix entre trois stratégies de prix : le pricing par individu, pour lequel on fixe un prix indépendamment du nombre de personnes. Cette méthode ne permet pas d'exploiter au maximum les différents prix que les clients sont prêts à payer. Le pur pricing multi-personnes, ne rendant les offres accessibles qu'à plusieurs personnes à la fois, et bloquant leur accès aux personnes individuelles. Et enfin le pricing multi-personnes mixte, fixant les prix tant pour les personnes individuelles que pour plusieurs personnes. Le pricing multi-personnes est souvent employé pour les prestations de services, car la production et la consommation s'effectuent simultanément et permettent ainsi d'exclure le risque d'un arbitrage. Le pricing multi-personnes est de plus en plus mis en pratique, comme le montrent les exemples suivants :

- Un restaurateur applique pour un menu un pricing multi-personnes sous la forme suivante : la première personne paye le prix intégral, la deuxième, la troisième et la quatrième payent moitié-prix, les personnes suivantes ne payent rien.
- Beaucoup de compagnies aériennes emploient le pricing multi-personnes. Southwest Airlines offre par exemple un programme intitulé „les amis voyagent gratis“ (Friends fly free) permettant à un client d'être accompagné gratuitement d'une deuxième personne. Toutefois, le programme n'est valable que si les offres spéciales sont réservées en-ligne via swavacations.com.
- L'hôtel ABC de Berlin propose aux familles l'offre suivante : réduction familiale de 33% pour un appartement 3 chambres hors des périodes de salons et d'évènements.
- La Deutsche Bahn AG applique le pricing multi-personnes sous différentes formes. Grâce au „ICE-Familien-Sparpreis“ (ICE à petit prix pour les familles), une famille (les deux parents ou grands-parents et tous leurs enfants ou petits-enfants âgés de 17 ans ou moins) peut faire un voyage aller-retour avec un ICE de la Deutsche Bahn AG pour un prix global de 152 euros (sans BahnCard 202 euros).

Les instituts financiers misent également de plus en plus sur cette forme de différenciation des prix, comme le montre les exemples suivants :

- La Société Générale emploie par exemple le pricing multi-personnes en offrant, pour une carte de crédit American Express, une deuxième carte gratuite (par ex. pour le / la partenaire).
- Dans le secteur des assurances, le pricing multi-personnes est une méthode bien plus fréquente que chez les banques. Ainsi, les polices familiales ou les contrats de groupe font partie du répertoire standard.
- La Deutsche Bank propose à ses clients un bonus familial de 50% au niveau des comptes courants. L'offre n'est valable que pour les particuliers. Les membres de la famille (conjoints, concubins ou enfants) doivent avoir la même adresse.

Tous ces exemples ont un point commun : le prix moyen diminue au fur et à mesure que le nombre de personnes augmente, c'est à dire que le prix total à payer se rapporte de manière non-linéaire au nombre de personnes. Pourquoi et dans quelles circonstances le pricing multi-personnes est-il la solution optimale ? Pour répondre à ces questions, nous considérons un exemple concret. Le marché total se compose de 4 segments (par ex. des conjoints), dont les prix qu'ils sont prêts à payer pour une carte de paiement sont représentés au tableau 6.

	Prix que les clients sont prêts à payer en CHF par an pour la carte de paiement		
Segment	*Personne A*	*Personne B*	*Somme*
1	60	35	95
2	50	40	90
3	55	15	70
4	45	10	55

Tableau 6 : Prix que les clients sont prêts à payer pour les personnes A et B, et somme (A+B).

Dans des buts de simplification, on part à nouveau du principe que les coûts marginaux et les coûts fixes sont nuls. On suppose également que les prix qu'A et B sont prêts à payer s'ajoutent, de sorte qu'au segment 1 par exemple, A et B sont prêts à payer, pour les deux cartes de paiement, un total maximal de 95 CHF. Comme pour le regroupement de prix, l'offrant a le choix entre les trois stratégies de prix suivantes :

- Pricing par individu : on ne fait pas d'offre multi-personnes. On exige de chaque individu le même prix. En appliquant le pricing par individu, on obtient, conformément aux répartitions des prix que les clients sont prêts à payer représentées au tableau 6, un prix individuel optimal de $p^{opt} = 35$. A ce prix, les personnes A et B des segments 1 et 2, ainsi que la personne A des segments 3 et 4 achètent le produit, car le prix demandé est égal ou inférieur au prix maximal que ces personnes sont respectivement prêtes à payer. Ainsi, la formation d'un prix par individu génère un bénéfice total de $G^{\max} = 6 \cdot 35 = 210$.

- Pur pricing multi-personnes : seule est valable une offre multi-personnes, ce qui signifie qu'un seul client isolé ne peut acheter le produit. Cela correspond au principe du pur groupement des prix. Appliqué à l'exemple ci-dessus, l'application d'un pur pricing multi-personnes génère un prix optimal multi-personnes de $p^{opt} = 55$. A ce prix, les 4 segments achètent le produit relatif à l'offre multi-personne. Le bénéfice optimal total est de $G^{\max} = 4 \cdot 55 = 220$ et dépasse le bénéfice obtenu par un pricing par individu d'environ 5%. L'accroissement du bénéfice de 210 CHF à 220 CHF est dû au fait que le pricing multi-personnes exploite au maximum les suppléments de prix que les clients sont prêts à payer. La banque mise tellement sur le prix multi-personnes que le prix „excédentaire" qu'une personne est prête à payer est attribué aux autres personnes.

- Pricings multi-personnes mixtes : ici, on définit à la fois un prix par individu et un prix multi-personnes. Cette stratégie de prix est donc comparable au groupement mixte de prix. Dans l'exemple ci-dessus, on obtient un prix optimal par individu de $p^{opt} = 45$ ainsi qu'un prix optimal multi-personnes de $p^{opt} = 90$. Il apparaît au tableau 6 que pour ces prix, les segments 1 et 2 achètent l'offre multi-personnes, et que les personnes A des segments 3 et 4 achètent le produit. Le bénéfice total optimal de l'offrant est donc de $G^{\max} = 2 \cdot 90 + 2 \cdot 45 = 270$, dépassant le bénéfice du prix par individu de 29% et le bénéfice d'un pur pricing multi-personnes de 23%.

Le pricing multi-personnes mixte est, pour cet exemple, la stratégie prix la plus rentable. Elle comporte une amélioration encore approfondie de la segmentation de marché, et de l'exploitation du surplus du consommateur. Tout comme pour la formation de prix non-linéaire, ici aussi, pour cette forme de différenciation des prix, les clients s'affectent librement à leurs segments, de telle sorte qu'il s'agit ici d'une différenciation des prix du deuxième degré au sens de

Pigou. Si ces offres multi-personnes s'adressent à des groupes spécifiques (par exemple à des familles ou au personnel d'une société), le pricing multi-personnes est alors affecté à la différenciation des prix du troisième degré.

En résumé : le pricing multi-personnes est une procédure d'accroissement des bénéfices pouvant être très efficace. Au niveau du pricing multi-personnes, on distingue trois stratégies de prix : le pricing par individu, le pricing multi-personnes pur, et le pricing multi-personnes mixte. Au moyen du pricing multi-personnes, on tente d'exploiter pleinement le surplus du consommateur et de le transmettre d'une personne à une autre. Pour cela, il est indispensable de connaître précisément le prix que chaque individu est prêt à payer. Les potentiels d'accroissement des bénéfices peuvent être énormes (voir l'exemple). Il existe des difficultés de mise en œuvre au niveau de la procédure d'évaluation et d'optimisation ainsi qu'en raison d'éventuelles limitations au niveau du droit de la concurrence.

5.7 Le groupement de prix

Les clients de banques sont devenus plus exigeants. Avec la hausse de la concurrence entre les banques en-ligne, l'augmentation de la transparence du marché et l'intensification de la confiance en soi des consommateurs majeurs, les clients de banques ont adopté une attitude de „picorement", entretenant des relations avec plusieurs instituts, et choisissant pour chaque prestation la banque la meilleur marché selon le rapport qualité-prix. Ainsi, beaucoup de clients ont aujourd'hui leur compte courant auprès d'un institut de crédit le proposant gratuitement, par contre, ils effectuent leurs opérations sur titres par une banque en-ligne exigeant des frais de dépôt et de transaction moins élevés ou y renonçant complètement. Ce picorement est problématique pour les banques. En effet, les produits-appâts tels qu'un compte courant gratuit ne sont rentables que s'il y a ventes croisées (cross-selling), donc si le client est lié à la banque par le compte courant gratuit et qu'il achète des prestations supplémentaires à marge plus élevée. S'il ne le fait pas et s'il cherche au contraire, pour d'autres prestations bancaires, d'autres instituts, cette méthode de calcul mixte ne peut alors être appliquée. Mais comment les banques peuvent-elles résoudre ce problème ?

Une réponse stratégique repose dans le regroupement de produits et de services. On entend par „groupement des prix“ (bundling) les offres proposant un pack de différents produits pour un prix global. Le bundling est une forme intelligente de différenciation des prix. Dans la pratique, les entreprises misent de plus en plus sur cette stratégie, comme l'illustrent les exemples suivants :

- Dans le secteur informatique, sont proposés depuis des années des packs d'équipement et de logiciels. On peut citer en exemple Dell et ses « Bundles » (offres groupées), ou Microsoft et ses « Pack Office ». Le potentiel renfermé dans le groupement de produits s'illustre très bien par les stratégies de Microsoft. Grâce à un groupement adroit de ses programmes en „Packs Office“, cette entreprise a su étendre sa suprématie au traitement de texte (Word) aux tableurs (Excel), aux représentations graphiques (PowerPoint) et aux banques de données (Access). De cette manière, l'entreprise à réussi, avec plus de 80% des parts de marché, à prendre une position de quasi-monopole pour les packs de bureau, et à fixer les standards en matière de logiciels d'application.
- Dans le secteur de la restauration rapide, en Allemagne, McDonalds propose depuis 1995 des menus économiques (« Spar-Menüs »).
- Habituellement, les fabricants automobiles proposent un pack d'équipements spéciaux (par exemple pack sécurité, confort ou sport).

Les banques aussi, offrent de plus en plus souvent des packs.

- Le groupement de prix le plus connu dans le secteur bancaire est certainement le compte courant. Il s'agit du groupement d'une multitude de prestations telles que la tenue de compte, les dépôts et retraits de liquide, l'utilisation des guichets automatiques, les autorisations de découvert, les prélèvements automatiques, les virements etc. Si la tendance était encore récemment à la facturation de ces prestations par un tarif double, composé des frais de tenue de compte et les prix individuels de chaque transaction, depuis quelque temps, ce sont les regroupements qui s'imposent.

- Egalement très répandu est le groupement de fonctions de paiement d'une carte de crédit proposant des prestations d'assurance. Ainsi, le Crédit Agricole par exemple, propose pour différentes cartes de crédit une assurance-voyage supplémentaire.
- La Comdirect-Bank propose à ses clients un groupement composé d'un dépôt de titres, d'une action de la Telekom, de 12 numéros du magazine „Börse Online" ainsi qu'un accès à T-Online sans frais d'abonnement pendant six mois.

Ces exemples présentent les diverses formes de groupement des prix. Ci-après est représentée la systématisation des groupements.

Regroupement de produits bancaires

Alors que par le passé, l'on ne proposait aux clients que des prestations individuelles à payer séparément, aujourd'hui, beaucoup d'instituts de crédit proposent des groupements de produits bancaires. En général, sont associés un produit d'„entrée" comme un compte courant ou un livret d'épargne à des prestations supplémentaires telles que carte de crédit, dépôt de titres ou financement à la construction. Outre ces packs très répandus, on trouve également de plus en plus de combinaisons de fonds et de contrats épargne-logement, ou de groupements entre comptes courant et intérêts sur solde créditeur pour les placements financiers et les crédits.

Regroupement de produits bancaires et d'assurances

Dans le cadre de la renaissance de la pensée „tout finance", outre la combinaison d'éléments bancaires de base, il existe de plus en plus de packs élargis de prestations d'assurances. Même la combinaison fonctions de paiement – carte de crédit proposant des prestations d'assurances représente un cas d'application du principe de regroupement. Le CreditSuisse franchit une étape de plus, en proposant une couverture de l'ensemble des besoins liés à la propriété du logement sous forme d'un groupement d'hypothèques, d'assurances-vie et d'assurances des biens matériels. En raison des fusions et des coopérations entre banques et sociétés d'assurances, on prévoit l'apparition de plus en plus de packs des prestations financières globales.

Groupement de produits bancaires, de produits d'assurances et de produits complémentaires

De tels packs sont souvent complétés par des prestations complémentaires n'étant pas directement liées à la prestation de base. Etant donné que les produits-noyaux du secteur bancaire sont relativement homogènes, les prestations complémentaires servent de démarcation par rapport à la concurrence. Au niveau des prestations complémentaires non bancaires, on propose surtout des éléments du secteur des services, des loisirs, des voyages et des hobbies. Un groupement célèbre de prestations bancaires, d'assurances et de produits complémentaires est le pack „Bonviva" du CreditSuisse, accessible aux clients possédant un capital immobilisé d'au moins 25.000 CHF ou une hypothèque d'au moins 200.000 CHF. Dans le domaine des services bancaires, on regroupe un compte privé gratuit, une carte de crédit à moitié prix pour la première année, une carte Maestro gratuite, un intérêt bonus pour un compte-épargne à intérêts graduels, ainsi que des Travelers Cheques sans commission. Le pack Bonviva est complété par des offres économiques de l'assurance Winterthur. Les prestations complémentaires comprises dans le pack vont du leasing automobile bon marché à des réductions d'hôtel et de restaurant, en passant par l'enregistrement de documents et la mise à disposition d'urgence d'argent liquide. Le „bundling" est très répandu en Suisse et en Autriche. Dans ces deux pays, on associe de plus à ces packs des programmes bonus. Mais en Allemagne aussi, les groupements de ces trois catégories de prestations sont de plus en plus répandus. Ainsi, les caisses d'épargne d'Aix-la-Chapelle, de Hambourg, de Brême et de Celle ainsi que la Landesbank Baden-Württemberg proposent des packs combinant des produits bancaires (compte courant, cartes de crédit etc.) et des assurances et compléments d'assurances au niveau de la sécurité, des voyages, et des loisirs. Mais pourquoi les groupements sont-ils avantageux pour les banques ?

Ci-après sont présentées les raisons pour lesquelles le „bundling" est avantageux pour les banques.

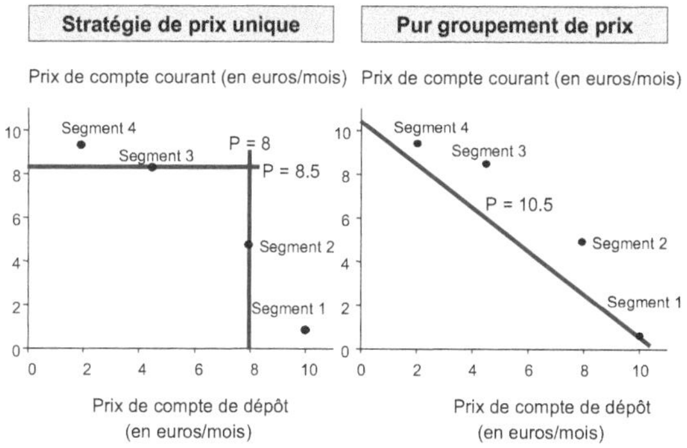

Segment	Prix que les clients sont prêts à payer par mois		
	Compte de dépôt	Compte courant	Dépôt + compte courant
1	10,0	0,5	10,5
2	8,0	5,0	13,0
3	4,5	8,5	13,0
4	2,0	9,5	11,5

Schéma 44 : Exemple de groupement des prix.

Les avantages du „bundling" du point de vue des offrants

1. Accroissement des bénéfices grâce à une meilleure exploitation des prix que les clients sont prêts à payer : le bundling permet de transférer d'un produit à un autre le prix non utilisé que les clients sont prêts à payer. Ceci est illustré par un exemple concret issu du secteur bancaire. Une banque voulait grouper son compte courant avec un compte de dépôt. Il fallut alors prendre une décision quant aux prix unitaires et au prix du pack. Une analyse par segment basée sur les avantages permit d'identifier quatre segments de taille quasiment identique. Les prix que les clients sont prêts à payer ainsi déterminés (prix maximaux) sont représentés au schéma 44. Alors que pour le segment 1, le compte de dépôt possède de grands avantages, le compte courant engendre beaucoup d'avantages pour le segment 4. Pour la fixation d'un prix unique, le prix unique mensuel optimal est de 8 euros pour le compte de dépôt, et 8,5 euros pour le compte courant. A ces prix, deux segments achètent, et le chiffre d'affaire mensuel, donc les bénéfices (pour des coûts négligeables), sont de 33 euros (= 2 x 8 + 2 x 8,5). Dans le cas d'un „bundling", le prix optimal de regroupement est de 10,5 euros par mois. A ce prix, les quatre segments achètent, et le bénéfice mensuel est de 42 euros : un accroissement du bénéfice, par rapport à un prix unique, d'environ 30%, et ce, bien que le prix optimal de groupement (10,5 euros) est plus de 30% meilleur marché que la somme des prix uniques optimaux (16,5 euros). En appliquant le „bundling" des prix, le marché global se divise en deux segments : les acheteurs et les non-acheteurs du pack. Dans notre exemple, tous les clients se regroupent sous le premier segment. Ainsi, un pur groupement des prix réduit l'hétérogénéité de la demande. En appliquant le „bundling" mixte, on obtient pour le compte de dépôt le prix unique optimal $p_D^{opt} = 10$ et pour le compte courant le prix unique optimal $p_G^{opt} = 9{,}5$. Le prix optimal de regroupement est dans ce cas $p_{D+G}^{opt} = 13$. A ces prix, les segments 2 et 3 achètent le pack, le segment 1 uniquement le dépôt et le segment 4 uniquement le compte courant. Par conséquent, le bénéfice total optimal est de $G^{\max} = 2 \cdot 13 + 10 + 9{,}5 = 45{,}5$, dépassant le bénéfice d'un pricing unique de plus de 38% et celui d'un pur groupement des prix de plus de 8%. Le pricing mixte est dans cet exemple la stratégie de prix la plus rentable. Elle inclut une segmentation de marché encore meilleure, et la pleine exploitation du surplus du consommateur. Le tableau 7 représente les valeurs optimales (prix, quantités de vente et bénéfices), résultant, pour l'exemple de l'application d'un prix unique, d'un pur groupement des prix et d'un pricing mixte.

Stratégie de prix	*Prix optimaux en euros*			*Quantités de vente optimales*			*Bénéfice optimal* (Indice)
	p_D^{opt}	p_G^{opt}	p_{D+G}^{opt}	q_D^{opt}	q_G^{opt}	q_{D+G}^{opt}	
Prix unique	8	8,5	–	2	2	–	33 (100)
Pur groupement des prix	–	–	10,5	–	–	4	42 (127)
Pricing mixte	10	9,5	13	1	1	2	45,5 (138)

Tableau 7 : Prix optimaux, quantités de vente et bénéfices pour les trois stratégies de prix.

Mais attention : le „bundling" n'est pas toujours optimal au niveau des bénéfices. Ce qui est décisif, c'est de connaître la répartition des prix que les clients sont prêts à payer, la taille de chacun des segments et les coûts.

2. Accroissement des bénéfices par hausse des ventes et ventes croisées (cross-selling) : comme il l'est illustré ci-dessus, le bundling entraîne une augmentation des ventes croisées et donc des chiffres de ventes. Au lieu de deux produits bancaires, en sont vendus quatre. Cela est dû au fait que le prix optimal de regroupement est inférieur à la somme des prix uniques (10,5 ou 13 par opposition à 16,5 euros). Microsoft fournit un exemple du succès de ventes croisées au moyen du „bundling" : le bundling a permit une très forte progression des parts de marché de Word, d'Excel, de PowerPoint et d'Access. Ceci fut l'élément principal de la réussite de la stratégie Microsoft. Le regroupement de différentes prestations entraîne un accroissement des ventes des produits moins demandés. Précisément dans le secteur bancaire, ce point est d'une importance capitale. Avec l'apparition des banques directes, la concurrence et la pression sur les prix se sont fortement intensifiées. Ceci vaut en particulier pour les produits-clés tels que les comptes courants ou les intérêts sur les livrets d'épargne. Etant donné que ceux-ci sont au centre de l'attention des clients, ils doivent être bon marché voire gratuits, et sont donc peu rentables. En revanche, si on les regroupe avec d'autres prestations, les clients sont alors prêts à payer plus cher. Cela permet également de réduire voire d'éviter l'attitude sélective de la part des clients, déjà évoquée plus haut. C'est pourquoi on espère que le regroupement de prestations à marges plus importantes entraînera une amélioration de la situation financière.

3. Eviter le piège des prix : en appliquant le „bundling", la banque parvient à rendre impossible une comparaison de ses prix, car elle propose des solutions aux problèmes et agit comme offrant de systèmes. La concurrence est transférée du niveau des produits individuels au niveau de systèmes entiers, ce qui permet de réduire le nombre des concurrents.

4. Réduction des coûts : la réduction des coûts de production et de complexité peut résulter de la combinaison des produits en un pack.

Par le regroupement, l'offrant engendre une synergie qu'il peut transmettre aux clients sous forme de remises. Ainsi, c'est grâce au „bundling" que le fabricant automobile Chrysler, par exemple, réduisit dans les années 1980 le nombre des possibilités de combinaison des équipements spéciaux pour ses modèles Dodge Omni et Plymouth Horizon de plus de 8 millions à uniquement 42. Les économies de coûts en résultant au niveau de la production permirent une réduction des prix des modèles respectifs d'environ 10%. Ceci eut pour conséquence l'exploitation de nouveaux segments de marchés. Cela entraîna de considérables hausses du chiffre d'affaire et des bénéfices. Les banques peuvent réaliser des synergies similaires. De plus, le groupement permet une économie des coûts de distribution et de communication, et donc un accroissement de la rentabilité, surtout au niveau administratif. Comme la vente de différentes prestations s'effectue en une fois et non en plusieurs étapes, il est alors possible, en utilisant les effets de synergie, de réaliser des économies au niveau des frais de personnel et de transaction. Enfin, les études empiriques ont révélé que plus le nombre de produits que les clients achètent auprès d'une banque augmente, moins ils ont tendance à changer de banque. C'est pourquoi il est nécessaire de lier les clients à la banque en créant des barrières au changement de banque de nature émotionnelle et économique.

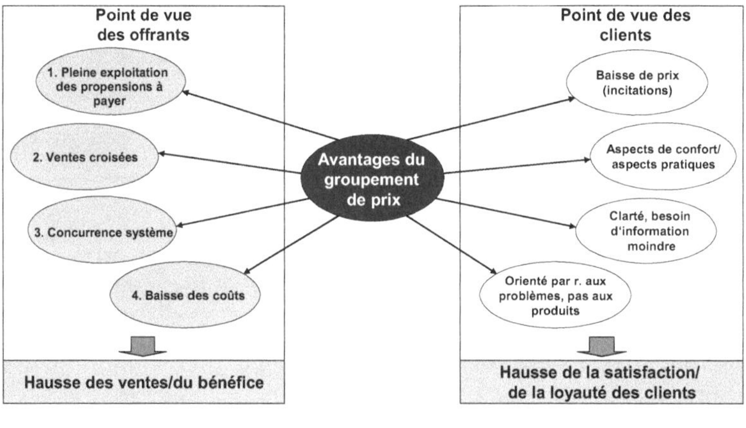

Schéma 45 : Aperçu d'ensemble des avantages du groupement des prix.

Les avantages du „bundling“ du point de vue de la clientèle

Avantages pour la clientèle : la formation d’offres groupées peut entraîner différents avantages pour les clients. D’une part, le client reçoit toutes les prestations de la part d’un seul et même offrant, et a donc un seul interlocuteur (aspect „confort“). Cela permet d’augmenter le confort, d’économiser en frais de transactions, de réduire la complexité et de garantir une meilleure vue d’ensemble. D’autre part, en règle générale, le client achète le pack à un prix nettement meilleur marché. Enfin, cela accroît la satisfaction de la clientèle, et intensifie donc la fidélité des clients (voir aussi schéma 45).

Le fait que le „bundling“, parfois, échoue malgré les avantages cités ci-dessus, provient généralement d’un épanouissement insuffisant des facteurs suivants :

Facteur de réussite n°1 : composition des packs (conception des offres groupées)

Pour le succès de ce projet, le principal est une composition optimale des packs. On peut aborder cet aspect de deux points de vue : du point de vue de l’entreprise, ou du point de vue de la clientèle. Pour profiter du regroupement, il faut alors harmoniser les deux. Pour l’entreprise, il est avisé de compléter les produits phares par des éléments moins intéressants, afin d’augmenter les ventes de ces derniers. Outre l’exemple déjà cité du Pack Office de Microsoft, les menus McDonald‘s reflètent également ce principe.

Toutefois, au niveau de la formation d’offres groupées, s’orienter uniquement par rapport au point de vue de l’entreprise représente le risque de négliger les besoins de la clientèle et donc de mettre en danger les ventes des packs. Si ceux-ci contiennent trop de prestations inintéressantes, beaucoup de clients n’achèteront alors pas le pack, mais le produit-phare séparément. C’est pourquoi il est indispensable de s’orienter également par rapport à la clientèle. Pour cela, dans un premier temps, il faut définir clairement le segment-cible. Pour s’adresser de manière optimale aux segments partiels ainsi délimités, il convient de créer plusieurs packs. Dans ce cas, on propose différentes offres groupées, comprenant des prestations d'une étendue différente et à des prix différenciés.

Pour une composition des offres groupées en fonction de la demande, les besoins de la clientèle sont décisifs. Les compagnies aériennes appliquent de manière très professionnelle ce principe de couverture d'un ensemble complet de besoins. Pour fidéliser les clients à la compagnie, on regroupe des prestations complémentaires, telles que voyages, primes, informations etc., autour de la prestation-noyau de vols. De manière similaire, il est possible, dans le secteur bancaire, de répondre au besoin de sécurité des clients par une offre complexe de prestations complémentaires recouvrant tous les aspects de ces besoins. En font partie, outre les polices d'assurance, les produits de placement, le conseil en matière de droit fiscal et de droit successoral ainsi que le service d'urgence 24h/24. D'autres besoins sont par exemple ceux de la propriété du logement ou au niveau des voyages. Il s'avère avantageux de viser l'aspect émotionnel, celui-ci promettant une plus grande fidélisation vis-à-vis de la banque, et une diminution de la possibilité d'échange avec les produits d'autres instituts financiers.

Une fois les produits essentiels bancaires et d'assurance sont sélectionnés, se pose en suite la question des prestations complémentaires. Celles-ci doivent engendrer des avantages supplémentaires pour le client, et faciliter ainsi la différenciation par rapport à la concurrence. Etant donné que les produits-noyaux sont très similaires et que la concurrence se fait de plus en plus au niveau des prix, on espère, en les combinant avec des produits non bancaires, détourner l'attention du client du prix. Pour que les offres groupées réussissent, il est capital de proposer des prestations complémentaires d'une part attrayantes pour les clients, et d'autre part sous une forme différente des autres entreprises.

Dans la pratique, les prestations supplémentaires proposées dans le cadre de telles offres groupées présente une grande similitude. Presque tous les packs incluent un service d'appel d'urgence, des rabais pour nuits d'hôtel, un service de billetterie etc. Ces offres étant interchangeables, les prestations complémentaires ne remplissent pas l'objectif fixé de démarquer la banque par rapport à la concurrence. Il semble donc avisé de procéder à un choix très soigné et de s'assurer de ne pas proposer que des éléments déjà compris dans les offres des concurrents.

Pour trouver des idées, il est utile de jeter un coup d'œil vers l'étranger. Les combinaisons de prestations des instituts de crédit à l'étranger peuvent servir de points de repère, car ceux-ci sont, de ce point de vue, plus avancés. Les offres groupées sont, outre en Suisse et en Autriche, également répandues en Italie et en Angleterre. Au Royaume-Uni par exemple, la NatWest propose les packs Advantage Premium et Advantage Gold, associant au compte des rabais des taux d'intérêt lors d'un crédit, des remises sur l'assurance immobilière ainsi que diverses prestations complémentaires telles qu'une garantie „petit prix" pour divers articles, des remises sur des vidéos, DVD, T-shirts, magazines clients etc. Pour l'Italie, on cite par exemple la Deutsche Bank S.p.A., qui propose à deux prix différents deux offres groupées différentes, nommées eurosPass et eurosPass Premium.

Facteur de réussite n°2 : procédure d'évaluation en plusieurs étapes des prestations convenant à une offre groupée

Pour un regroupement fondé et rentable des produits en une offre groupée, une procédure en plusieurs étapes suffit. Dans un premier temps, il faut établir une liste de tous les produits intéressants lors d'un brainstorming avec les directeurs responsables. Ensuite, on sélectionne parmi la multitude d'idées en résultant les produits adéquats du point de vue interne. Pour cela, il est important de veiller à une combinaison équilibrée entre les produits phares et les produits moins demandés, et à orienter ceux-ci par rapport aux besoins de la clientèle. Une première analyse rapide, située en aval et basée sur des échantillons, permet une première évaluation quant à la pertinence de marché des packs. Il est indispensable de terminer la procédure par une analyse affinée sur la base d'une étude de marché fondée. L'analyse conjointe, par exemple, y convient, permettant de déterminer les avantages représentés par chacune des composantes de l'offre groupée, et rendant donc possible une combinaison optimale des éléments.

Facteur de réussite n°3 : fixation du prix des offres groupées (structure de prix optimale et prix)

De plus, le pricing a, pour le succès d'une offre groupée, une importance capitale. Il convient d'abord de fixer la structure de prix adaptée, avant de prendre, dans une deuxième étape, une décision quant au niveau des prix. En matière de structure des prix, on distingue deux options : d'une part, pour une offre groupée, il n'est possible de demander qu'un seul prix, le prix de pack, recouvrant toutes les composantes de l'offre groupée. D'autre part, il est possible de développer un „système d'établissement du prix" dans lequel le prix se compose de manière graduelle selon la nature et le nombre des prestations achetées. La question de savoir laquelle de ces deux options est judicieuse dépend de divers paramètres tels que les objectifs de l'entreprise, les souhaits des clients, les questions légales etc.

Après avoir déterminé la structure de prix, il faut fixer le niveau de prix optimal. Pour inciter à acheter le pack, celui est généralement proposé à un prix meilleur marché que l'achat séparé de chacune des prestations. Les expériences des autres secteurs montrent que la remise d'offre groupée est en général entre 5 et 15%, et dépend la plupart du temps du nombre d'acheteurs. Alternativement à la procédure illustrée, il est également possible de renoncer à l'accord de remises, et de proposer à la place des prestations plus élevées (par exemple intérêt sur solde créditeur). Il est dans tous les cas capital de tenir compte des seuils de prix.

Au niveau de l'optimisation des bénéfices, les études empiriques ont révélé qu'un pricing mixte, permettant d'acquérir en plus du pack des prestations individuelles, est plus judicieux qu'une pure offre groupée, celle-ci ne proposant les prestations qu'au sein d'un pack et non de manière séparée. Cela a pour risque d'empêcher de gagner certains clients, car ceux-ci ne sont pas intéressés par certaines composantes de l'offre groupée. Comme les exemples déjà cités le prouvent, une différenciation des prix selon le nombre de produits achetés, c'est à dire selon l'étendue du pack est courante.

Au niveau de l'exploitation du potentiel d'accroissement des bénéfices par le „bundling", l'analyse conjointe est très utile. Elle permet de déterminer l'importance de chacune des composantes du pack du point de vue des clients ainsi que de définir les avantages que celles-ci créent pour les clients. Comme le prix que les clients sont prêts à payer est en définitive déterminé par les avantages profitant aux clients, il est nécessaire, pour fixer le prix optimal au niveau des bénéfices, de les connaître. L'analyse conjointe aide à déterminer les modifications permettant d'améliorer le pack au maximum, ainsi que la valeur numéraire que certains packs ont aux yeux des clients. Pour déterminer le prix optimal au niveau des bénéfices, on peut appliquer les informations collectées à un modèle de simulation de marché.

Facteur de réussite n°4 : création des conditions préalables internes

Les offres groupées se composent souvent de produits attribués à différents centres de profit ou à différents partenaires au sein d'une entreprise. Comme en règle générale, le prix du pack est inférieur à la somme des prix unitaires, il faut que plusieurs centres de profit supportent cette différence. Pour une telle structure d'organisation, des conflits apparaissent fréquemment au niveau de la répartition. Il faut donc d'abord créer une structure appropriée, afin d'éviter que la stratégie de „bundling" n'échoue dans la pratique en raison de tels problèmes.

Une organisation par groupes de clients convient par exemple pour contourner ceci. En outre, pour que les clients soient conseillés de manière compétente, il est indispensable de veiller à une formation du personnel sur l'ensemble des prestations contenues dans le pack. Surtout si l'offre groupée est complétée par des assurances, la formation traditionnelle du personnel ne suffit généralement pas aux exigences du client en matière d'entretiens informatifs détaillés. De plus, un système adéquat d'initiatives pour le personnel de distribution est nécessaire. La formation des initiatives est d'une grande importance si les offres groupées sont composées de produits bancaires et d'assurances, afin d'empêcher que le personnel ne se focalise sur l'un des deux secteurs, et donc pour éviter un cloisonnement de la pensée.

Facteur de réussite n°5 : pilotage de la complexe procédure de „bundling"

De manière générale, regrouper différentes prestations bancaires en un pack attrayant est un projet exigeant. Nous savons par nos multiples expériences que les entreprises ne disposent pas du savoir-faire nécessaire au pilotage de la complexe procédure de „bundling" (choix des produits et contrôle au niveau légal, détermination des prix que les clients sont prêts à payer et des tailles des segments, simulation et optimisation des combinaisons judicieuses). Pour réussir, il est nécessaire d'avoir un concept bien élaboré, afin de ne pas faire fuir les clients en proposant une combinaison de produits inintéressants ou des prix mal fixés.

Le schéma 46 résume sous forme d'une liste de recommandations les divers aspects à respecter lors de l'élaboration d'offres groupées. Si l'on tient compte des facteurs de réussite cités, l'offre groupée représente alors une méthode éprouvée permettant d'exploiter pleinement le potentiel des ventes croisées. L'accroissement du bénéfice va de 5 à 30%.

Aspects de mise en oeuvre	Recommandations à la direction
Composition du pack	L'offrant devrait grouper les composantes intéressantes aux yeux des clients (locomotives) avec des composantes moins attrayantes. Il devrait alors valider le choix du groupement de produits par des analyses fondées (stages, groupes de focalisation, analyse conjointe).
Type de groupement	L'offrant devrait utiliser le groupement de prix mixte, car cela permet généralement de réaliser un profit plus important. De plus, cela permet également d'éviter les problèmes d'ordre juridique.
Hauteur de la remise	La hauteur de la remise dépend du prix que les clients sont prêts à payer. En général, le rabais groupé est de 5 à 15 %. La réduction optimale peut être déterminée sur la base de la répartition des propensions à payer individuelles.
Seuils de prix	Lors de la formation des prix, il faut tenir compte des aspects psychologiques du prix, c'est à dire que l'offrant doit tenir compte des seuils de prix.
Contrôle juridique	Il est nécessaire de vérifier que les offres groupées sont acceptables au niveau juridique.
Contrôle technologique	Il convient de contrôler au préalable que les systèmes informatiques dissimulés derrière chaque produit sont compatibles entre eux, donc s'il est possible de gérer les interfaces existant entre les systèmes.
Encouragement du service des ventes	Un facteur de réussite dans le cadre du bundling est représenté par l'encouragement du personnel de vente à vendre les packs.

Schéma 46 : Les aspects de la mise en œuvre lors du groupement des prix.

En résumé : la combinaison adroite de différentes composantes en une offre groupée ou „bundle" représente une des approches de repositionnement les plus intéressantes pour les banques. Grâce à un groupement de prix adéquat, la banque peut obtenir nombre d'avantages (hausse du bénéfice, satisfaction de la clientèle etc.). Lors de la mise en œuvre du groupement de prix, l'offrant doit tenir compte de multiples aspects (voir aussi schéma 46). Les raisons fréquentes de l'échec de groupements de prix sont :

- Inexistence d'une base de données valide (prix que les clients sont prêts à payer, coûts, tailles des segments). On procède simplement à de mauvais groupements d'offres et on fixe des prix inadéquats.
- Inexistence de savoir-faire au niveau du pilotage d'une procédure complexe de „bundling" (choix des produits et contrôle légal, détermination des prix que les clients sont prêts à payer et des tailles des segments, simulation et optimisation de la combinaison judicieuse etc.).
- Incitation inexistante ou inadéquate du service de distribution à proposer des ventes croisées pour d'autres produits.

5.8 Autres formes de différenciation des prix

Outre les formes innovantes de différenciation des prix présentées aux points 5.2 à 5.7, il existe d'autres formes d'application du pricing moderne.

Différenciation des prix selon les caractéristiques des clients

Une différenciation des prix selon les caractéristiques des clients a lieu lorsqu'une banque vend un produit identique (par exemple un compte courant) à des prix différents, à différents clients sur la base de caractéristiques individuelles (telles que l'âge ou la profession). L'accès à certains prix dépend donc de l'existence de certaines caractéristiques, de telle sorte qu'une segmentation, en particulier de prestations adaptées aux clients, comme par exemple des voyages ou des services financiers, est très efficace. Lors d'une différenciation des prix selon les clients, on emploie les critères suivants :

- Age : beaucoup de banques proposent par exemple des comptes courants gratuits pour les enfants, les adolescents et les étudiants.
- Etudes : le Crédit Agricole propose aux étudiants un compte spécial avec diverses prestations supplémentaires comme par exemple des remises pour une assurance auto.
- Profession : les assurances offrent par exemple des tarifs spéciaux pour certaines professions.
- Appartenance à certains groupes : prix préférentiels pour les membres ou les non-membres.

Pour cette forme de différenciation des prix, une segmentation du marché fonctionne très bien, car il est possible, au moyen de certaines caractéristiques observables et contrôlables, d'identifier les clients et les classer dans leurs segments. La grande efficacité de la segmentation selon des critères vérifiables est toute fois liée à des contrôles de coûts, comme par exemple la vérification permanente du statut du client.

Différenciation des prix par période

Une différenciation des prix par période a lieu lorsque la banque applique pour la même prestation des prix différents selon la période (heure, date, saison). La différenciation des prix par période joue un rôle prépondérant dans le secteur des services. Cela est dû à la variation de l'utilisation des capacités et à la répartition particulièrement efficace en segments. Les fournisseurs d'énergie (tarif de jour / nocturne), les opérateurs téléphoniques (heures pleines / heures creuses), les compagnies aériennes (tarifs semaine et tarifs week-end) ou les prestataires touristiques (haute saison / basse saison) emploient cette forme de différenciation des prix. Dans la plupart des cas, un arbitrage par période n'a pas lieu, et la segmentation du marché est donc parfaitement efficace. Dans le secteur bancaire toutefois, la différenciation des prix par période joue (encore) un rôle subordonné. Les directeurs de banques réfléchissent à faire payer par exemple l'utilisation des guichets automatiques de manière à ce qu'ils soient moins chers le week-end qu'en semaine.

5.9 Recommandations à la direction

Dans le cadre d'une application réussie de la différenciation des prix, la direction devrait tenir compte des recommandations suivantes :

1. *Les banques devraient utiliser de manière renforcée les multiples possibilités des concepts de prix innovants.*

Comme nous l'avons démontré, les différentes formes de différenciation des prix ouvrent de grands potentiels d'accroissement des bénéfices. Le slogan devrait être „du rectangle au triangle", afin de mieux exploiter les prix que les clients sont prêts à payer. Des entreprises telles que Microsoft, Dell ou McDonald's appliquent déjà une différenciation des prix couronnée de succès. Les clients des banques aussi, ont des préférences et des exigences différentes. Les directeurs de banques devraient développer beaucoup d'offres spécifiques à chaque segment et répondant aux besoins de la clientèle et pour lesquelles il est possible d'appliquer différents prix.

2. *Les directeurs devraient employer une banque de données fondée et des méthodes de pricing professionnelles.*

Seules des informations fiables quant au marché et aux coûts permettent d'élaborer des stratégies de prix prometteuses. Alors qu'il est généralement possible d'obtenir en interne les informations relatives aux coûts, la détermination d'informations relatives au marché (par exemple les élasticités des prix ou les valeurs des avantages pour différentes caractéristiques de produits) engendre des coûts considérables pour les enquêtes primaires. L'application de techniques reconnues de sondage et de simulation de marché représente une base solide pour un pricing professionnel (voir également le quatrième chapitre). Par conséquent, les banques devraient employer les prix que les clients individuels sont prêts à payer et les valeurs des avantages de leurs différents produits et services comme la base d'une différenciation de leurs offres et de leurs prix. Les banques agissant au niveau international doivent adapter et optimiser leurs corridors de prix. Les potentiels d'accroissement des bénéfices sont énormes.

3. *Différenciation des prix : oui. Mais le nouveau concept de prix doit être compréhensible et logique pour vos clients.*

Les produits bancaires peuvent être compliqués au niveau technique, mais les avantages qu'ils représentent pour le client doivent être communiqués de manière claire. Le cas inverse, l'échec est inévitable. Cette simplicité doit non seulement être au niveau du client, mais également au niveau du propre service des ventes. Il s'agit du principe de KISS (= **K**eep **I**t **S**imple and **S**tupid, „laisser les choses à un niveau simple et stupide").

4. *Les directeurs de banque devraient s'assurer que leurs nouveaux concepts d'offre et de prix soient conformes au marché.*

Les concepts de prix étant aujourd'hui valables et conformes au marché doivent être régulièrement adaptés aux exigences du marché. Les exigences de la clientèle et les offres des concurrents sont (en partie extrêmement) dynamiques, de telle sorte que les offres de prestations fixées ne peuvent pas être maintenues éternellement. Ainsi par exemple, de plus en plus de clients de placements exigent des frais dépendants de la performance du mandat de gestion du patrimoine. D'autre part, il ne faut pas troubler les clients en modifiant trop souvent les offres. Il convient donc de trouver un compromis sain. Les banques doivent élaborer une procédure systématique de développement des produits et des prix (informations, règles, responsabilités) et l'établir au sein de leur organisation.

5. *Les banques doivent communiquer leurs concepts de prix et de produits à leurs clients de manière claire et durable.*

Les concepts intelligents de prix et de produits orientés par rapport au marché ne peuvent agir complètement que si les offres sont communiquées aux clients de manière claire et compréhensible. Aussi simple et banal que cela paraisse, la mise en œuvre n'en est pas moins difficile.

Sixième chapitre : Les aspects psychologiques du pricing

> Les prix attrayants ont l'effet d'une locomotive,
> ceux non attrayants ont l'effet d'un boomerang.
> Kasimir M. Magyar

6.1 Psychologie et pricing

L'effet que les prix ont sur la réaction des clients peut être fortement influencé par des facteurs psychologiques. Le fait de savoir quelle composante du prix est importante pour le client et à quel niveau, peut, par exemple dans le cadre d'un groupement de prix (voir le cinquième chapitre), être décisif au niveau de la réussite. Ceci est illustré par un exemple : un compte courant se compose de multiples éléments de prix et de prestations (par exemple tenue du compte, carte de paiement / carte Maestro, retrait d'argent liquide aux guichets automatiques, transactions avec ou sans reçu, intérêts sur solde créditeur). Mais à quels éléments les clients font-ils attention ? Sur quoi se focalisent la perception et le jugement des prix ? Quelles composantes du prix doivent être l'objet d'une remise ? Lesquelles ne doivent pas l'être ? Les réponses à ces questions contiennent d'importantes implications pour la communication au niveau des prix et pour le marketing. C'est pourquoi tout directeur devrait se pencher sur les aspects psychologiques du pricing. Ce chapitre répond aux questions de psychologie des prix suivantes :

- Comment les clients perçoivent-ils les différents prix des produits bancaires ? Quelles implications en résulte-t-il pour la communication au niveau des prix ?

- Quel rôle les prix de référence et les prix attendus jouent-ils pour la perception des prix ? Ceux-ci existent-ils pour les produits bancaires ? Quel est le niveau des seuils de prix ? De quelle manière les seuils de prix et les prix de référence influencent-ils la formation des prix ?
- Comment les clients procèdent-ils au jugement des prix ? Comment les informations relatives aux prix sont-elles assimilées ? Quelles implications en résulte-t-il pour le marketing ?
- Comment l'image des prix d'une banque influence-t-elle le comportement de la clientèle ?

6.2 Perception des prix

On entend par „perception des prix“ la réception et l'assimilation d'informations relatives au prix. Comme les nombreux exemples de différenciation des prix l'ont illustré, lors de l'achat de produits bancaires, le client est confronté à plusieurs composantes de prix. Ainsi, American Express fait la publicité d'un crédit à la consommation à un taux d'intérêt de 6,95% (valeur : juin 2005). Ce prix en apparence bon marché et distingué n'est toutefois valable qu'à deux conditions : durée de 48 mois et somme versée située entre 10.000 et 15.000 euros. Si le client ne remplit pas ces deux conditions, le taux d'intérêt est nettement plus élevé.

On parle dans ce cas de „pricing multi-dimensionnel“, c'est à dire que la formation du prix dépend de plusieurs dimensions (ici : durée, somme versée et solvabilité). Pour cette forme de différenciation des prix, la perception des prix par les clients est d'une grande importance pour la conception de la méthode de marketing. La banque American Express utilise le taux d'intérêt de 6,95% comme appât pour renforcer son profil-prix (bon marché et équitable). Les entretiens avec des clients (potentiels) confirment que cette offre est perçue comme étant bon marché.

Surtout au niveau des offres groupées comprenant de nombreuses prestations et services, la complexité de la perception des prix augmente car l'offrant peut présenter au client les différents prix individuels, les différentes prestations et les prix groupés, ou les économies réalisées grâce au prix groupé par rapport à la somme des prix individuels.

Dans ce contexte, la banque se trouve souvent face à la question de savoir comment les informations individuelles relatives aux prix agissent sur la perception par segment et sur le jugement de chacun des produits ainsi que de l'offre groupée et sur la volonté d'acheter. Pour l'offrant, afin d'avoir une conception de prix adéquate (par exemple sous forme de rabais), il est par exemple important de savoir lequel des produits contenus dans l'offre groupée jouit d'une attention renforcée de la part de la clientèle. Dolan et Simon (1996, page 241) écrivent à ce sujet : „Le fait de savoir sur quels éléments les consommateurs se focalisent peut être capital pour l'élaboration des prix de groupement adéquats.“ Un autre exemple illustre cette situation.

Exemple de cas : perception et sensibilité des clients aux composantes de prix

Au Royaume-Uni, une grande banque se trouvait face au défi de remodeler ses packs de comptes. Le directeur en charge ignorait comment les clients de la banque perçoivent les multiples composantes de prix et de prestation (frais de tenue de compte, frais de découvert inférieurs ou supérieurs au plafond de crédit, pénalités ou taux d'intérêt sur solde créditeur). L'objectif de la banque était de piloter la perception et le jugement des prix des clients de manière à ce que ses produits ou services soient perçus comme étant équitables voire bon marché. Les nombreux paramètres de prix ont été analysés au moyen de la matrice recettes-risques (voir paragraphe 4.1) et sur la base de différentes sources d'information (étude de marché, estimation d'expert, données externes). Le résultat de cette analyse est illustré au schéma 47.

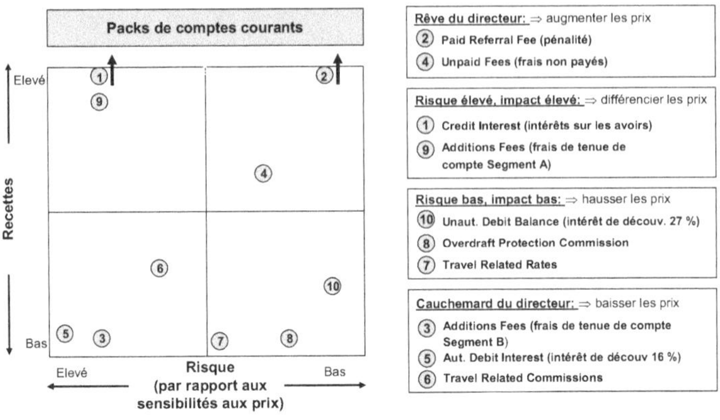

Schéma 47 : Perception des prix des différentes composantes de prix et de prestation au niveau des comptes bancaires.

Un entretien assisté par ordinateur a permis d'interroger les clients quant à leurs préférences, à leur perception et à leur sensibilité subjective aux prix. Les élasticités de prix déterminées pour les diverses composantes de prix des comptes courants corrélaient fortement avec les prix perçus par les clients. La matrice recettes-risques permet de déduire nombre de mesures concernant les prix. Certaines des composantes représentées dans les quarts de cercle de droite, du haut et du bas furent augmentées au niveau des prix. Ainsi, l'analyse de sensibilité révéla que les pénalités (composante 2) et l'intérêt sur découvert (composante 10) n'étaient quasiment pas perçus par les clients. Ensuite, la banque augmenta l'intérêt sur découvert au-delà du plafond de crédit, de 27 à 29%. A l'inverse, elle abaissa l'intérêt sur découvert dans les limites du plafond de crédit (composante 5) de 16 à 14%. En effet, cet intérêt était le point central de nombre de campagnes de communication, et était donc fortement perçu par les clients. Cette procédure différenciée au niveau des prix (basée sur la perception des prix par les clients) généra un profit supplémentaire d'environ 10 millions d'euros par an.

6.3 Jugement de prix : prix de référence et théorie des perspectives

Le paragraphe précédent a démontré que la perception des structures de prix et d'offres a d'importantes implications pour le marketing ainsi que la formation et la communication des prix. Au cours de nombreux entretiens avec des directeurs de banque au sujet des aspects psychologiques de la politique de prix, on discuta en particulier des questions suivantes :

- Quel prix les clients ont-ils „en tête“ (ce que l'on appelle le prix de référence), lorsqu'ils jugent des offres ?
- Comment les clients jugent-ils les structures de prix et d'offre ? Comment s'effectue la procédure de jugement des prix ? Quelles en sont les raisons ?
- Les services financiers (par exemple les frais de dépôt) doivent-ils être facturés au mois ou à l'année ?

Le paragraphe ci-après répond à ces questions. Il présente certains principes de la psychologie des prix et décrit les implications en résultant pour la pratique des prix.

6.3.1 Théorie du prix de référence

L'hypothèse de départ de la théorie du prix de référence dit que le client met et juge le prix actuel de marché en relation avec un „prix de référence“. Au niveau du prix de référence, on distingue entre prix de référence interne, et prix de référence externe. Le prix de référence interne est défini comme le prix mémorisé par les clients sur la base d'expériences ou d'attentes, et formant lors de décisions d'achat la base du jugement quant au prix indiqué.

Pour le prix de référence externe, le client se rapporte à des éléments extérieurs comme par exemple des tarifs ou la publicité sur les prix. La promotion de prix de la Dresdner Bank (taux d'intérêt de 3% pour un compte de liquidités) est par exemple perçue par les clients comme étant très attrayante, et est souvent comparée au „prix de référence". Ce sont les résultats de nombreux entretiens et de discussions avec des clients.

Les ouvrages de référence présentent diverses théories de psychologie des prix justifiant le concept des prix de référence. On cite, par référence à Winer (1988), les exemples suivants :

- La théorie du *contraste d'assimilation* (Sherif et Hovland 1961) dit qu'il existe une zone de prix acceptable autour du prix de référence („latitude d'acceptation"). Si le prix actuel est situé dans cette zone, la différence de prix entre le prix de référence et le prix actuel n'est pas perçue ; si le prix actuel est situé au-delà de cette zone, la différence de prix est perçue, et la clientèle réagit. Ceci est illustré par un exemple. Ainsi, une étude dans le secteur des comptes à intérêts au jour le jour révéla que les clients ne remarquent quasiment pas la différence d'intérêt entre 2,5% et 2,9%. Ce n'est que lorsque le taux d'intérêt est supérieur à 3% que l'on constate d'importantes réactions (propension à changer plus élevée).
- La loi psychophysique de *Weber-Fechner*, transposée sur la politique des prix, dit que les clients ne réagissent pas aux changements de prix absolus, mais aux changements de prix relatifs (voir Diller 2000). Pour un niveau de prix absolu croissant, la perception subjective pour des différences de prix de taille égale augmente uniquement de manière réduite. Une augmentation de prix de 5 euros pour une carte de crédit sera, pour un prix de 20 euros, considérée comme importante, alors que la même augmentation pour une carte de crédit Gold coûtant 65 euros paraîtra plutôt négligeable.
- La *théorie des perspectives* (Kahneman et Tversky 1979), selon laquelle le client réagit différemment aux bénéfices et aux pertes en relation avec un certain prix de référence.

6.3.2 *Théorie des perspectives*

Dans ce chapitre, l'auteur se concentre sur la théorie des perspectives, car il en découle nombre d'implications importantes pour la formation des prix et de l'offre. La théorie des perspectives peut donc être utilisée pour expliquer le jugement des informations relatives au prix. Si le prix du marché (par exemple une carte de crédit gratuite) est inférieur au prix de référence (par exemple 20 euros par an), ceci est considéré comme „bénéfice" ; si le prix du marché (par exemple une carte de crédit pour 25 euros par an) est supérieur au prix de référence (ici : 20 euros), on le juge alors comme étant une „perte". La forme de ce jugement est représentée par une „fonction de valeur" (voir schéma 48), qui peut être caractérisée comme suit (voir Kahneman et Tversky 1979) :

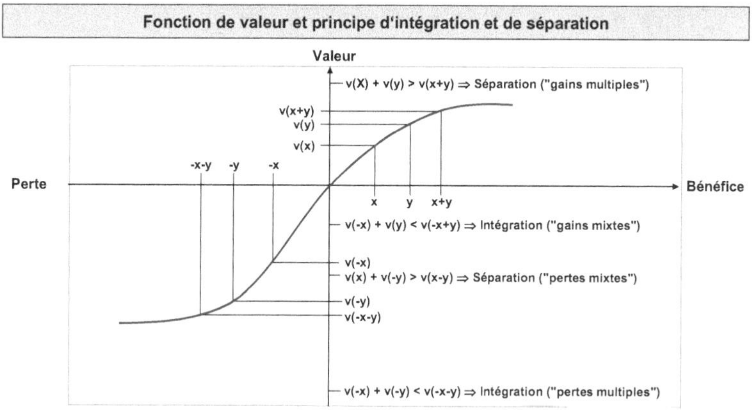

Schéma 48 : Fonction de valeur et principe d'intégration et de séparation.

Dans un premier temps, fonction de valeur v(x) est définie par le prix de référence par le biais de variantes positives ($x > 0$) et négatives ($-x < 0$), donc par des bénéfices ou des pertes. De plus, la fonction de valeur est caractérisée par sa forme en S, c'est à dire qu'elle a une forme concave lors de bénéfices, et une forme convexe lors de pertes. Cette forme est caractéristique de la loi psychophysique de *Weber-Fechner*, énonçant qu'un client réagit à des changements de prix proportionnels ou relatifs. En d'autres termes : des écarts de prix constants sont de moins en moins perçus au fur et à mesure que le niveau de prix respectif s'annule. Ainsi par exemple, la différence entre 1% et 1,5% semble plus grande qu'entre 1,5 et 2%, bien que la différence absolue est dans les deux cas la même. En définitive, la fonction de valeur a un tracé plus stérile pour les divergences négatives du prix de référence que pour les positives, donc $v(x) < |v(-x)|$. Ceci concorde avec la théorie comportementale selon laquelle une perte pèse plus lourd pour un client qu'un gain de la même importance (voir également Wübker 1998). La fonction de valeur permet de déterminer quelle valeur un client accorde à des mesures individuelles de prix et d'offre (gains ou pertes) et à leur combinaison. Pour des raisons de simplification, si nous observons deux mesures de prix (x et y), sont alors valables les remarques suivantes (voir également le schéma 48) :

1. „Pertes multiples“ : du point de vue des clients, les deux mesures de prix sont négatives (il doit payer), donc $-x < 0$ et $-y < 0$. Etant donné que la fonction de valeur est convexe dans la zone de pertes, on applique la formule : $v(-x) + v(-y) < v(-x-y)$. Dans cette situation, l'intégration des pertes (c'est à dire les deux pertes sont perçues et jugées de manière intégrative (ensemble)), est mieux perçue et jugée que la séparation des pertes, les deux pertes sont perçues et jugées séparément (voir aussi le schéma 48). En d'autres termes : bien que les deux variantes soient d'un montant égal, la perte totale est préférée aux deux pertes individuelles. L'implication en découlant au niveau du pricing est illustrée par l'exemple suivant. Pour les frais de tenue de compte, les clients acceptent par exemple plus facilement une facture d'un montant de 36 euros par an qu'un retrait mensuel de 3 euros, bien que les deux types de facturation sont égaux au niveau économique (12 mois à 3 euros font 36 euros ; à la condition que le changement de modalité de paiement n'entraîne aucun avantage au niveau des intérêts). Notre expérience nous a prouvé que le jugement des informations relatives au prix dépend d'autres facteurs. Ainsi par exemple, la hauteur absolue du prix joue un rôle important au niveau du jugement des prix. En règle générale, les petits prix ne sont pas perçus très fortement par les

clients. Pour les prix élevés, il est par exemple possible de dépasser le seuil de prix individuel à chaque client (acceptation du prix), de telle sorte qu'il peut être judicieux de procéder à un partage des montants.

2. „Gains multiples" : les deux mesures de prix sont positives (le client reçoit deux avoirs), donc $x > 0$ et $y > 0$. Comme la fonction de valeur est concave dans la zone de gains, on applique : $v(x) + v(y) > v(x + y)$. Les deux gains séparés jouissent d'un meilleur jugement que leur association en un gain total, c'est à dire que la séparation des deux gains engendre une valeur supérieure à leur intégration (voir schéma 48). En d'autres termes : les clients jugent l'établissement d'un avoir mensuel de 3 euros pendant un an mieux que l'établissement d'un seul avoir de 36 euros.

3. „Gains mixtes" : ici, la mesure de prix x est positive (par exemple l'obtention d'intérêts mensuels de 6 euros) et les mesures de prix y sont négatives (par exemple des frais mensuels de tenue de compte de 3 euros), à savoir que $x\text{-}y > 0$. Dans cette situation mixte, on applique : $v(x) + v(\text{-}y) < v(x\text{-}y)$, c'est à dire que l'on favorise l'intégration à la séparation. Cela est dû au fait que la fonction de valeur a un tracé plus raide dans la zone de pertes que dans la zone de gains. Alors que (x-y) et donc également v(x-y) sont toujours positifs, la somme $v(x) + v(\text{-}y)$ peut également être jugée négativement.

4. „Pertes mixtes" : ici aussi, la mesure de prix x est à nouveau positive (par exemple l'obtention d'intérêts mensuels de 2 euros) et la mesure de prix y est négative (par exemple des frais mensuels de tenue de compte de 3 euros), toutefois : $x < y$. Dans cette situation mixte, il n'est pas possible de déterminer de manière certaine, si la séparation est préférée à l'intégration, ou si l'intégration est préférée à la séparation, donc : $v(x) + v(\text{-}y) \gtrless v(x\text{-}y)$. En règle générale, la séparation est préférée à l'intégration si la perte est nettement supérieure au gain. Cela provient du fait que la fonction de valeur a un tracé relativement plat lors de valeurs de pertes élevées, alors qu'elle a un tracé relativement à pic lorsque les valeurs de gains sont faibles (voir

aussi schéma 48). On peut citer en exemple les offres de „remboursement en liquide“ (cash back), très répandues sur le marché automobile américain. Si l'acheteur paie le prix catalogue de la voiture (une perte élevée du point de vue du client), il reçoit alors par exemple un montant de 3.000 Dollars.

Dans le contexte de ces propositions découlant de la théorie des perspectives, on peut en déduire des règles élémentaires de décision quant à la formation des prix. Celles-ci se résument comme suit :

Recommandation 1 („pertes multiples“) : on conseille de facturer les petits montants (par exemple < 10 euros par an pour un produit bancaire) une fois par an. S'il s'agit de montants plus élevés (par exemple > 50 euros), il est alors nécessaire de contrôler de manière critique si le seuil de prix du client est dépassé. Si c'est le cas, il convient alors de diviser le montant en montants mensuels (magie des petits chiffres) et de les facturer par exemple par mois ou par trimestre. C'est le montant le plus petit (montant mensuel) qui doit être communiqué.

Recommandation 2 („gains multiples“) : indépendamment de la hauteur des montants, les gains (par exemple les économies réalisées sous forme de remises) doivent être indiqués de manière séparée. Les intérêts sur solde créditeur doivent par exemple être crédités mensuellement.

Herrmann et Bauer (1996) vérifient et confirment dans leur analyse les deux premières recommandations. Les auteurs démontrent que d'une part, dans le scénario de gains („gains multiples“), l'accord de remises individuelles sur des équipements d'une voiture engendrent une valeur considérablement plus élevée (au niveau de la satisfaction, des recommandations et de l'intention d'achat) que ne le ferait l'accord d'une remise globale. D'autre part, les auteurs prouvent que dans le scénario de pertes („pertes multiples“) l'indication du prix total (intégration des pertes) permet d'obtenir une valeur nettement plus élevée que l'indication des prix individuels.

Recommandation 3 („gains mixtes“) : pour ce scénario (avoir supérieur au montant à payer), on conseille de n'indiquer que le montant positif. Si par exemple les frais de tenue de compte mensuels sont de

3 euros et que les intérêts mensuels rapportent 4 euros, la banque ne devrait signaler au client que le gain d'un euro par mois. De telles promotions devraient suivre le principe du „donnant-donnant", c'est à dire que les clients ne devraient obtenir de remises que s'ils fournissent une prestation en contrepartie (par exemple plus d'avoirs (argent „frais"), une plus grande utilisation des produits etc).

Recommandation 4a („pertes mixtes") : l'avoir obtenu est nettement inférieur au montant à payer. Dans ce scénario, il est conseillé de représenter les deux montants séparément. Si, par exemple, les frais mensuels de tenue de compte sont de 3 euros et que les intérêts sur solde créditeur rapportent 0,5 euros par mois, la banque devrait signaler les deux montants au client. Selon les découvertes et les expériences de Kahneman et de Tversky (1979), cela entraîne, du point de vue des clients, un meilleur jugement de l'offre.

Recommandation 4b („pertes mixtes") : l'avoir obtenu est inférieur au montant à payer. Dans ce scénario, il est conseillé de représenter la perte totale. Si, par exemple, les frais mensuels de tenue de compte sont de 3 euros et que les intérêts sur solde créditeur rapportent 2,5 euros, la banque ne devrait alors facturer au client que 0,5 euros.

Les propositions de la théorie des perspectives ont également de précieuses implications pour la formation des prix des offres groupées. Ainsi, lors de leurs études empiriques, Yadav et Monroe (1993), Herrmann et Bauer (1996) ainsi que Wübker (1999 et 2002) parvinrent tous au résultat qu'en raison de l'indication séparée des économies réalisées sur les produits contenus dans le pack, les clients jugent une offre groupée comme étant plus intéressante qu'une remise globale de valeur égale et étant appliquée à l'offre groupée. En conséquent, lors de la fixation des prix des offres groupées, le directeur de la banque ne devrait pas indiquer l'économie totale réalisée sur le pack, mais signaler séparément chacune des remises appliquées aux produits de l'offre groupée.

6.4 Pilotage de la perception et du jugement des prix

La perception et le jugement des prix dépendent de différents facteurs (qualitatifs). Les ouvrages de référence proposent un classement des facteurs selon qu'ils sont de nature motivationnelle, cognitive ou situationnelle (voir également Simon, 1992, page 594 f). Le tableau 8 regroupe une sélection de tels facteurs.

Facteurs motivationnels	*Facteurs cognitifs*	*Facteurs situationnels*
Souhait de confort	Connaissance et souvenir du prix	Modalités de paiement
Réduction des risques	Seuils de prix	Nature de la présentation du prix (structure de prix, quantités)
Souhait de qualité	Confiance envers l'offrant	Image du prix

Tableau 8 : Sélection de facteurs de perception et de jugement des prix.

Ci-après sont présentés en détail certains facteurs importants ayant une influence sur la perception et le jugement des prix.

6.4.1 Connaissance et souvenir des prix

Dans le cadre d'une étude de la connaissance des prix de la part des clients dans le secteur financier, l'auteur a constaté que la majorité des clients interrogés ignorent ou se trompent dans l'estimation des prix de produits sélectionnés (par exemple compte courant, carte de paiement, carte de crédit ou virements). Le schéma 49 présente les résultats d'une étude pour le produit „compte courant".

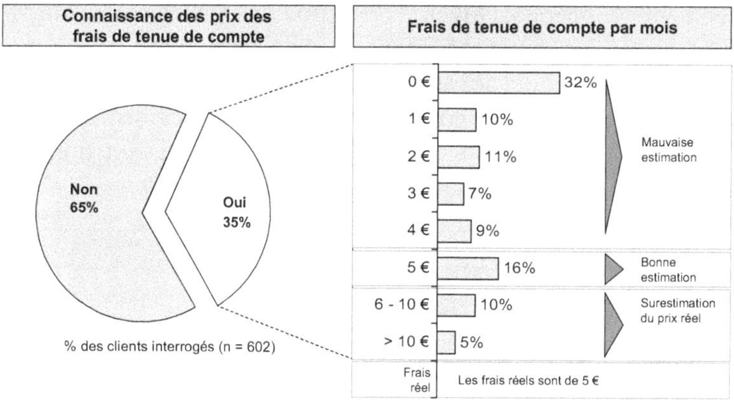

Schéma 49 : Connaissance des prix à l'exemple des frais de tenue de compte.

Bien que ce produit soit le produit standard du secteur bancaire, 65% des clients interrogés en ignoraient son prix. Parmi les 35% prétendant le connaître seulement 16% avaient raison, 15% surestimaient les frais et 69% les sous-estimaient. Ces résultats concordent avec ceux d'études scientifiques effectuées dans le secteur des biens de consommation (voir Simon 1992, page 596). La plupart des clients ignorent également le prix d'autres „composantes" telles que taux d'intérêt sur solde créditeur ou les frais de dépôt. Le tableau 9 présente les résultats quant à la connaissance du prix par les clients quant à des produits bancaires sélectionnés.

Produits sélectionnés	*Proportion des clients interrogés croyant connaître les prix*	*Proportion des clients interrogés connaissant les prix exacts*
Frais de dépôt	31%	5%
Compte courant	35%	6%
Intérêt sur solde créditeur	41%	11%
Carte de paiement	51%	13%
Carte de crédit	56%	15%

Tableau 9 : Résultats sur la connaissance des prix (souvenir des prix) de la part des clients pour des produits bancaires sélectionnés.

L'étude prouve que la connaissance et le souvenir des prix des clients sont faibles au niveau des produits bancaires. Pour les banques „agressives au niveau du prix", cela signifie qu'elles doivent fortement communiquer les avantages de prix de leurs produits par rapport aux produits de la concurrence, alors que les instituts ayant un comportement „défensif" au niveau des prix peuvent présumer que la majorité des clients de longue date ignore les prix.

Domaine de produit	*Composantes*	*Nombre*
Administration/ Dépôt	Prix de dépôt rapport au nom Prix de dépôt rapport aux chiffres Frais minimaux dépôt Frais minimaux par position Frais d'abonnement action administrative	5
Fonds	Droits d'entrée Frais de gestion Service de dépôt Droits de sortie („back end-load")	4
Compte (sans carte)	Frais de tenue de compte Versements et retraits au guichet Opérations sans reçu par pièce Opérations avec reçu par pièce Prélèvements automatiques Relevés mensuels	6

Tableau 10 : Pricing multi-composantes (produits sélectionnés).

6.4.2 Formation de la structure de prix

Pour nombre de produits bancaires, le prix se compose de plusieurs composantes. On citera par exemple les crédits à la consommation ou les packs comptes courants. Il existe de complexes problèmes au niveau de la perception des prix pour tous les produits dont le prix total se compose du prix d'acquisition (par exemple droits d'entrée) et des frais courants (par exemple frais de gestion ou prix de dépôt). Le tableau 10 présente des domaines de produits sélectionnés pour lesquels le prix est formé de plusieurs composantes.

Etant donné la complexité du prix, le client ne peut se faire un jugement „objectif" des prix qu'au moyen de calculs compliqués. Dans la pratique, les clients ne procèdent pas à de telles comparaisons des prix. Une telle formation des prix a pour objectif d'empêcher les comparaisons avec les offres de la concurrence. Un autre but est de pouvoir réagir de manière plus flexible aux diminutions de prix de la concurrence. C'est pourquoi il est si important, lors de la formation des prix, de connaître la perception des prix des clients. C'est ce qu'illustre l'exemple suivant.

Exemple : Perception des prix dans le secteur des fonds

L'offre d'une société de fonds se composait de quatre composantes de prix : un droit d'entrée de 5%, des frais de gestion de 1,5% par an, un service de dépôt de 350 euros par ainsi qu'un droit de sortie („back end-load") de 5% (comme alternative au droit d'entrée). La direction de la société de fonds voulait savoir quelle importance le client accorde à chacune des composantes de prix. L'analyse conjointe (voir le quatrième chapitre) permit de calculer les importances relatives perçues des quatre composantes de prix. Les prix des composantes individuelles variaient dans un intervalle de +/-25%. Le schéma 50 compare les résultats des importances relatives (moyennes), calculées au moyen de l'analyse conjointe, des quatre composantes de prix avec ceux des coûts proportionnels effectifs payables pour un volume de fonds moyen de 100.000 euros (période : 5 ans).

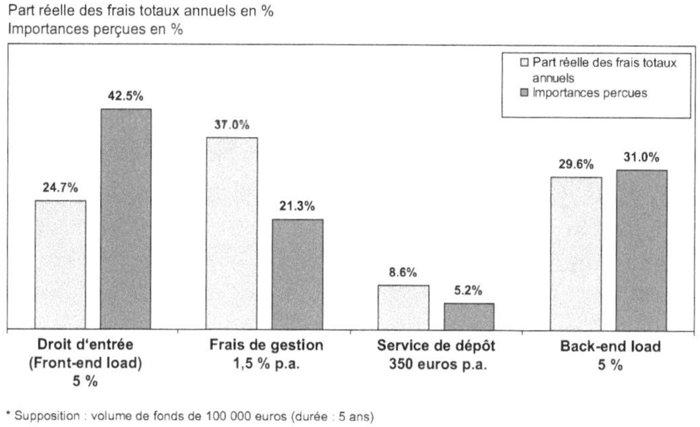

Schéma 50 : Perception des prix dans le secteur des fonds.

L'analyse fournit de précieuses informations pour la formation des prix. Il apparaît au schéma 50 que l'importance perçue du prix pour le droit d'entrée est presque deux fois plus élevée que ses coûts proportionnels effectifs (24,7% contre 42,5%). Le client fait plus attention à cette composante de prix qu'elle ne le mérite (objectivement). A l'inverse, la part des frais de gestion sur les frais totaux effectifs est, avec 37% presque deux fois plus élevée que l'importance perçue de manière subjective, de 21,3%. En d'autres termes : les frais de gestion sont perçus nettement moins fortement par les clients que la proportion effective des coûts ne le laisse supposer. Ces informations collectées sont extrêmement importantes pour la formation des prix. Dans cet exemple, le prix du droit d'entrée fut fortement réduit, alors que les frais de gestion ne faisaient pas l'objet d'une communication particulière. Par conséquent, l'offrant devrait procéder à une remise des composantes de prix perçues comme étant les plus importantes, afin d'attirer l'attention des clients et d'exercer une influence positive sur la propension à acheter au niveau de l'ensemble de ses offres. C'est également la pratique actuelle de nombre d'instituts. Au niveau international, Fidelity est un des offrants qui tentent par un pricing et un marketing agressifs de conquérir der nouveaux marchés.

La recommandation de formation des prix déduite de l'analyse de perception des prix concorde avec la théorie comportementale formulée par Yadav (1990) lors de son analyse empirique. Selon cette dernière, l'offrant doit déterminer (par exemple par l'analyse conjointe) lequel des produits compris dans l'offre représente le produit „attendu" (défini comme le produit perçu le plus important), afin d'en accentuer l'offre (par exemple par les économies réalisées). En effet, ce produit „attendu" a une grande influence sur le jugement global de l'offre, réalité dont l'offrant doit tenir compte lors de la communication au niveau de la formation du prix.

6.4.3 Image du prix

Par „image de prix“, Diller (2001) entend l'image limitée à la composante „prix“ qu'un offrant a auprès de clients (potentiels).[1] La direction d'une banque accorde une grande importance à l'image de prix, car l'étendue de la gamme de produits bancaires permet rarement au client de garder en mémoire les prix de certains produits ou de tous les produits pouvant l'intéresser. Les informations collectées lors d'études sur la connaissance des prix de produits bancaires révèlent que la majorité des clients ignore les prix (voir tableau 9 au paragraphe 6.4.1). Si le client a l'intention d'utiliser un nouveau produit (par exemple un compte au jour le jour), le choix de la banque peut dépendre de son image au niveau des prix. En matière de formation de l'image de prix, il existe deux hypothèses concurrentes.[2] Appliquées au secteur bancaire, ces hypothèses sont :

Hypothèse 1 : l'image de prix du client s'oriente par rapport aux prix de peu de produits bancaires, surtout des produits-clés, des offres spéciales et des produits faisant l'objet de publicités.

Hypothèse 2 : le client s'oriente par rapport à son comportement d'utilité effectif et tient donc compte, lors de la formation de l'image de prix, des prix de nombreux produits bancaires.

Il existe des études sur le commerce confirmant les deux hypothèses. Ainsi, Geiger (1968) rapporte que 46% des personnes interrogées au sein d'un échantillon s'orientait principalement, pour de le jugement de commerces en matière de prix, par rapport aux offres spéciales. Nous n'avons pas connaissance d'études actuelles dans le secteur bancaire permettant de vérifier ces hypothèses.

Les sondages auprès de clients de banques confirment que les grandes banques ont l'image de pratiquer des prix élevés. Ces banques devraient essayer, au moyen de formes intelligentes de différenciation des prix, d'améliorer leur image de prix sans que cela ne nuise à ses bénéfices. Si l'image de prix s'oriente par rapport à peu de produits bancaires, d'offres spéciales ou de produits faisant l'objet

---

1 Voir la définition de Diller (2001, page 1316).

2 Voir Simon (1992, page 535), qui rapporte ces hypothèses au commerce.

de publicité (hypothèse 1), on conseille alors une stratégie sur une sélection de produits bancaires meilleur marché. Dans cette situation, il est judicieux d'utiliser également la publicité pour mettre particulièrement en avant les prix bon marché et afin que les clients en prennent conscience.

6.4.4 Seuils de prix

On entend par „seuils de prix" des points du prix lors du dépassement desquels apparaissent de fortes baisses des ventes. La croyance en l'existence de tels seuils de prix est largement répandue. C'est en particulier le commerce qui emploie fréquemment des „prix cassés", c'est à dire des prix situés au-dessous de nombres ronds. Des analyses confirment que les prix ronds (finissant par „0") n'existent quasiment pas (voir Simon (1992, page 602) et Schmalen (1995, page 10)).

Les directeurs de banque aussi, se penchent de plus en plus souvent sur le sujet „seuils de prix". Comme arguments pour l'emploi des prix cassés, on cite :[3]

- Les clients divisent l'échelle des prix en catégories discrètes (par exemple le prix de 3,99 euros est codé comme „inférieur à 4").
- Le client a l'impression de réaliser une économie par rapport au prix rond.
- Les clients sous-estiment les prix situés sous des prix ronds.
- Le premier chiffre influence le plus la perception des prix des clients, c'est à dire qu'un prix de 4,90 euros est perçu comme „4 et quelques". Les clients perçoivent les chiffres de la gauche vers la droite avec une intensité décroissante.

Les directeurs de banque doivent se pencher de manière plus intensive sur le sujet „seuils de prix". Une formation intelligente des prix, tout en tenant compte de ces seuils de prix, peut avoir un effet positif sur les ventes et sur le bénéfice d'une banque. C'est ce qu'illustre cet exemple :

3 Voir les explications de Simon (1992, p. 603) et la bibliographie indiquée.

Exemple : Seuils de prix pour un compte au jour le jour

Une banque directe proposa en 2005 un compte au jour le jour ayant un taux d'intérêt de 2,5%. Les conséquences pour une banque régionale sont :

- Diminution importante des fonds passifs
- Inexistence d'une offre propre pour les clients „sensibles aux prix" couvrant les besoins dans le domaine de l'épargne
- Insatisfaction des clients quant au manque de produits alternatifs

Dans ce contexte, la banque avait l'intention de proposer un compte au jour le jour. Il fallait fixer la hauteur des intérêts. Il y existait à ce sujet deux avis au sein de la banque. Certains directeurs pensaient que les intérêts devaient être de 1 à 2%. D'autres directeurs, en revanche, étaient d'avis que les intérêts devaient s'élever à au moins 2,5%. Les directeurs furent choisis comme experts pour estimer la courbe de demande (ici : fonction intérêts-volume) ; ils furent répartis en deux groupes et on leur demanda de remettre des estimations quant à différents scénarios d'intérêts. Le schéma 51 présente les estimations des deux groupes.

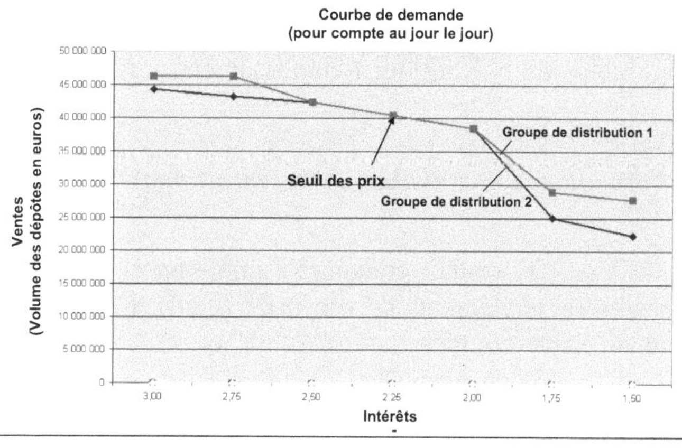

Schéma 51 : Seuil de prix à l'exemple d'un compte au jour le jour.

Le résultat fut surprenant. En effet, les deux groupes aboutirent à une estimation similaire. Il existait un seuil de prix situé à un taux d'intérêt du compte au jour le jour de 2%. En-dessous des 2%, il apparaissait de fortes pertes de ventes. Des entretiens avec des clients de la banque confirmèrent l'existence de ce seuil de prix. Sur la base des résultats de cette analyse, la direction de la Regiobank décida de lancer un „compte au jour le jour en-ligne" ayant un taux d'intérêt de 2%. Cela permit de récupérer beaucoup de capitaux. Le bénéfice augmenta et les clients avaient un produit alternatif intéressant.

6.4.5 Formation des modalités de paiement

Les entretiens avec les directeurs de banque quant aux facturations et aux modalités de paiement révèlent que les rapports temporels des décisions d'achat, de l'utilisation des produits et des procédures de paiement influencent la perception des prix. Chacun sait par expérience qu'il est plus simple de payer par carte de crédit, par virement ou par retrait automatique que de payer en liquide. Les modalités de paiement appropriées permettent de piloter la perception et le jugement des prix. Comme instruments de ce pilotage, on prend en considération toutes les formes de crédit (cartes de crédit, crédits remboursables par mensualités, ou contrats de leasing). Un exemple dans le secteur du leasing illustre l'importance que la perception des différentes composantes de prix a pour l'établissement des modalités de paiement.

Exemple : Formation des modalités de paiement dans le secteur du leasing

L'autobanque VALUE voulait connaître l'importance que le client accorde aux différents éléments de son offre (Golf). Le système de prix comprenait cinq composantes : (a) un versement unique de 5.000 euros, (b) un kilométrage de 15.000 km par an, (c) un prix mensuel de leasing de 150 euros, (d) une durée de 36 mois et (e) la marque (compte tenu de concurrents sélectionnés). L'analyse conjointe permit de déterminer les importances relatives de ces cinq caractéristiques. Les spécificités de ces cinq éléments sont représentées au tableau 11.

Caractéristiques	*Spécificités*
Paiement spécial de leasing	0 euros, 3.000 euros, 6.000 euros
Kilométrage par an	10.000 km, 15.000 km, 20.000 km
Prix de leasing mensuel	100 euros, 150 euros, 200 euros
Durée	24 mois, 36 mois, 48 mois
Marque	Value, concurrents A et B

Tableau 11 : Conception de l'analyse conjointe pour une offre de leasing.

Le schéma 52 présente les résultats d'une analyse par segment. Ce schéma révèle que le paiement de leasing mensuel a été estimé comme principal élément de prix par les trois segments de clientèle.

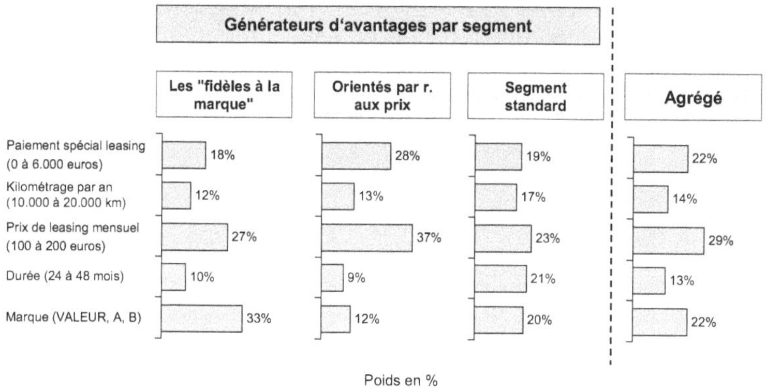

Schéma 52 : Importances perçues de cinq éléments de prix à l'exemple du leasing.

Les segments „loyal à la marque" et „orienté sur le prix" accordaient une attention démesurée au paiement de leasing mensuel. Il est d'une importance capitale pour le marketing de connaître de tels faits. Une autre analyse révéla que le segment „orienté sur le prix" lit souvent le magazine „Spiegel". Les critères socio-démographiques (âge, revenu ou profession) permirent de bien décrire les différents segments. Sur la base de ces analyses fondées, le marketing put être orienté par segment. Dans les annonces publicitaires, on insista particulièrement sur le paiement mensuel du prix „cassé“ de 99 euros (mot-clé : seuil de prix). Les éléments moins importants étaient évoqués en bas de page, mais n'étaient pas au centre de la communication. C'est précisément la pratique actuelle de nombre d'autobanques.

En résumé : l'effet qu'un prix a sur les ventes dépend principalement de la manière dont il est perçu et jugé par les clients. La perception et le jugement des prix sont déterminés par des facteurs motivationnels (par exemple besoin de confort), cognitifs (par exemple connaissance des prix) et situationnels (par exemple image du prix). Ces facteurs peuvent en partie être orientés par la banque. Les théories des prix de référence et des perspectives fournissent des éléments permettant d'expliquer les procédures de perception et de jugement. Les images de prix influence le choix de banque surtout lorsque les connaissances détaillées quant au prix sont manquantes. On retiendra que la perception et le jugement des prix peuvent être influencés par la banque l'établissement de structures de prix, par les modalités de paiement ou par l'utilisation de seuils de prix.

Septième chapitre : Les aspects de la mise en œuvre du pricing

Vous pouvez proposer la meilleure stratégie au monde,
sa mise en œuvre en représente 90%.
Alfred Brittain

7.1 Mise en œuvre et pricing

Les chapitres précédents ont décrit les méthodes et concepts d'optimisation disponibles aujourd'hui et présenté les informations nécessaires. Pour utiliser les potentiels d'accroissement des bénéfices évoqués dans ces approches, il est indispensable de les mettre en œuvre dans la pratique bancaire. Les paragraphes ci-après présentent les précautions organisationnelles à prendre afin d'assurer aux banques une gestion des prix la plus rationnelle et la plus adaptée aux objectifs. Ce chapitre se penche en détail sur les aspects suivants : l'organisation de la détermination et de la fixation des prix, l'élaboration de systèmes d'information quant aux prix, et la mise en œuvre des prix sur le marché.

7.2 Organisation du pricing

Chez nombre de banques, la gestion des prix n'est pas professionnelle. Chez beaucoup d'instituts, elle n'est pas (encore) ancrée au niveau organisationnel. En règle générale, il n'existe pas de poste de direction tel que „directeur des prix" (à l'inverse des industries pharmaceutique et automobile). Les chapitres précédents ont démontré l'importance d'un pricing professionnel pour les banques. C'est pourquoi tous les instituts bancaires doivent contrôler de manière critique sous quelle forme la gestion des prix est intégrée à l'organisation. Le schéma 53 présente le cadre conceptionnel pour la détermination d'une organisation de pricing. Les directives de pricing découlant de la stratégie d'entreprise forment la base de l'élaboration des objectifs de segment stratégiques au niveau du prix. La gestion des prix et des produits doivent être intégrés à l'organisation de la banque de sorte que les différents segments puissent être associés de manière effective et efficace aux offres et aux prix adéquats. L'organisation doit suivre la stratégie („structure follows strategy").

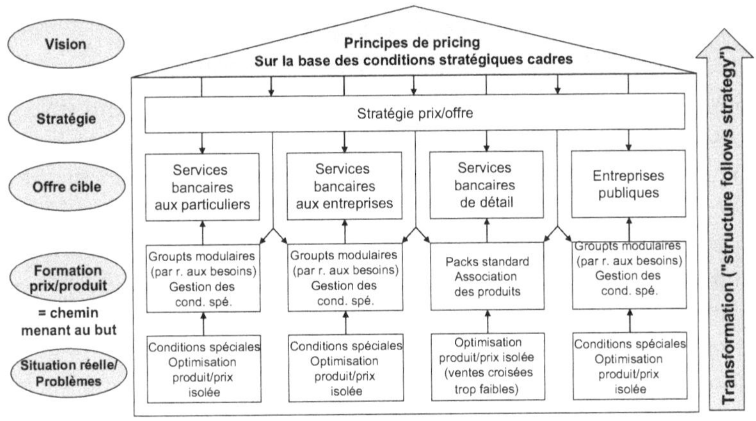

Schéma 53 : Cadre d'organisation du pricing.

Les problèmes apparaissant fréquemment, tels qu'une gestion non professionnelle des offres spéciales ou la formation isolée de prix et de produits doivent être résolus de manière conséquente. Dans ce contexte, il convient de répondre aux questions suivantes :

- Qui participe à la décision de prix ?
- Qui fixe les prix des produits bancaires ?

- Qui est compétent pour les décisions en matière de prix ? Qui accorde des conditions spéciales, sous quelle forme et à quelle hauteur ?
- Comment s'effectue la collaboration aux points de jonction critiques (par exemple marketing-finances ou marketing-distribution) ?
- Comment et où la gestion des prix devrait-elle être ancrée dans la banque au niveau organisationnel ?
- Quelles informations faut-il traiter et gérer, et sous quelle forme ?

Par principe, l'organisation de pricing d'une banque doit assurer que les tâches élaborées dans le cadre de la procédure de fixation des prix puissent être exécutées de manière systématique et répétitive. Les champs décisionnels de l'organisation de pricing se rapportent tant à l'organisation de mise en place, qu'à l'organisation de fonctionnement.

La règle de base des décisions est le principe déjà évoqué : „La structure suit la stratégie". C'est avec ces paroles qu'Alfred Chandler, professeur à l'université de Harvard, formula en 1962 les résultats de ses analyses empiriques sur la relation entre stratégie et structure d'organisation. On en conclut que c'est la stratégie respective qui détermine le choix de la structure de l'organisation. Il faut procéder de manière similaire au niveau de l'organisation de pricing pour les banques. Les décisions prises dans le cadre de la stratégie de pricing et concrétisées sous forme d'objectifs stratégiques et de principes de pricing sont non seulement le moteur au niveau du contenu des étapes suivantes de la procédure de fixation des prix (par exemple les analyses de situations réelles, détermination et fixation des prix), mais forment également le cadre d'ancrage du pricing au sein de l'organisation.

Une analyse récente de Simon-Kucher & Partners dans le secteur financier a révélé que ces principes ne sont aujourd'hui absolument pas respectés. Ainsi, aujourd'hui, dans une large majorité d'instituts, le pricing est fortement réparti sur les domaines isolés, et, lors de la prise de décision, l'on prend beaucoup trop peu en considération les besoins du marché. C'est ce que prouvent les citations suivantes, provenant de directeurs de banques :

- „Chez nous, il n'existe quasiment aucune offre englobant plusieurs produits. C'est pourquoi les offres croisées ne fonctionnent pas.“
- „L'optimisation des produits et des prix est beaucoup trop peu harmonisée entre les différents segments.“
- „Chaque service de produit développe ses propres concepts de prix. Il est fréquent que les autres services n'en sachent rien.“

Il n'existe ni un ancrage organisationnel défini du pricing, ni des procédures systématiques permettant une coordination de chacune des activités de pricing de manière à ce que la stratégie globale de la banque s'y répercute.

En un mot : aujourd'hui, beaucoup de banques considèrent le pricing plus comme une annexe que comme une composante fondamentale du succès d'une entreprise. Les activités de pricing sont principalement exécutées ad hoc et de manière non coordonnée. D'autres secteurs sont nettement plus avancés. Ainsi par exemple, le champ d'activité des vernis automobiles du fabricant de produits chimiques Akzo Nobel possède un propre département de spécialistes du pricing, qui soumettent le pricing du champ d'activité à un contrôle critique périodique et qui vérifient régulièrement le respect de la stratégie d'imposition des prix. Les fabricants automobiles, l'industrie aéronautique et les tour-opérateurs ont compris que l'on ne peut répondre pricing de manière durable et satisfaisante que si celui-ci est ancré dans l'organisation. Ceci est encore peu marqué dans le secteur bancaire. La banque suisse UBS a, par exemple, créé un poste de „directeur du pricing“.

Trois éléments sont décisifs pour une organisation de pricing optimale :

1. Il faut rassembler une multitude de ressources et de compétences diverses au niveau de la stratégie, et les focaliser sur le pricing. En font partie le marketing, la distribution, le développement et

la gestion des produits, mais également le controlling et le service informatique.

2. En raison de l'effet direct considérable que le pricing a sur le bénéfice, il est indispensable que la direction soit proche de celui-ci. Cela comprend également des compétences de transmission de consignes permettant de rassembler les ressources nécessaires extérieures à la banque.
3. Les structures et opérations créées ne sont pas suffisamment flexibles pour permettre d'exécuter le pricing au niveau des différents champs d'activité de la banque (compris ici comme combinaison produit-client).

Il résulte de ces conditions préalables des rapports de tension. L'étendue des questions possibles au niveau du pricing empêche d'occuper fermement tous les postes organisationnels. Ainsi, les défis existant au niveau des services bancaires aux entreprises en matière de crédits (gestion des risques, Basel II, intégration des informations de coûts et de marché) sont différents de ceux existant au niveau du pricing de comptes courants dans les services bancaires aux particuliers. Toutefois, il est important de concentrer le savoir-faire, afin de créer des procédures efficaces.

Le fait d'intégrer la direction est décisif pour une organisation de pricing puissante, mais il est également nécessaire d'ancrer puissamment celle-ci en veillant à ce qu'un directeur opérationnel de procédure de fixation des prix en tire les cordes. En définitive, une organisation de pricing fonctionnant en permanence engendre des coûts fixes pour lesquels il n'est pas obligatoire de garantir durablement les charges. Plus cette organisation doit être grande, plus les coûts qu'elle engendre sont importants.

En conséquent, le modèle de conception suivant est proposé dans beaucoup de cas comme construction idéale : il faut créer un poste de „directeur du pricing“ et le placer au niveau de la direction générale sous forme d'un poste-clé. Il convient d'établir en parallèle un „groupe de pricing“ ou un „conseil de pricing“. Au sein de ce conseil sont représentés des responsables experts issus de chacun des services et la direction générale y est intégrée. Pour les services informatique, marketing et controlling, il convient de nommer des personnes consacrant une partie de leur aux questions de pricing. Cette structure est complétée par une intégration éventuelle de compétences externes telles que par des conseils en entreprises spécialisés.

Le Directeur du pricing regroupe et coordonne toutes les activités de pricing au sein de la banque. Il remet des rapports à la direction générale et dirige le conseil de pricing. Les fonctions suivantes lui incombent :

1. Définition et surveillance de la qualité de toutes les informations pertinentes au niveau du prix (comme par exemple coûts, chiffres d'affaire ou nombres de pièces)
2. Elaboration des tâches du service informatique et du controlling concernant le pricing
3. Enquêtes sur les propensions à payer, les élasticités de prix et la courbe de demande (pour les principaux produits bancaires)
4. Analyse régulière des structures de prix et des niveaux de prix actuels et élaboration de mesures concrètes d'amélioration
5. Accompagnement des nouveaux produits au niveau du prix. En raison du rapport étroit entre prix et valeur du produit, collaboration également au niveau de la conception des nouveaux produits
6. Estimation de la consistance des prix au sein de la banque entière dans le contexte de la stratégie de prix
7. Contrôle régulier de l'accord de rabais par le service des ventes (conseillers), installation de systèmes d'avertissement et élaboration de mesures immédiates et de structures de remises
8. Regroupement régulier des analyses de pricing entre les prévisions et les objectifs atteints en ce qui concerne l'étendue des objectifs de la stratégie (quantités de vent, prix, bénéfice)
9. Exercice de toutes les fonctions définies de jonction, de direction et de coordination du pricing au sein de la banque

Le conseil de pricing discute et décide à intervalles réguliers quant à la continuation des activités de pricing imminentes et initie de nouvelles mesures. Avec le conseil de pricing comme point de départ, on compose des groupes d'équipes concernées traitant sous la direction générale du directeur du pricing les questions respectives. Au niveau des fonctions d'interface telles que les services informatiques ou le controlling, il convient d'intégrer les spécialistes de pricing respectifs. Les domaines concernés intègrent aux connaissances les spécificités de l'activité. Ceci est complété par les compétences spécifiques de personnes externes dont l'intégration doit être coordonnée par le directeur du pricing, car c'est lui qui connaît le mieux les compétences spécifiques de chacun des offrants et qui obtient, au cours du temps, la meilleure vue d'ensemble du marché. Pour l'organisation des activités, une définition claire des fréquences et des responsabilités pour chacune des activités est capitale. L'exemple du schéma 54 illustre une partie de la répartition des fonctions dans le cas d'un ajustement de prix pour un produit bancaire.

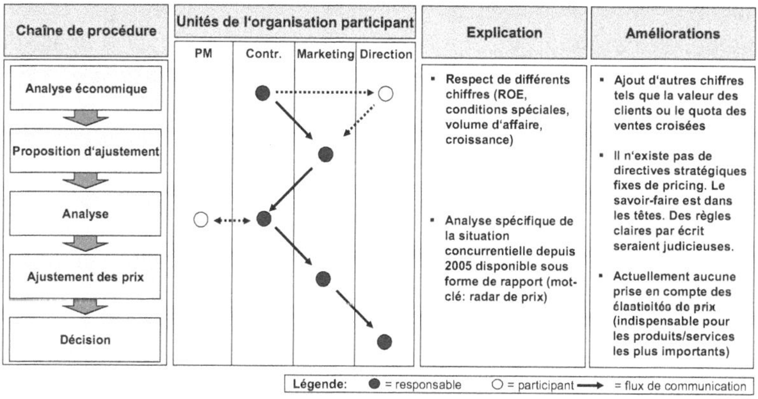

Schéma 54 : Exemple de répartition des fonctions dans une organisation de pricing.

En résumé : dans beaucoup d'instituts, la gestion des prix n'es pas (encore) ancrée au niveau organisationnel. Les activités de pricing des banques ont lieu principalement ad hoc et de manière non coordonnée. D'autres secteurs tels que le secteur pharmaceutique ou l'industrie automobile sont ici plus avancés. Les banques doivent apprendre de ces secteurs et organiser le pricing de manière professionnelle. De manière concrète, il faut créer un poste de directeur du pricing, regroupant et coordonnant au sein de la banque toutes les activités de pricing. En parallèle, il convient d'instaurer un conseil de pricing. Cette commission discute et décide à intervalles réguliers quant à la continuation des activités de pricing imminentes et initie de nouvelles mesures.

7.3 Systèmes d'information sur les prix

7.3.1 Importance grandissante des systèmes d'information sur les prix

Un problème récurrent chez les banques est le manque de transparence des informations et des données quant à la pratique de prix actuelle, et ce, bien que les banques, à l'inverse de la plupart des autres secteurs, possèdent dans leurs systèmes informatiques une multitude d'informations quant au comportement de leurs clients. C'est précisément ici qu'entrent en scène les systèmes d'information sur les prix (SIP). Ils fournissent des "chiffres de pricing" pertinents, permettent l'établissement de rapports de pricing gérables, et forment la base d'une optimisation professionnelle des prix. Cela permet d'une part de rendre le pricing actuel transparent, et d'autre part de prendre à l'avenir les décisions de prix basées sur les faits, rapidement et selon les objectifs précis. Au total, cela engendre une nette hausse des recettes ainsi qu'une forte amélioration de la satisfaction des clients et donc de leur fidélité. „Nous accordons désormais une grande importance aux systèmes d'information sur les prix, car ils permettent de mieux imposer les prix", a déclaré le directeur général d'une grande banque européenne.

La base des décisions de prix (une grande transparence de la pratique de prix actuelle) est souvent inexistante chez les banques. Il est fréquent que les directeurs ne puissent répondre précisément, ou uniquement à l'aide de beaucoup d'opérations manuelles, à des questions telles que „Quels clients et combien d'entre eux payent un prix plancher au niveau des frais de dépôt ?“, „Combien de clients obtiennent des conditions spéciales pour les dépôts à échéance fixe ou pour les opérations de mandat, et à quelle hauteur ?“ ou „Comment les prix exigés par les clients divergent-ils des tarifs ?“. En raison d'informations incertaines ou insuffisantes, certaines décisions ne sont pas prises ou sont retardées, ou alors de mauvaises décisions sont prises. Une étude effectuée par Business Week (base : 700 directeurs interrogés) confirme cela de manière impressionnante. Il en résulta entre autre que :

- presque 80% des directeurs admettent avoir déjà pris les mauvaises décisions ou des décisions non optimales en raison du manque ou de l'insuffisance des informations,
- deux tiers des directeurs doivent, en raison de l'inexistence d'une banque de données, prendre des décisions intuitives et
- un grand nombre de directeurs se plaignent du fait que les décisions de routine, qui ne contribuent que peu à la performance de l'entreprise, requièrent de plus en plus de temps en raison de l'inexistence ou de la difficulté d'accès à certaines informations.

Les décisions intuitives ne sont pas forcément mauvaises. Toutefois, par comparaison aux secteurs, dans le secteur bancaire, le pricing possède les caractéristiques suivantes, rendant extrêmement difficile, voire impossible une estimation purement intuitive des effets des mesures de prix :

1. Nombre de paramètres de prestation et de prix : les tarifs des banques „à part entière“ comportent généralement plusieurs centaines de paramètres de prestation et de prix. En font partie, outre les prix fixes et les prix dépendant de l'utilisation, également les composantes „indirectes“ de prix telles que les limites échelonnées, les critères de qualification ou les accords individuels sous formes de conditions spéciales ou de services „offerts“.

2. Multitude de produits (ventes croisées) : outre aux prix individuels, le client accorde également de l'importance au prix total qu'il doit payer à la banque pour l'utilisation de tous les produits et services. Les mesures de prix prises dans un domaine influencent les marges de prix des autres domaines de produits. En employant des méthodes intelligentes telles que le bundling ou les systèmes de remise comprenant plusieurs produits, les directeurs peuvent accroître les potentiels de ventes croisées (voir les explications au cinquième chapitre). La banque doit s'organiser de sorte à assurer une présence globale vis-à-vis du client et de pouvoir exécuter les mesures de prix de manière coordonnée.

3. Groupements de familles (pricing multi-personnes) : les groupements de familles influencent, surtout dans le cas d'un capital important, la politique de prix et d'offre, et il est pour cette raison important d'en tenir compte lors de l'interprétation des prix imposés. Les directeurs de banques parlent dans ce contexte de „clients apparentés" (related customers). Il s'agit de relations entre les clients (par exemple rapport parents-enfants) ayant une influence sur l'imposition des prix. Ainsi par exemple, il est fréquent que des parents fortunés exigent les mêmes conditions favorables pour leurs enfants.

Les nombreux paramètres de prix, la multiplicité des produits et services ainsi que les relations de groupement représentent généralement de grandes exigences quant à l'établissement de la banque de données de pricing. Le schéma 55 présente par exemple la structure d'une base de données complexe. Les données proviennent de sept systèmes informatiques de la banque. L'intégration de ces informations et de ces données demande beaucoup de temps. Il est indispensable que les spécialistes informatiques et de controlling de la banque y participent.

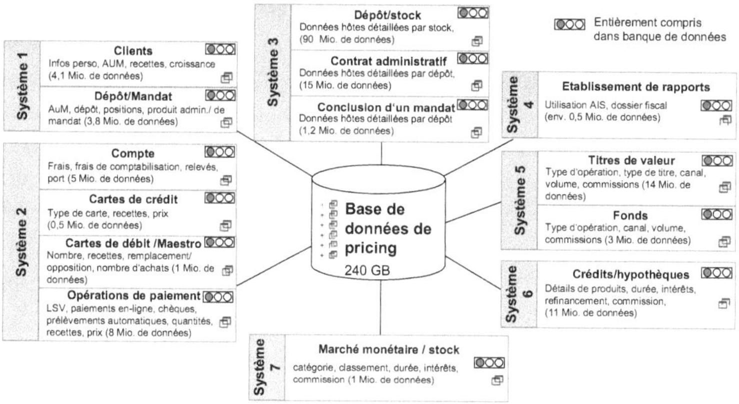

Schéma 55 : Structure d'une banque de donnée de pricing complexe.

Pour l'amélioration du pricing, il existe une multitude d'approches qu'il est facile de classifier au moyen de la procédure de fixation des prix. Les systèmes d'information sur les prix sont une base idéale pour améliorer durablement la performance de chacune des phases de la procédure de fixation des prix. Ils fournissent les informations nécessaires sur la base desquelles la direction peut prendre des décisions claires et sûres.

7.3.2 Exemples de systèmes d'information sur les prix

Les paragraphes ci-après présentent l'éventail d'application des systèmes d'information sur les prix dans le secteur bancaire au moyen de deux exemples pratiques.

A. Commerce des valeurs dans les services bancaires aux particuliers

Au sein des services aux particuliers d'une grande banque, une différenciation plus ciblée des prix et services selon les groupes de clients s'avéra être le levier le plus efficace pour accroître les bénéfices. On constata que dans le domaine du commerce des valeurs, la banque n'avait aucune transparence quant aux prix prévus, aux prix appliqués et aux diverses conditions spéciales. L'obtention de ces informations n'était possible qu'au frais de grands efforts manuels. L'objectif était de créer, de manière entièrement automatisée et au moyen d'une banque de données détaillée, une transparence complète par client des prix réalisés, et de remplacer le paysage des prix et produits existant par de nouveaux modèles de prix répondant aux divers besoins. La direction voulait savoir quels sont les effets des changements de prix ou de structures de prix sur les ventes, les recettes et les bénéfices. C'est dans ce contexte que fut développé un nouveau système d'information sur les prix.

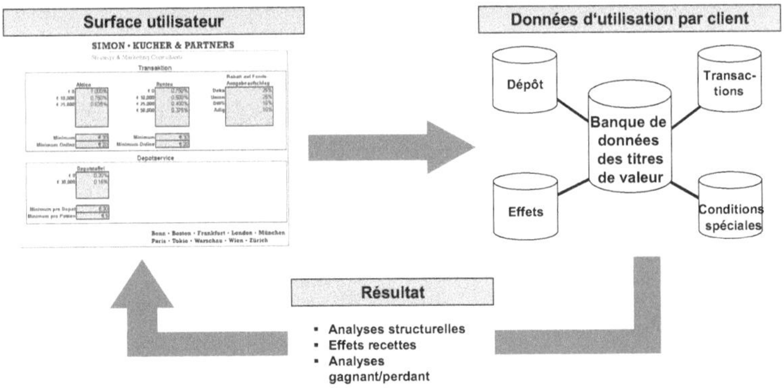

Schéma 56 : Structure d'un système d'information sur les prix.

La base d'un tel système fut fournie par les bases de données de dépôt et de transaction individuelles à chaque client. Il était possible de régler et de varier les prix de diverses prestations sur une interface utilisateur établie sur mesure. Il en résulte, entre autres, des effets de recettes ainsi que des statistiques gagnant / perdant. Le schéma suivant présente la structure d'un tel système d'information pour le domaine des titres d'une banque. Ce système a deux domaines d'application :

Transparence par analyse de structure : pour représenter la situation réelle, le modèle de prix actuel a été illustré. En se basant sur les bases de données, la direction put exécuter d'importantes analyses de structure et calculer les recettes prévues (recettes selon prix-catalogue). Les bases de données comprenaient également les recettes effectivement réalisées. La comparaison plan / réalisé permit donc de déterminer les conditions spéciales. C'était la première fois qu'il existait une transparence au niveau de ces informations importantes. Le schéma 57 présente une analyse de structure pour un système de prix complexe au niveau des services de dépôt. Environ 84% des positions sont des titres nationaux négociés chez Euroclear. Pour environ deux tiers de ces positions (57% sur 84%), le volume est inférieur à 2.270 euros (5 euros/0,22%), de telle sorte que le prix plancher par position fait effet. C'est, avec 48%, la commission de 0,22% qui rapporte la plus grande part des recettes. Il en découla immédiatement des implications pour la gestion des prix de la banque. Il fut ainsi possible, par exemple, de réaliser de considérables augmentations des recettes uniquement en haussant les prix pour le commerce d'actions nationales sur Euroclear. Une baisse des autres prix n'engendre quasiment pas de recettes, mais pourrait être utilisée au niveau de la communication. Ces informations étaient nouvelles pour la direction, et furent appliquées après l'analyse de structure.

	Commission	Prix minimal par position
Dépôts nationaux		
• Titres négociés sur l'Euroclear national	0.22%	5 EUR
• Autres titres nationaux	0.27%	9 EUR
Dépôts étrangers		
• Dépôts individuels	0.35%	20 EUR
• Dépôts collectifs	0.45%	34 EUR

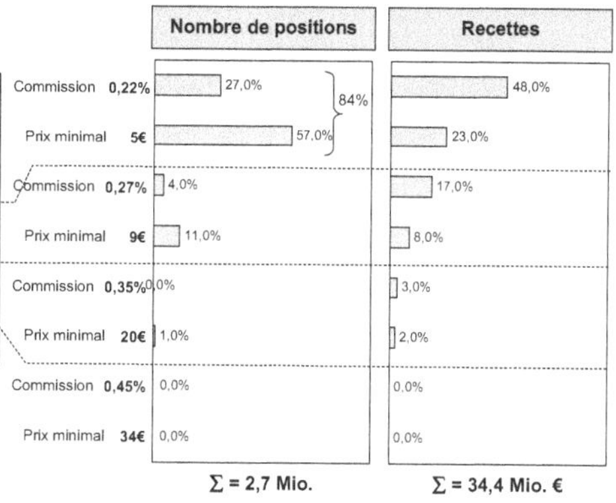

Schéma 57 : Système de prix complexe au niveau des services de dépôt.

Optimisation des structures de prix : cette analyse fut effectuée au moyen de la simulation Ceteris-Paribus, lors de laquelle chaque prix fut augmenté et diminué d'un certain montant. Cela permit de quantifier de manière précise l'effet de recettes de chaque composante de prix. Un sondage clients assisté par ordinateur (analyse conjointe) permit de collecter des informations quant aux sensibilités aux prix par client pour des produits individuels. Sur la base de ces informations, la direction put identifier directement des potentiels de réalisation de recettes. Ainsi, certaines composantes de prix possédaient une faible sensibilité aux prix. Une augmentation entraîne donc un net accroissement des recettes. Une hausse de 5 point de base de la commission pour le service de dépôt entraîna une forte progression des recettes pour une faible sensibilité de la part des clients, c'est à dire que le client n'a quasiment pas perçu ce changement dans le sondage. Pour cette raison, la banque put exécuter cette mesure en prenant peu de risques. Les clients réagirent beaucoup plus sensiblement à la hausse du prix plancher des transactions. La raison : ce prix était au centre de l'attention des clients. Les changements de prix entraînèrent de nettes réactions de la part des clients et une augmentation modérée des recettes.

Ensuite, la direction a simulé des combinaisons de changements de prix et calculé l'effet cumulé sur les recettes. Ces calculs furent effectués au niveau de chaque client individuel, et permirent d'établir une statistique gagnant / perdant. Sur la base de ces analyses, la direction put exécuter les mesures de prix adéquates et introduire de nouveaux modèles de prix adaptés aux besoins. Il fut possible de répondre précisément aux questions telles que „Que se passe-t-il lors de l'introduction d'un prix par poste pour le service de dépôts ?", „De combien augmentent les recettes, combien de clients seraient concernés ?" ou „Quels sont les effets d'une différenciation de prix au niveau des dépôts individuels et des dépôts collectifs ?". La banque de données servant de support contenait environ 25 millions d'entrées. L'accroissement des recettes réalisé était d'environ 5%, soit 30 millions d'euros, la part de résiliations fut minimale. Le modèle appliqué une fois sert de base aux futures décisions de prix, car une actualisation des banques de données est, grâce à des interfaces clairement définies, sans problème.

B. Commerce des crédits dans les services bancaires aux entreprises

Des structures de prix et de conditions spéciales optimisées sont la base d'un pricing efficace. Leur mise en œuvre s'effectue lors des phases de réalisation et de surveillance de la procédure de fixation des prix. Ces phases sont décisives pour le succès en particulier pour les opérations n'étant pas fortement standardisées, donc lorsque les remises et conditions spéciales représentent le levier de marge. L'exemple des crédits illustre comment les systèmes d'information sur les prix sont d'une aide précieuse. Lors de la mise en œuvre par une grande banque française de nouvelles structures de conditions spéciales pour les crédits, on introduisit un système de surveillance systématique des prix. En faisaient partie un rapport trimestriel de pricing et un pilotage de pricing. Le rapport de pricing sert à rendre transparents, de manière différenciée et selon différents critères, les prix et conditions effectivement mis en œuvre. Ce rapport se base sur une base de données de pricing contenant pour tous les crédits de la période concernée les paramètres les plus importants tels que volume de crédit, durée, conditions standard, conditions réelles ou taux de refinancement. Le schéma 58 représente un extrait d'un tel rapport de pricing (différencié par région). Au sein de la région, la direction peut, selon certains critères, rendre les intérêts et la marge plus transparents (par exemple par produits, par segment de clientèle, par agence ou par conseiller).

A

Taux d'intérêt en %	Condition réalisée
Alsace	4.17
Aquitaine	4.35
Auvergne	4.47
Champagne	4.32
Franche-Comté	4.22
Haute Normandie	4.33
Ile-de-France	4.27
Languedoc-Roussillon	4.54
Limousin	4.35
Lorraine	4.38
Midi-Pyrénées	4.38
Poitou-Charentes	4.38
PACA	4.48
...	...
Total	4.34

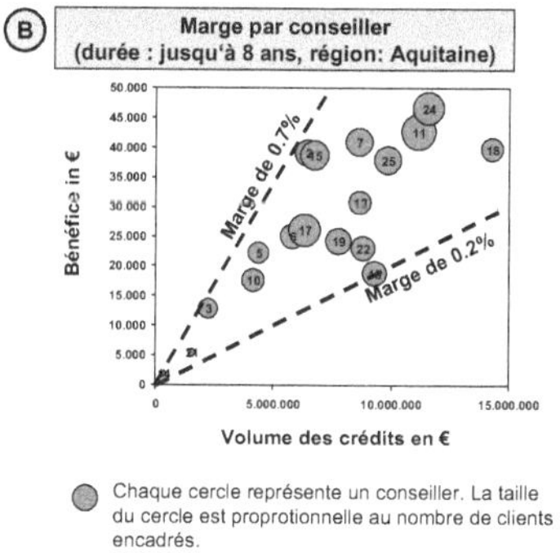

Schéma 58 : Extrait d'un rapport de pricing.

La partie A de ce schéma représente la condition réalisée moyenne dans chacune des régions. Il apparaît que la largeur de l'imposition du prix entre les régions est, avec 0,37%, relativement grande (Minimum : l'Alsace avec 4,17%, maximum : Languedoc-Roussillon avec 4,54%). Une analyse des causes révéla que ceci est dû en partie aux spécificités régionales. Pour obtenir des points de repère pour une meilleur imposition des prix, il est possible d'affiner le prix encore plus. A titre d'exemple, une telle situation détaillée est représentée dans la partie B du schéma pour l'imposition du prix par des conseillers individuels de la région Aquitaine pour les crédits d'une durée allant jusqu'à 8 ans. Il apparait nettement que la différence de performance des collaborateurs cause des divergences au niveau de l'imposition du prix. Sur la base de ces informations, furent appliquées, au niveau des services de vente, les mesures d'amélioration de l'imposition des prix suivantes :

- Etablissement de guides d'argumentation et de listes de questions fréquentes pour une meilleure imposition des valeurs au niveau de la distribution
- Ebauche d'une check-list, comprenant quelques questions permettant au conseiller d'évaluer la sensibilité au prix des clients
- Encadrement systématique par 20 conseillers-experts avec l'imposition de prix actuellement la meilleur (apprendre des meilleurs)

Le rapport donnait une bonne vue d'ensemble de la pratique de pricing à un niveau agrégé. Toutefois, pour des analyses détaillées et par client, ainsi que pour un soutien ciblé de la distribution, un pilotage de pricing est nécessaire. Il se rapporte à la base de données décrite ci-dessus et permet l'évaluation de l'imposition de prix selon différents critères ainsi que des analyses par client. Ainsi, la direction peut également établir des listes de bilans particulièrement bas au niveau des agences ou des conseillers, utilisables pour une procédure régulière de réaction.

Dans le cas de la grande banque française, la base de données de pricing contenait environ 30.000 crédits individuels. La première année suivant l'introduction des mesures décrites, la direction put améliorer la marge d'environ dix points base en moyenne, ce qui correspond à un accroissement du bénéfice d'environ six millions d'euros par an. Grâce à des séances régulières de feedback et à des formations supplémentaires des conseillers, la banque prévoit à moyen terme un accroissement des bénéfices d'environ dix millions d'euros par an.

7.3.3 Procédure lors de l'établissement d'un système d'information sur les prix

On peut diviser l'établissement d'un système d'information sur les prix en trois étapes, décrites ci-dessous :

1. Définition de la structure d'une banque de données de pricing

Il faut d'abord définir l'étendue de la banque de données utilisée par le système d'information sur les prix. Pour cela, la banque doit sélectionner le segment de clientèle pour lequel est établie la banque de données. Une banque de données pour des particuliers comprend généralement d'autres produits qu'une banque de données pour entreprises ou pour banques tiers. On définit ensuite l'étendue du produit. On peut d'abord démarrer avec un seul domaine de produit afin d'accumuler de l'expérience. A moyen terme, il convient toutefois d'intégrer à la base de données tous les produits considérés pour le segment sélectionné, afin de pouvoir quantifier de manière fiable les effets de ventes croisées.

Ensuite étape, la banque doit définir les paramètres de description de chacun des produits. Cette définition doit être effectuée avec soin, car elle limite les possibilités des systèmes de prix à décrire plus tard. Si, par exemple dans le domaine du courtage, on envisage une différenciation par heure des prix de vente et d'achat de titres, chaque transaction doit alors être annotée de la date et de l'heure. Si l'on envisage de facturer les virements effectués au guichet, il faut alors intégrer une variable correspondante dans la banque de données „compte/opérations de paiement“. Il est essentiel pour l'analyse que soient répertoriés pour les produits concernés, les prix réellement payés, et pour chaque prestation, les prix-tarifs. Le niveau d'agrégation est également de grande importance : plus les informations existantes sont détaillées, plus les résultats sont probants, toutefois la banque de données s'agrandit également. Il convient alors de trouver un compromis pragmatique.

2. Intégration de différentes banques de données

La plupart des banques disposent d'une multitude d'informations extrêmement intéressantes et spécifiques à chaque client, toutefois celles-ci se trouvent souvent au sein de différents services et systèmes (par ex. controlling, opérations et CRM). Ces informations doivent être disponibles dans *une* banque de données compacte. Cela semble simple, mais c'est dans la pratique un effort considérable. Pour cela, une multitude d'entretiens et de concertations sont nécessaires avec les services concernés au sujet de la signification, de la structure des banques de données et de l'impact et de la validité des diverses variables. Après un contrôle de qualité, les banques de données individuelles sont regroupées en une banque de données de pricing. On favorise ici une solution „unique“ (par exemple sous forme d'une banque de données Access ou SQL), car celle-ci est généralement plus simple qu'un regroupement des différents systèmes existants. Cette procédure prend six à dix semaines. Une fois cette procédure effectuée, une actualisation est généralement possible en une fraction de temps. L'investissement vaut la peine.

3. Elaboration de rapports et d'outils d'optimisation des prix et de surveillance

Un rapport de pricing à remettre à la direction est nécessaire pour un pilotage ciblé de la distribution. Celui-ci doit contenir un nombre limité de chiffres et être actualisable par exemple tous les trimestres. Un rapport de pricing comprend des chiffres (classés par domaines de produit) tels que :

- Nombre de clients, recettes et „actifs gérés“ dans les modèles de prix individuels (pour une structure d'offre différenciée)

- Intensité de l'utilisation de produits individuels importants
- Nombre de clients obtenant les conditions normales (payant les prix-tarifs) et des conditions spéciales, éventuellement différenciés par segments, par régions, par conseillers ou par solvabilité
- Hauteur et structure des conditions spéciales
- Quotas de ventes croisées
- etc.

Outre le rapport, essentiel à une surveillance continue, sont envisageables des outils intelligents basés sur les informations de la banque de données. Ces outils peuvent par exemple permettre de configurer des packs de compte et d'optimiser les prix, ou, pour réduire les conditions spéciales des dépôts à vue et des dépôts à échéance fixe, d'établir des listes de clients obtenant des conditions spéciales comme base des entretiens avec le service de distribution.

En résumé : dans leurs systèmes informatiques, les banques possèdent de multiples informations. C'est précisément là que les systèmes d'information se basent sur les prix. Ils fournissent des chiffres significatifs, permettent des rapports de pricing gérables et forment la base d'une optimisation de la stratégie de prix. Cela permet de prendre des décisions de formation des prix basées sur les faits, ciblées et rapides. Cela entraîne de nettes hausses des bénéfices, mais également une plus grande satisfaction des clients.

7.4 Imposition des prix

L'"imposition" des prix sur le marché forme la dernière étape de la mise en œuvre. Ci-après sont représentés les différents aspects importants au niveau de l'imposition des prix. En font partie la délégation des compétences de prix, l'incitation du service de distribution, l'application des changements de prix et les négociations de prix.

7.4.1 Délégation des compétences de prix

Dans beaucoup de domaines (par exemple dans les services bancaires aux particuliers ou dans les services bancaires aux entreprises) les prix réels sont négociés de manière individuelle entre le client et le conseiller (Relationship Manager) au cours d´entretiens de vente ou d'entretiens spéciaux sur le prix. Il se pose alors la question de savoir sous quelle forme la compétence de prix doit être déléguée au „Relationship Manager" (RM). Il existe des arguments pour et contre une transmission de la compétence de prix au conseiller. L'élément parlant en particulier pour une délégation de la compétence de prix au RM est le fait que celui-ci, en raison de son contact intensif avec le client, est le mieux placé pour évaluer sa propension à payer. Le RM peut réagir plus rapidement et de manière plus flexible aux changements des conditions de marché et est motivé par la responsabilité lui étant accordée (mot-clé : entrepreneurs dans l'entreprise). En général, lors de négociations, il faut clarifier simultanément des questions complexes de prix et de prestation. Si le conseiller ne possède pas de compétence totale et doit en permanence demander l'autorisation à la centrale, cela complique les négociations. Cela nuit également aux rapports avec le client. Toutefois, le fait que les conseillers se montrent dans la pratique trop souple lors de négociations des prix parle contre une délégation de la compétence de prix. „Aujourd'hui, plus de 60% des nouvelles opérations sont achetés à des conditions spéciales élevées", déclare le directeur d'une grande banque. Ceci s'explique par la charge psychique du conseiller[1] et la pression exercée par les clients[2]. La centrale résiste mieux à cette pression. Une centralisation des décisions de prix permet de plus d'éviter des inconsistances de prix entre les clients ou les segments (ou pays) individuels. Le schéma 59 représente différents arguments pour et contre le transfert de la compétence de prix au conseiller.

1 „La plupart des conseillers ont peur des négociations de prix", déclare le directeur d'une grande banque.

2 „Je ne souhaite pas payer de droit d'entrée. Si vous ne faites pas un geste au niveau du prix, je change de banque" est la menace typique de beaucoup de clients.

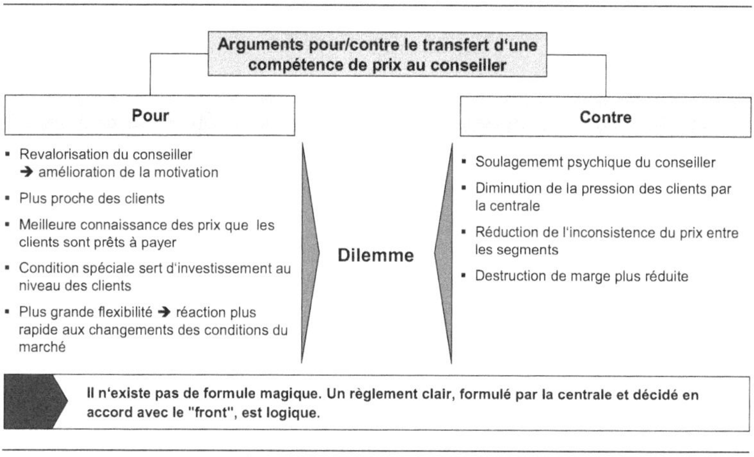

Schéma 59 : Délégation de la compétence de prix : pour et contre.

Les arguments pour et contre figurant au schéma 59 prouvent qu'il n'existe pas de solution type. Les solutions optimales dépendent de chacun des cas. Par expérience, nous conseillons d'être prudent lors de la délégation des compétences de prix aux conseillers. Une compétence de prix très étendue voire totale est déconseillée. Afin de garantir la flexibilité et de bons rapports, nécessaires, avec le client, on conseille une compétence de prix limitée sous forme de règles claires quant à l'accord de remises (qui peut accorder des conditions spéciales, et à quelle hauteur ?). Le niveau d'études, la motivation des RM et la structure d'entreprise sont étroitement liés à la délégation de compétences. Plus les conseillers comprennent les conséquences internes et externes de certaines fixations de prix et plus ils s'identifient à la banque et à ses objectifs, plus la compétence de prix devrait être déléguée.

Etude de cas sur la délégation de compétence de prix et sur la formation de conditions spéciales

Dans de nombreux domaines (services bancaires aux particuliers ou aux entreprises), la composante pertinente au niveau des recettes n'est pas le prix-tarif, mais le prix réalisé (prix-tarif moins les conditions spéciales). La hauteur et la forme de la condition spéciale ont un effet énorme sur les bénéfices des produits. En font partie des produits tels que les crédits immobiliers, les opérations de mandat ou les dépôts à échéance fixe. Pour ces produits, le prix-tarif est uniquement le „prix d'ancrage", mais c'est en définitive la hauteur de la remise qui décide de la marge. Dans l'exemple présent d'une grande banque européenne, on a analysé le prix des conditions des dépôts à échéance fixe selon leur volume.

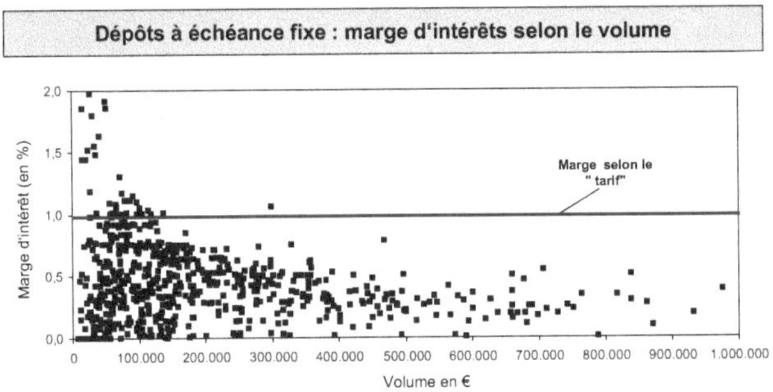

Schéma 60 : Transparence des conditions spéciales.

Le résultat fut alarmant. Il apparut que beaucoup de contrats étaient conclus en-dessous du prix-tarif. Il n'existait aucun rapport entre la marge d'intérêt et le volume. Par conséquent, il fallait développer des niveaux de conditions spéciales et des règles d'accord. La nouvelle procédure d'accord des conditions spéciales est schématisée à la figure 61.

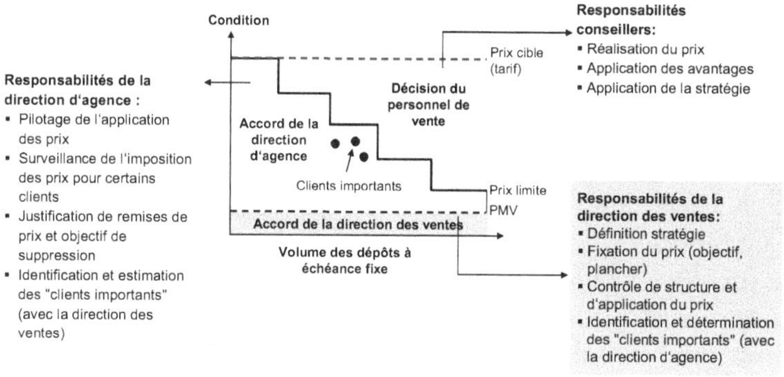

Schéma 61 : Structure et règles d'une procédure d'accord de conditions spéciales.

Outre le prix tarif (prix cible), il existe désormais également un prix plancher, qui diminue au fur et à mesure qu'augmente le volume des dépôts à échéance fixe. Jusqu'à ce prix, le vendeur (conseiller) peut décider lui-même de la remise, mais doit s'efforcer d'accorder une remise la plus faible possible. Cette règle est également soutenue par un système d'initiative correspondant. Les contrats en-dessous de la limite de prix nécessitent l'accord du directeur d'agence, les prix en-dessous du PMV (prix minimum de vente) celui du directeur des ventes. Des exceptions à cette règle s'appliquent pour certains clients et ont été définies ensemble. Cela peut être des clients utilisant des produits supplémentaires (par exemple des crédits immobiliers), qui disposent de capitaux élevés (par exemple opérations de mandat) ou appartenant à un groupe familial (par exemple les enfants d'une famille dont les parents disposent d'un capital élevé). Deux ans après la mise en place de ce nouveau système, la discipline de prix s'est nettement améliorée. Les facteurs de réussite ont été une surveillance mensuelle rigoureuse des prix, associée à une collaboration intense entre la direction de produit et le service des ventes. Outre un échange d'expériences quant aux contrats conclus actuels, cela renforça durablement la conscience des prix au niveau du service de distribution. Toutefois, ce fut globalement une procédure difficile, car il fallut accepter consciemment la perte de clients. Mais les résultats donnèrent raison à la direction. Les recettes augmentèrent de plus de 10%.

7.4.2 Encouragement du service de distribution

Outre l'utilisation de méthodes innovantes de fixation des prix, la mise en places de structures de prix intelligentes et l'optimisation des niveaux de prix, „Power pricing" signifie également mettre en pratique sur le marché les résultats élaborés au niveau conceptionnel. La mise en œuvre du bon encouragement du service de distribution y joue un rôle central. „Bon" signifie que l'encouragement (donc la structure du système d'incitation allant jusqu'à la formation optimale des divers niveaux d'incitation) doit être orienté de manière conséquente sur les objectifs stratégiques de pricing de la banque. Concrètement, cela signifie : si la direction générale souhaite par exemple obtenir non seulement une hausse pure du volume et des parts de marché, mais également accroître durablement les bénéfices et l'obtention de nouveaux clients, alors l'encouragement de l'équipe de vente doit inclure tous les objectifs stratégiques. La procédure d'un encouragement du service de vente conforme aux objectifs est représentée au schéma 62.

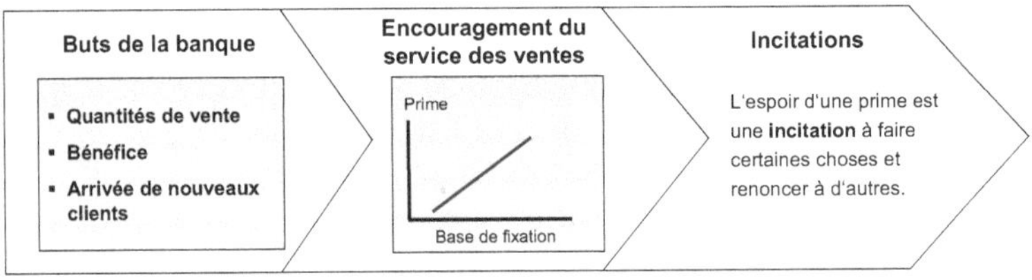

Schéma 62 : Procédure d'encouragement conforme aux objectifs.

Cette procédure rigoureuse est toutefois jusqu'à présent peu prise en compte par beaucoup de prestataires de services financiers, en particulier en ce qui concerne les objectifs d'accroissement des bénéfices et d'imposition des prix. Ainsi par exemple, dans le commerce des valeurs, les composantes variables de rémunération des conseillers de vente sont souvent associées uniquement aux volumes de chiffre d'affaire (donc par exemple le volume des transactions engendré par les opérations sur titres) et en partie également aux objectifs d'acquisition de nouveaux clients. Mais on ne tient pas compte du prix imposé auquel ces opérations de commerce sont effectuées (c'est à dire quelle remise chaque conseiller a accordé à ses clients. Comme le montre l'exemple suivant, ceci peut être intégré de manière explicite au système d'encouragement du service des ventes au moyen d'une „prime d'imposition du prix".

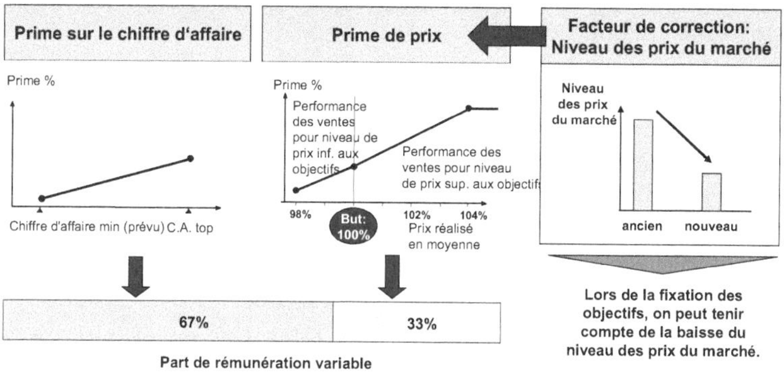

Schéma 63 : Exemple d'une prime d'imposition du prix.

Dans ce système aussi, la base de la rémunération variable de chaque conseiller reste le chiffre d'affaire engendré (donc le volume des transactions commerciales). La „prime de prix" supplémentaire illustre également la discipline de prix de chaque conseiller en mettant le niveau des prix imposé en moyenne en rapport avec le niveau des prix visés. Celui qui a réussi à engendrer un chiffre d'affaire tout en respectant cette grande discipline de prix est donc nettement mieux considéré qu'un „donneur notoire de remises". Une orientation relative par rapport à la meilleure direction des ventes assure la dynamique du système et offre ainsi une incitation constante à une amélioration de la prestation. Comme facteur de correction, il est possible de tenir compte du changement en cours d'année du niveau du prix de marché.

Les systèmes tenant compte de manière conséquente des principes du power pricing jusqu'à l'encouragement du service de distribution ont déjà été appliqués avec succès par certaines entreprises et ont contribué à une amélioration de l'imposition des prix.

7.4.3 Mise en œuvre de changements de prix

L'acceptation du prix est généralement plus simple pour des produits bancaires nouveaux que les hausses de prix pour les produits établis. Ceci vaut d'autant plus que

- le nouveau produit est peu comparable avec les produits établis ou
- le prix diverge peu, dans la mesure où une comparaison est possible, des rapports qualité-prix établis.

L'acceptation de prix trop élevés par rapport à la prestation n'est pas le seul point problématique. Les nouveaux produits contenant des éléments non familiers peuvent également faire l'objet de réticences. Un exemple bien connu est le refus des clients de payer pour un conseil bancaire.

Dans une économie dynamique, les rapports de clientèle, de concurrence et de coûts changent tout le temps. Les changements de prix sont les réponses nécessaires à ces changements. L'imposition des augmentations de prix représente pour beaucoup de banques un problème extrêmement difficile. Les clients agressifs et le service de distribution s'opposent souvent très fortement aux tentatives d'augmentation des prix. Le PDG d'une grande banque formula le défi comme suit : „Si une décision d'augmentation de prix a été prise, il faut alors l'appliquer de manière conséquente."

Pour imposer avec succès des prix plus élevés, les mesures et tactiques suivantes sont judicieuses :

1. Annonce à long terme („signaling“) : longtemps avant la date prévue d'augmentation des prix, la direction commence à parler d'une hausse des coûts et de la nécessité d'une élévation des prix. De cette manière, les clients sont préparés petit à petit („amadoués“) et les concurrents sont conviés à suivre.

2. Choix du moment („timing“) : la direction choisit la date de l'augmentation des prix de sorte que la relation avec la cause de la hausse des prix semble particulièrement évidente et crédible, par exemple suite à des négociations salariales ou à une élévation du taux de référence.

3. Augmentation des prix accompagnée d'un changement de prestation (autre emballage) : un changement du produit, accompagnant une augmentation des prix et étant souvent uniquement au niveau „esthétique“ permet (du moins en partie) de détourner l'attention du prix

4. Nombre et largeur incrémentielle des augmentations de prix : deux hausses de prix modérées influencent le marché généralement moins fortement qu'une hausse de prix massive en une seule étape. La direction peut justifier cette démarche en invoquant par exemple l'inflation.

5. Dépaquetage de prestations (unbundling) : le prix unitaire ou prix groupé ayant existé jusque-là (par exemple prix de dépôt) est décomposé en plusieurs éléments (par exemple prix de base du dépôt et poste de dépôt) et dont la somme est supérieure à l'ancien prix unique.

Une justification et une communication crédibles du changement de prix jouent, lors d'augmentations de prix, un rôle critique. Les professionnels font remarquer dans ce contexte le risque récurrent, résultant des augmentations de prix, de la destruction de la relation de confiance existant entre la banque et la clientèle. Certaines des recommandations citées s'appliquent également aux diminutions de prix, dans le cas où l'on prévoit des réticences. Les baisses de prix sont, du point de vue de la mise en œuvre, un type plus agréable de changement de prix. Toutefois, les baisses de prix peuvent entraîner un mécontentement auprès des clients ayant payé le prix plus élevé. Les directeurs de banque doivent en tenir compte au préalable.

7.4.4 Négociations de prix

Pour la plupart des opérations bancaires, le prix appliqué de manière définitive naît de négociations. Surtout pour les opérations avec des entreprises, tout comme avec des particuliers, les prix sont souvent fixés lors de négociations. La réussite des négociations de prix dépend d'une part de la compréhension théorique des rapports, et d'autre part de l'adresse tactique et psychologique de négociation. Pour l'imposition des prix, les deux aspects sont d'importance égale.

Il est fréquent que l'on n'accorde pas une attention suffisante à la formation théorique du personnel. Ainsi, beaucoup de conseillers bancaires ne comprennent pas les effets que les changements de prix ont sur les quantités de vente et sur les bénéfices. Des stages de pricing sont très utiles. Outre les données objectives, l'imposition finale du prix dépend de l'adresse tactique et psychologique de négociation. A ce niveau, l'interaction entre les personnes et les aspects spécifiques à chaque situation jouent un rôle prépondérant. Ci-dessous sont regroupés dix conseils (du point de vue du conseiller de vente) pour les négociations de prix. Leur importance soit être soupesée au cas par cas. Ils ne doivent pas être considérés comme de simples recettes.

1. Le prix que le client est prêt à payer dépend toujours de la valeur perçue. Pour cette raison, mettez toujours la valeur (et non le prix) au centre de vos négociation.
2. Réduisez la comparabilité avec les produits concurrents au moyen de prestations complémentaires ou de structures de prix innovantes.
3. Faites des compromis plutôt au niveau d'éléments secondaires comme les bonus qu'au niveau du prix.

4. Pour les remises ou les compromis, exigez des contreparties („remises sur prestation“), par exemple une quantité d'achat supérieure, utilisation de produits bancaires supplémentaires ou présentation de nouveaux clients.
5. Répartissez vos compromis au niveau du prix, en plusieurs étapes. Au lieu d'accorder une remise de 10% à la fois, il est avisé d'accorder les rabais tranche par tranche.
6. Le cas échéant, regroupez les produits, idéalement un produit fort avec un faible. Ne cédez quant au prix du produit fort que si le client achète également le produit faible.
7. L'entretien sur le prix est inévitable. Essayez donc de le retarder jusqu'à ce que vous ayez suffisamment communiqué la valeur.
8. Gardez à l'esprit qu'une négociation de prix ne concerne pas uniquement le prix et le produit, mais également la personne. Pour cette raison, établissez une relation personnelle avec le client.
9. Lors de négociations, ne vous laissez pas mettre la pression au niveau du temps. Etant sous pression, on accorde généralement des compromis importants.
10. S'il n'y a pas d'autre solution, réduisez si nécessaire la prestation, afin d'atteindre un prix acceptable pour le client.

En résumé : une analyse est un élément important du „power pricing“. Le succès final dépend de la capacité de la banque à imposer les bons prix. La délégation des compétences de prix aux conseillers doit être manipulée avec précaution. Pour l'accord de conditions spéciales, il faut élaborer des règles claires avec les conseillers. Au niveau de l'imposition des prix, il est capital de choisir le bon encouragement pour le service de distribution. La rémunération variable du service des ventes doit être orientée par rapport aux objectifs stratégiques de la banque. Au moyen d'une „prime d'imposition des prix“, les banques peuvent imposer à leurs clients des prix supérieurs. Les changements de prix des produits bancaires doivent être soutenus par des mesures de communication (par exemple par le signaling). En définitive, l'imposition des prix dépend également fortement de l'adresse de négociation psychologique du conseiller.

Huitième chapitre : Etudes de cas

La vie est faite de plein de petites pièces.
Celui qui sait les ramasser a une fortune.
Jean Anouilh

8.1 Introduction

Le chapitre suivant décrit des études de cas choisies issues de la pratique bancaire. Elles présentent ce qu'est le „power pricing" ainsi que comment le mettre en œuvre sur certains segments et dans certains domaines de produits. Les études de cas sont classées dans la matrice suivante. Elle présente la largeur de l'éventail d'application du power pricing.

Segments / Produits	Détail B2B	Détail B2C	Services bancaires aux particuliers	Entreprises
Op. de paiement/ Op. documentaires	Etude de cas 1 und 2	Etude de cas 3		
Commerce des valeurs	Etude de cas 4	Etude de cas 5	Etude de cas 6	
Activité de crédit		Etude de cas 7		Etude de cas 8
Activité de fonds	Etude de cas 9			
Solutions packs		Etude de cas 10		

Schéma 64 : Éventail d'application du power pricing.

8.2 Etudes de cas de power pricing

Les dix études de cas suivantes ont été spécialement choisies. Les exemples issus de la pratique prouvent que le power pricing n'est pas une simple hausse ou baisse des prix. Les études de cas démontrent également qu'il est impossible de faire des recommandations générales, mais bien plus qu'il est nécessaire de procéder à une analyse profonde et fondée de chaque situation spécifique.

8.2.1 Etude de cas 1 : Nouveau modèle de prix au niveau des opérations de paiement (dans le B2B)

Situation de départ et objectifs

Le paysage bancaire traverse depuis quelques années de profonds bouleversements. La chaîne traditionnelle de création de valeur de la banque universelle entièrement intégrée se dessoude de plus en plus, les prestations partielles sont de plus en plus transmises aux spécialistes. La concurrence s'accentue entre ces spécialistes.

La PAYMENT BANK effectue les opérations de paiement pour les banques souhaitant faire appel à un spécialiste de cette activité. L'exécution des opérations de paiement est une activité fortement échelonnée : les coûts unitaires baissent au fur et à mesure que les ordres sont effectués. Cela est dû à la structure de coûts, très fortement marquée par les coûts fixes. La PAYMENT BANK avait par le passé fortement grandi et prévoyait de transmettre la baisse des coûts sous forme d'une baisse des prix, afin de consolider ses avantages au sein de cette concurrence de prix et de coûts.

De plus, il apparut au niveau de la formation des prix et des conditions de la PAYMENT BANK une forte opacité. Les seuls tarifs étaient très complexes, et même les responsables spécialisés au sein des banques clients ne les comprenaient pas sans se faire aider. En raison du manque d'intégration à la politique de conditions des incitations à la prestation, il n'a jusque-là pas été possible de récompenser de manière ciblée les clients qui, en utilisant beaucoup le système, utilisent pleinement les capacités. En définitive, le modèle d'activité ayant existé jusque-là était fortement focalisé sur la pure exécution des transactions. Au sein de cette activité fortement standardisée, un offrant peut toutefois adoucir la pure concurrence de prix en proposant à ses clients des prestations complémentaires à forte valeur ajoutée et qu'elle est en mesure, en raison de ses compétences, de réaliser mieux ou plus rapidement que le client.

Il résulta de cette situation de départ trois objectifs pour la PAYMENT BANK :

1. En procédant à une baisse intelligente des prix, obtenir l'efficacité maximale du montant disponible. Une diminution des prix selon le „principe arrosoir" ne fut quasiment pas perçue par les clients.
2. Elaborer un système de prix mettant en application le principe „donnant-donnant" et apportant de la transparence au niveau des conditions, car les prix bas n'agissent comme avantage concurrentiel que si le client les remarque.
3. Revaloriser la relation d'affaire en proposant des prestations à plus-value judicieuse.

Procédure

Dans un premier temps, à l'aide d'une grande collecte d'informations, la situation actuelle de l'activité fut illustrée au sein d'une banque de données. On promet presque lors de chaque projet que toutes les données nécessaires sont disponibles sur un claquement de doigts. Il s'agit cependant d'une erreur. C'est l'inverse qui s'applique ! Les informations nécessaires existent certes généralement dans les systèmes, mais les rassembler depuis le paysage informatique souvent éparpillé et les traiter pour une analyse fondée représente un effort sous-estimé. D'autre part, il ressort des problèmes liés à cela le fait ayant dans la plupart des cas entraîné un changement fondamental de la tenue des données.

En parallèle à ces opérations basées sur des données, plusieurs ateliers eurent lieu avec la direction, la vente et des clients choisis, afin de compléter les données des connaissances des experts. Il est important d'intégrer le service des ventes à un stade précoce des projets de pricing, car cela assure la volonté d'achat de ceux qui devront plus tard représenter les changements sur le marché. La participation des clients permet non seulement d'intégrer au projet des connaissances directes, mais également d'assurer une mise en œuvre plus simple sur le marché. On a donc veillé à intégrer un grand nombre de leaders d'opinions. A l'aide de la systématique de PRICESTRAT (voir les explications sur la méthode au quatrième chapitre), les experts du marché ont évalué les réactions des clients et des concurrents aux changements de prix. Cette méthode permet d'analyser l'avis d'expert des personnes participant au pricing, de le rendre transparent, d'en discuter et d'en déduire des recommandations basées sur les élasticités évaluées.

Ces informations ont été, avec les données, intégrées à la situation actuelle de l'activité pour former un modèle de support de décision. Grâce à celui-ci, il fut possible de juger des concepts de prix alternatifs au niveau de leur effet sur les prix, sur les quantités de ventes et sur les bénéfices de la PAYMENT BANK. Le modèle permit de descendre jusqu'au client individuel, de telle sorte qu'il fut possible d'analyser tant les effets globaux sur la banque que les effets sur chacun des clients. Cela fut complété par des prestations à plus-value développées avec les leaders d'opinion dans le cadre d'ateliers et de les rassembler, à l'aide du modèle de simulation, de manière intelligente sous forme de groupes de prestation.

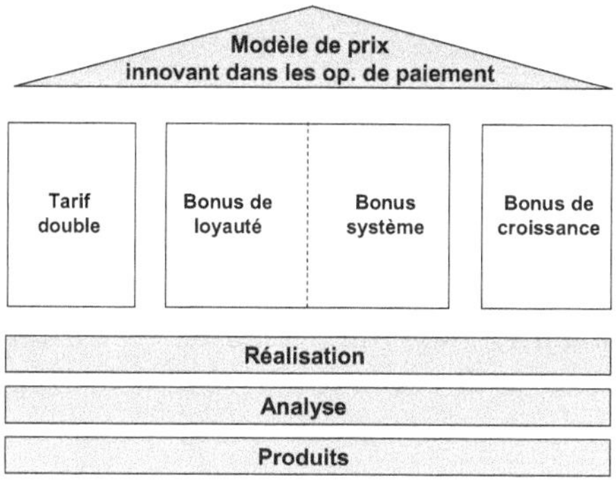

Schéma 65 : Système de prix innovant dans les opérations de paiement.

Résultats principaux

Les composantes du nouveau modèle de prix sont présentées au schéma 65. La complexité des produits et des prix fut massivement réduite. Le regroupement intelligent de produits et de prix permit de réduire la variété de produits d'environ 30%. On attribua aux produits des compteurs de prix clairs et des hauteurs de prix facilement vérifiables.

Les prestations à plus-value furent conçues de manière à permettre l'accroissement du nombre de clients au niveau des opérations de paiement. En fait partie un pack de prestations sur le sujet „analyse", fournissant aux clients une transparence totale sur la situation actuelle de ses opérations. Ces informations permettent d'identifier les potentiels de croissance du nombre de clients au niveau des opérations de paiement. Sur la base des informations collectées par le pack analyse, un pack de prestations à plus-value fut constitué pour la définition de mesures concrètes de mise en œuvre, de telle sorte qu'il est possible de traiter de manière concrète les approches d'élargissement de l'activité déterminées dans le pack analyse.

Le pricing-même se base sur un tarif double ayant un montant fixe et un prix par transaction. La philosophie : chaque client peut librement choisir la combinaison entre coûts fixes et prix variable. Plus le prix fixe est élevé, plus le prix par transaction est bas. Ceci redouble la transparence grâce à la séparation entre les frais de transaction „purs" et les services accompagnants. En outre, on tient compte des préférences individuelles des clients : le prix fixe garantit une sécurité de planification, la composante variable assure la flexibilité. Cette formation des prix correspond donc au principe de prestation, car chacun comprend des prix selon sa contribution au système : celui qui introduit une quantité important dans le système d'exécution provoque une dégression des coûts au niveau de l'exécution et sollicite d'autre part fortement les services accompagnants les transactions.

Etant donné la possibilité de gradation de l'activité, un exécuteur au niveau des opérations de paiement souhaite effectuer le plus de transactions possible pour un même client. Le modèle de prix récompense donc de manière ciblée les clients ne „picorant pas", et effectuant l'intégralité de leurs opérations par la PAYMENT BANK. Le bonus de loyauté récompense les clients utilisant plusieurs variantes au sein d'un champ d'activité et ceux qui sont actifs dans le plus de champs d'activité possible. Pour la PAYMENT BANK, cela a l'avantage d'éviter le „picorement" aux deux niveaux et de permettre au client de profiter du transfert des avantages obtenus par la dégression des coûts.

Les avantages de dégression sont également transmis aux clients réalisant une forte croissance au niveau des opérations de paiement. Globalement, les opérations de paiement ont stagné ces cinq dernières années. Le profil de croissance des clients de la PAYMENT BANK est polarisé. Une part des clients a pu réaliser une croissance considérable, et d'autres ont, en unisson avec le marché, à peine progressé. Pour récompenser les clients en forte croissance et pour inciter tous les clients à progresser, on installa un bonus de croissance possédant une part considérable de la baisse de prix totale.

Le modèle de prix esquissé ci-dessus permit une application optimale de la baisse de prix disponible. Les modèles de prix alternatifs simulés à l'aide du modèle de support à la prise décisions auraient nécessité le triple de moyens pour obtenir le même effet auprès du client. Cela permit d'économiser plusieurs dizaines de millions.

Outre le grand soulagement financier des clients, le nouveau modèle de prix se caractérise par sa transparence (pas de coûts cachés, logique de prix), sa simplicité (échelons logiques, incitations claires aux prestations) et son équité (le client détermine lui-même le prix, donnant-donnant). Les prestations à plus-value offertes permettent une croissance supérieure à la moyenne sur le marché stagnant des opérations de paiement.

Mise en œuvre

La mise en œuvre du nouveau modèle sur le marché fut assurée par une procédure à deux voies. D'une part, le personnel de vente fut formé de manière intensive aux principes, aux composantes et aux leviers du nouveau modèle, d'autre part les clients furent familiarisés avec les avantages du modèle.

Outre plusieurs ateliers de vente, on créa un document volumineux contenant les questions les plus fréquentes sur le nouveau modèle de prix, et auquel le service des vente avait accès lors de l'activité quotidienne. Celui-ci contenait non seulement des informations sur la structure du nouveau modèle, mais également des directives d'argumentation facilitant les discussions avec le client. De plus, chaque employé du service des ventes reçut une analyse des conséquences du nouveau système pour chacun de ses clients.

Lors de réunions avec les leaders d'opinion, les clients les plus importants furent familiarisés de manière privilégiée au niveau des conséquences du nouveau modèle. On rendit successivement visite aux clients et ceux-ci furent informés du nouveau système au moyen d'une documentation pertinente. Un outil de simulation, basé sur support informatique, et donc chaque employé du service des ventes dispose sur son ordinateur portable, jouait le rôle central. Celui-ci permet non seulement d'analyser en détail les effets du modèle de prix mais également de calculer divers scénarios. Il est ainsi possible de déterminer avec les clients les différents leviers permettant une croissance commune au niveau des opérations de paiement, et de s'accorder sur des mesures concrètes de mise en œuvre. Ces „outils de conseiller" sont importants pour mettre en application sur le marché les concepts de prix innovants.

8.2.2 Etude de cas 2 : Stratégie de prix au niveau des opérations documentaires à l'étranger (B2B)

Situation de départ et objectifs

La „banque étrangère" est active au niveau des activités documentaires à l'étranger. En font partie en particulier les activités pour lesquelles un partenaire national ou étranger exerce une activité de service ou d'expert associée à un paiement. Un contact direct entre les partenaires n'est pas nécessaire pour l'exécution de l'aspect financier de l'activité. Pour l'exécution, on fait appel à une ou plusieurs banques. Le grand avantage provient du fait qu'une multitude d'instruments permet de réaliser différents degrés de sécurité. Alors que le paiement anticipé garantit à l'exportateur une sécurité maximale, un délai de paiement non fixe est plus avantageux pour un importateur. Les produits des activités documentaires à l'étranger telles que lettres de crédit ou garanties, se classent entre les deux.

Cette activité n'était pas rentable pour la banque étrangère. La grande individualisation lors de la conception des instruments de finance, qui comprennent souvent eux-mêmes encore une composante de financement, entraîne une grande intensité de personnel lors de la préparation et de l'exécution de l'opération. En raison de la complexité des produits, les services concernés emploient des spécialistes de produit, touchant un salaire souvent supérieur à ceux des autres services de la banque.

La banque étrangère a effectué une transformation stratégique. Par le passé, on considérait les activités documentaires à l'étranger comme domaine typique, subventionné par d'autres domaines pour générer des opérations supplémentaires. La direction décida toutefois que les activités documentaires à l'étranger devaient désormais être rentables par elles-mêmes.

Il en résulta les deux objectifs principaux du projet :

- D'abord, il fallut analyser si les prix contenaient une marge pour des hausses de prix différenciées. Les recettes supplémentaires générées de cette manière devaient améliorer les bénéfices.
- Ensuite, il fallut vérifier si, outre le niveau du prix, il fallait également ajuster la structure des prix. Dans la situation de départ, le pricing s'orientait principalement par rapport à la valeur de l'opération à exécuter. La direction avait exigé comme principe général de pricing, que les prix soient conformes aux causes. Il fallait contrôler si le pricing actuel correspondait à cette exigence.

Procédure

La méthode PRICESTRAT permit d'effectuer des stages de pricing avec des experts de produit et des experts de marché. On demanda aux participants comment les quantités de vente de chacun des produits réagiraient si l'on abaissait ou si l'on augmentait les prix. Chaque expert reçut un questionnaire saisi dans le cadre du stage. L'algorithme PRICESTRAT permit de déduire une courbe individuelle de demande pour chaque participant. Les fonctions furent confrontées l'une à l'autre et discutées lors du stage. Cela permettait d'évaluer très précisément le tracé de toute la courbe de demande du produit, car les divergences des opinions individuelles apparurent de manière si transparente, purent être discutées et évaluées au niveau de leur importance. La courbe de demande de chaque produit fut alors transférée dans une fonction de recette par produit, permettant d'analyser directement les effets de divers prix sur les recettes.

Parallèlement eurent lieu des stages avec les experts produits et des clients choisis dont le but était de mieux comprendre les caractéristiques des produits. Pour les produits, on discuta de comment le processus de préparation et d'exécution de l'activité fonctionne du point de vue de la banque étrangère allemande et du point de vue des clients, afin de définir la bonne politique de prix.

Résultats principaux

L'analyse des produits au niveau du potentiel d'accroissement des bénéfices fournit une image différenciée. Alors qu'il n'existait, pour certains produits, aucun potentiel remarquable d'augmentation des prix, d'autres produits offraient de nettes marges de hausse des prix. Le schéma 66 présente une courbe typique de demande et de recettes d'un produit ayant un potentiel d'augmentation, et illustre l'effet que les mesures de prix alternatives ont sur le bénéfice de ce produit.

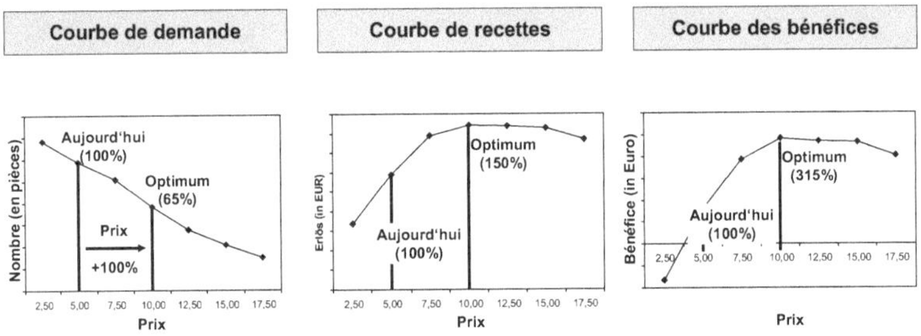

Schéma 66 : Optimisation des prix lors d'opérations documentaires avec l'étranger.

Le produit représenté possède de considérables potentiels de hausse des prix. Si la banque étrangère double le prix de cinq euros à dix euros pièce, la quantité diminue certes à 35%, mais les recettes augmentent de 50%. Il est donc possible de tripler les bénéfices !

Le produit représenté, lors de la préparation et de l'exécution de l'activité, sollicite beaucoup le personnel. La hausse de prix eu donc un avantage supplémentaire. La nette réduction des quantités découlant de la pleine exploitation des potentiels de prix permit à la banque de procéder à des réductions de personnel, car les besoins diminuèrent alors que la valeur des opérations acquises et exécutées augmenta.

Ainsi, l'objectif d'accroissement du bénéfice se réalisa sur deux voies. D'une part, les recettes furent améliorées par des hausses de prix sélectives. D'autre part, les coûts furent diminués car la hausse des prix entraîna une concentration sur des opérations de plus grande valeur.

Pour atteindre le deuxième objectif du projet, c'est-à-dire pour assurer un pricing conforme aux causes, on analysa la logique de prix : il existait une forte disparité entre la nature de l'activité et sa méthode de tarification. Était tarifé, en premier lieu, la valeur d'une transaction. Ceci correspond à l'idée de base consistant à vouloir participer lorsque le client garantit une opération considérable, donc importante à ses yeux. Toutefois, cela contredisait le principe de pricing de la conformité aux causes. Le générateur principal de coûts de la banque étrangère était le temps nécessité pour la préparation et pour l'exécution d'une opération, ainsi que la compétence de mise en œuvre. Cependant, ces deux points sont totalement indépendants de la valeur de la transaction. Le moteur logique du pricing est bien plus la complexité de l'instrument mis en œuvre. Elle détermine non seulement la durée de l'exécution (par exemple par le nombre de partenaires participant à l'exécution ou par le nombre d'étapes à effectuer), mais également le degré de compétence de produit nécessaire. La focalisation, ayant existé jusque-là, sur la valeur, avait régulièrement pour conséquence que les transactions de faible valeur furent offertes à un prix trop bas, et les transactions de grande valeur furent offertes à un prix trop élevé.

C'est par la mise en place d'un système modulaire de pricing que fut réalisée la conformité de cause. Les produits y sont répartis en classes de complexité. C'est la conception du produit et son étendue typique de complexité qui étaient responsables de l'attribution à une classe. Sur la base de cette complexité, il fut possible de sélectionner des éléments de produit augmentant la complexité du produit et donc son prix. Il fut ainsi, pour la première fois, possible d'associer correctement les générateurs de coûts de la banque étrangère avec l'aspect avantage du client, car désormais chaque client pouvait décider s'il valait la peine de payer l'accroissement de sécurité, de confort etc. issus de l'intensification de la complexité du produit.

Il est certainement judicieux pour la banque (bien que non indispensable) de participer aux hausses de valeur d'une transaction. Ceci est possible en introduisant, en plus des composantes d'exécution, une composante explicite de garantie des risques et dont le taux d'intérêt peut être rendu dépendant de la valeur de la transaction, de la solvabilité du client et d'autres moteurs essentiels d'un pricing adapté aux risques.

Mise en œuvre

En interne, une réduction du personnel alla de pair avec les changements de prix, et fut complétée de la définition précise de procédures étroites et d'autres mesures type de réorganisation. De plus, il y eut également des hausses proportionnelles de prix, au niveau des tarifs comme au niveau des conditions spéciales accordées sur le marché.

En externe, la mise en œuvre fut exécutée au moyen de mesures de communication dans le cadre d'un signaling, afin de préparer tous les partenaires de marché aux changements structurels.

8.2.3 Etude de cas 3 : Nouveaux packs comptes au niveau des opérations de paiement (dans le B2C)

Situation de départ et objectifs

Un institut régional se trouvait face au défi de configurer un nouveau paysage de comptes. Les anciens modèles de comptes étaient obsolètes. La pression grandissante de la part de la concurrence (provoquée entre autres par les banques directes et les banques en-ligne) ainsi que le changement de comportement des clients („picorement", propension au changement accrue) nécessitaient une vaste analyse de marché. Les aspects suivants consolidaient cette exigence :

- Diminution des fonds passifs d'une hauteur importante
- Nouvelles offres innovantes et attrayantes

- Inexistence d'une offre propre pour les clients sensibles aux prix et couvrant les besoins au niveau des opérations de paiement et d'épargne
- Block de coûts fixes élevés dans les services informatiques avec coûts limites réduits dans le domaine des comptes (potentiel d'utilisation des effets d'échelle)

Les objectifs de l'analyse étaient :

- Quels sont les objectifs stratégiques poursuivis par la direction au moyen des nouveaux modèles de prix ?
- Combien de modèles de comptes faudra-t-il offrir à l'avenir ? Les clients veulent-ils un pack en-ligne ?
- Quelles prestations doivent être contenues dans les différents packs comptes ?
- Quels sont les prix optimaux et les écarts de prix optimaux entre les modèles de compte (en tenant compte des préférences et des propensions à payer spécifiques à chaque segment) ?
- Quel est le taux de rotation, c'est à dire combien de clients quittent l'institut à cause des nouveaux modèles de prix ?
- L'introduction des nouveaux packs comptes est-elle judicieuse au niveau économique ? De combien les nouveaux prix font-ils augmenter le bénéfice ?
- Que faut-il prendre en compte lors de la mise en œuvre ?

Procédure

Afin de répondre le mieux possible aux différentes questions, le point de vue externe des clients / du marché fut associé au savoir-faire interne à l'institut. Concrètement, les conseillers ont été intégrés à la procédure à un stade précoce. Cela permit d'une part d'acquérir d'importants aspects supplémentaires, et d'autre part de motiver les conseillers quant à la procédure de mise en œuvre. C'est pourquoi les questions abordées furent analysées tant du côté interne que du côté externe. Différentes méthodes furent respectivement appliquées (sondages auprès d'experts et de clients). Le fait d'utiliser différentes sources d'information et de données empêchait tout résultat unilatéral. Cela permit d'obtenir une image la plus valide possible des aspects difficiles à quantifier (préférences, propensions à payer, élasticités de prix). La procédure d'optimisation des prix de comptes comprenait quatre phases (voir schéma 67), allant des buts stratégiques aux recommandations à la direction quant à la structuration du paysage de comptes.

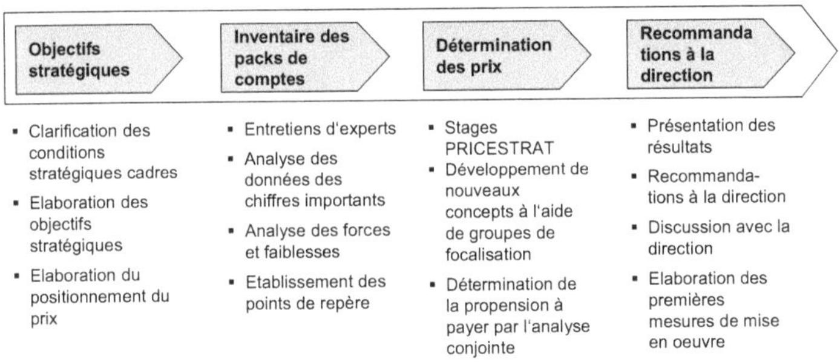

Schéma 67 : Procédure méthodique et de contenu.

Les recommandations concrètes de mise en œuvre quant à la future création de prix et de produits des packs comptes découla des résultats d'analyses obtenus sur la base des différentes sources d'informations et de données et par l'utilisation des diverses méthodes.

Résultats principaux

Le principal, au niveau de la reconfiguration des packs comptes, était l'introduction de clarté quant aux consignes et aux objectifs stratégiques. Ceci est indispensable pour une conception professionnelle des prix et des produits. Cela peut paraître banal, mais cela réserve souvent beaucoup de difficultés pour la direction. C'est pourquoi, dans le cadre d'un stage avec la direction générale de la banque, différents objectifs stratégiques furent élaborés, discutés puis classés au consensus par ordre de priorité (voir schéma 68).

	Objectifs stratégiques des nouveaux modèles de compte	Participants										Moyenne
		1	2	3	4	5	6	7	8	9	10	
1	Maintien des clients fixes intéressants/renforc. de la relation client	50	30	22	45	35	50	35	25	30	20	**34,2**
2	Acquisition d'"argent frais"/volume de stocks	15	0	25	15	5	20	20	15	15	20	**15,0**
3	Acquisition d'"argent frais"/Arrivée de nouveaux clients	5	0	5	10	5	20	10	15	10	10	**9,0**
4	Elargissement de la relation client/Ventes croisées	10	25	22	10	0	0	15	5	5	10	**10,2**
5	Positionnement (prix) plus agressif de la marque	5	0	2	0	30	0	0	5	5	5	**5,2**
6	Utilisation renforcée du canal en-ligne par les clients fixes	0	0	0	5	5	0	0	5	0	5	**2,0**
7	Expérience avec de nouveaux produits	0	0	2	0	0	0	0	5	0	0	**0,7**
8	Offre conforme au marché (défense banques directes)	15	45	22	15	20	10	20	25	35	30	**23,7**

Schéma 68 : Objectifs stratégiques des nouveaux modèles de comptes.

C'est le renforcement de la loyauté des clients attrayants qui avait la priorité maximale (34,2%). Outre cet objectif, la direction générale voulait, au moyen des nouveaux modèles de comptes, mieux repousser les offres des concurrents agressifs (23,7%) tout en acquérant de nouveaux clients et de nouveaux actifs (15 et 9%). Dans le cadre de ces objectifs, de nouveaux concepts furent développés au moyen de stages et de groupes de focalisation, puis furent testés lors d'un vaste sondage auprès de la clientèle (analyse conjointe comprise). La technique complexe de questionnement permit de mesurer de manière valide et fiable les informations nécessaires sur les clients (propension à changer, propensions à payer, élasticités de prix, affinités envers l'Internet, fonctions de préférences et d'utilité). Sur la base de ces informations supplémentaires (coûts, prix de la concurrence et offres), l'optimisation des prix et des offres des différents modèles de comptes fut effectuée au moyen d'un outil complexe de simulation.

Mise en œuvre

Le nouveau paysage de comptes ne compte plus que trois modèles. Les prix du marché (quatre, huit et douze euros) ont été optimisés et harmonisés entre eux tout en tenant compte des coûts ainsi que des propensions à payer de chaque client.

Cela permit d'accroître le bénéfice de plus de deux millions d'euros par an. La réduction de la complexité (trois modèles de moins au portefeuille produits) entraîna une hausse de la satisfaction du personnel et des clients.

8.2.4 Etude de cas 4 : Nouveau modèle de prix pour les titres dans les services bancaires au détail (dans le B2B)

Situation de départ et objectifs

Comme dans d'autres secteurs, dans le secteur bancaire, la profondeur de la création de valeur de certains instituts s'abaisse également en permanence. Cette tendance apparaît en particulier chez les petits instituts, qui, en raison d'un manque d'effets d'échelle, achètent de plus en plus les prestations importantes au lieu de les produire eux-mêmes.

La banque WP est leader dans son domaine et propose aux clients importants et aux autres banques des services étendus dans le domaine du commerce des valeurs. En font partie, primairement, les prestations principales du commerce des valeurs (l'exécution du commerce des titres, ainsi que les dépôts). De plus, la banque proposa de nombreuses prestations complémentaires telles que les plateformes informatiques nécessaires, la recherche, des formations et des stages. Le modèle de prix ayant existé jusque-là et étant dépassé, était conçu de sorte que les recettes issues des prestations centrales étaient utilisées pour financer les services complémentaires. Les interfinancements entraînaient pour les prestations centrales des prix relativement élevés. Cette forme de pricing est largement répandue dans le secteur bancaire. Ainsi par exemple, le conseil en titres et fonds est rarement tarifé de manière explicite, et les frais nécessaires sont généralement intégrés aux frais de dépôt ou dans les prix des transactions. Ces modèles sont mis en danger lorsque de nouveaux concurrents apparaissent sur le marché et proposent des prestations primairement orientées sur l'exécution et sans services d'accompagnement, donc à des prix nettement plus bas. Etant donné que ces nouveaux arrivants commencent par les clients importants, une part considérable de la base de la clientèle est rapidement mise en danger. C'est précisément dans cette situation que se trouva la banque WP ; elle avait déjà perdu les premiers clients importants, et d'autres clients étaient courtisés de manière agressive.

Dans ce contexte, il apparut les trois objectifs suivants pour le nouveau modèle de prix de la banque WP :

1. Etablissement de la compétitivité par la réduction des financements croisés entre les différentes prestations, c'est à dire diminution des prix pour les prestations centrales et introduction d'une tarification des services complémentaires tenant compte des coûts.
2. Renforcement de la fidélisation des clients par la prise en compte des effets d'échelle et par la récompense de la croissance dans le système de prix.
3. Amélioration des ventes croisées de services complémentaires par des structures de prix et d'offre innovantes (par exemple groupement de produits).

Procédure

Après un inventaire étendu, il fallut d'abord élaborer un concept pour le nouveau système de prix remplissant les objectifs cités ci-dessus. Lors des premiers entretiens stratégiques avec la direction, on décida de garder la „logique de prix unitaire" ayant été appliquée jusque-là. Cela signifie que pour chaque transaction et pour chaque position de titre, on continuerait à percevoir un prix fixe. La direction avait eu par le passé de mauvaises expériences avec un passage par exemple à des prix par volume ou par valeur, et ce changement aurait entraîné d'autre part de nets changements dans les applications informatiques. Après que cette décision de principe eût été prise, on élabora différentes alternatives aux modèles de prix, on les analysa de manière critique et les affina lors de stages créatifs avec la direction de produit et le service des ventes. Lors de l'évaluation des différentes alternatives, on tint compte aussi bien de la conformité aux objectifs que de l'attrait du point de vue des clients et de la possibilité de mise en pratique. L'intégration des conseillers à un stade précoce de la procédure de développement des prix permit d'utiliser les connaissances du marché et de la clientèle et d'assurer l'acceptation du nouveau modèle de prix par le service des ventes.

Prix unitaire Commissions au niveau national		Croissance (2005 par rapport à 2004)				
		Jusqu' à 10%	10% à 20%	20% à 30%	30% à 40%	Au-delà de 40%
Anz. TA Commissions	Jusqu'à x	x + 6	x + 5,5	x + 5	x + 4,5	x + 4
	x à y	x + 5	x + 4,5	x + 4	x + 3,5	x + 3
	y à z	x + 4	x + 6,5	x + 3	x + 2,5	x + 2
	z à t	x + 3	x + 2,5	x + 2	x + 1,5	x + 1
	par t	x + 2	x + 1,5	x + 1	x + 0,5	x

Schéma 69 : Structure de base du nouveau modèle de prix pour le commerce des valeurs.

Le nouveau modèle de prix dans le domaine du commerce des titres prévoyait un prix unitaire par transaction selon le nombre de transactions effectuées par an par le client et selon la croissance annuelle. Ainsi, les petits clients ayant une forte croissance bénéficièrent, tout comme les clients importants, de prix unitaires réduits. Dans le secteur des dépôts, on favorisa un passage d'un système à prix unique à un tarif double. Le but était de concevoir l'augmentation de prix nécessaire (jusque-là, les opérations de dépôt de la banque WP ne couvrait pas les frais) de manière non transparente.

Une fois la structure de base fixée, il fallut déterminer le niveau des prix et les échelles de remises. On développa pour cela un système d'aide à la décision, basé sur une banque de données quant à l'utilisation et contenant les élasticités de prix des composantes de prix importantes. Ce système permit de déterminer les effets de recettes ayant lieu lors du passage du modèle de prix déjà existant au nouveau modèle de prix, ainsi que d'effectuer une analyse gagnant / perdant.

A la base des calculs et des optimisations se trouvait une banque de données complète contenant des informations de stocks et d'utilisation de tous les produits du nouveau modèle de prix individuel à chaque client et pour deux périodes de référence (nécessaire au schéma des composantes de croissance du nouveau modèle de prix). On y répertoria pour chaque client par exemple le nombre de transactions effectuées pour les différents types de titres, le nombre de transactions selon les différents canaux (en-ligne ou mode non connecté) ainsi que le nombre de dépôts de titres. Ces informations furent évaluées avec les prix en vigueur à ce moment-là, de telle sorte qu'il en résulta pour chaque client un bénéfice individuel. L'écart entre la somme de toutes les recettes et les recettes totales effectivement réalisées était minimal, ce qui indiquait une grande qualité de la banque de données. Ce scénario de base fut „gelé", puis le nouveau modèle de prix fut figuré en évaluant désormais les données existantes avec les nouveaux prix. Les recettes en résultant furent également répertoriées par client. Cela permettait à la direction d'estimer précisément l'effet de recettes du nouveau système de prix et d'exécuter une analyse détaillée gagnant / perdant. En variant le niveau des prix et les échelles de remises, il fut possible d'évaluer différents scénarios de prix et de les présenter à la direction pour que celle-ci puisse prendre une décision.

La procédure décrite jusqu'ici présupposait que prix et marge dépendent l'un de l'autre. Cela contredit les expériences pratiques. C'est pourquoi les rapports prix-quantités furent intégrés au système de support à la prise de décision. Les analyses révélèrent que les clients pour lesquels le nouveau système de prix entraînait une baisse de prix intensifièrent leur utilisation, et que les clients subissant une hausse de prix réduisirent leur utilisation. Il existe différentes possibilités pour identifier l'intensité du rapport prix-quantité (élasticité de prix). Une méthode reconnue et considérée comme très valide est l'analyse conjointe. Mais comme il n'était dans ce cas pas possible de s'entretenir directement avec les clients, on renonça à appliquer cette méthode et on travailla à la place avec des „fiches d'identité clients". On sélectionna pour cela un échantillon représentatif de clients, et les conseillers de vente évaluèrent comment le comportement d'utilisation allait changer lors d'un changement de prix. Cette estimation fut effectuée pour les produits les plus importants. Ensuite, ces informations furent agrégées et intégrées au système de support à la prise de décision.

Résultats principaux

Un problème général lors du passage d'un ancien à un nouveau système de prix est qu'il y a toujours des gagnants et des perdants. La direction voulait un changement n'ayant pas de conséquences pour les recettes, et avoir le moins possible de gagnants et de perdants. C'est dans ces conditions cadres que le niveau des prix et les échelles / plafonds d'échelles du nouveau système de prix furent fixés. Au total, environ 7% des clients firent partie des perdants, et 3% des gagnants. Le prix moyen dans le domaine des transactions diminua d'environ 25%, ce qui permit de rétablir la compétitivité. La direction haussa le prix des dépôts d'environ 10%. Ainsi, pour la première fois, une couverture des coûts fut assurée. Le prix des services complémentaires fut en partie nettement haussé. Les frais n'étaient pas transparents pour les clients, car la direction ne proposait certaines prestations plus que dans le cadre d'offres groupées. Lors de la fixation des prix pour les services complémentaires, on tint compte non seulement de la couverture des coûts et de la propension à payer des clients, mais également de l'importance stratégique des services. Ainsi par exemple, un stage de planification servit à intensifier les activités avec les clients respectifs, de manière à fixer le prix de manière modérée et à rembourser au client, lors d'une hausse des ventes croisées correspondantes, les frais de stage. Le projet dura, du démarrage à l'adoption du nouveau modèle de prix par la direction générale, environ cinq mois.

Mise en œuvre

Dans le cadre de la mise en œuvre du nouveau modèle de prix, il fallut clarifier de nombreux détails. Un aspect important était celui du mode de facturation. Etant donné que dans le nouveau modèle de prix, le prix unitaire dépendait du nombre et de la croissance des transactions, il était nécessaire de clarifier la question de savoir si chaque client devait payer en fonction des opérations qu'il avait effectuées l'année précédentes, ou s'il devait payer, dans un premier temps, le prix „maximal" puis être remboursé le cas échéant à la fin de l'année. La direction se décida pour le modèle de rémunération ultérieure, car il était plus simple à mettre en application. De plus, on pouvait utiliser ce modèle pour intensifier la relation clients en donnant au client le choix entre un remboursement en liquide ou la prestation de services complémentaires d'une valeur double.

Dans le cadre de cette mise en œuvre, il fallut s'assurer de la faisabilité technique et développer une communication professionnelle aux niveaux interne et externe. Pour la mise en œuvre technique, on établit un cahier des charges puis l'on procéda à une programmation sur les systèmes d'exécution. Pour la communication externe, le service de marketing développa une brochure très complète décrivant en détail les prestations et le nouveau système de prix. Lors de l'introduction du nouveau modèle de prix, les conseillers participèrent à des stages professionnels. La direction mit à disposition de la documentation, telle que les arguments d'imposition de valeur et un catalogue des questions fréquentes. De plus, on développa un modèle de migration Excel permettant aux conseillers d'expliquer en toute transparence à leurs clients les effets du changement.

L'introduction du nouveau système de prix se fit sans problèmes majeurs. La nouvelle systématique fut acceptée des clients et généra une hausse de la satisfaction. Les recettes purent être stabilisées, et il fut possible de récupérer les clients déjà partis.

8.2.5 *Etudes de cas 5 : Nouveau modèle de prix de titres dans le secteur des services bancaires aux particuliers (dans le B2C)*

Situation de départ et objectifs

Lors de fusions, les banques se trouvent face à la tâche d'intégrer les unités organisationnelles, les processus de réalisation des opérations et les portefeuilles d'offres. Dans le cas concret représenté ici, les deux banques avaient, avant leur fusion, un important commerce de titres. Un institut se concentrait sur le commerce de titres au niveau des services bancaires de détail, l'autre au niveau des services bancaires aux particuliers. Il existait toutefois d'importants recoupements au niveau des portefeuilles de produits et de clients. Les premières années suivant la fusion, les produits furent peu à peu intégrés, et les deux modèles de prix existant furent maintenus parallèlement. Cela entraîna les trois problèmes suivants :

1. Incertitude de la part des conseillers et des clients quant à savoir quel modèle de prix était le bon pour leur cas concret.
2. Aucune transparence quant aux différentes promesses de rendement des différents modèles de titres.
3. Pilotage difficile des activités, car l'encouragement des conseillers dépendait des différents modèles titres de manière différente.

Le but du projet était donc de développer un modèle de titres transparent et reposant sur une logique homogène. Le passage de l'"ancien" au „nouveau" paysage devait être neutre au niveau des recettes, afin de réduire au minimum le nombre de gagnants et de perdants. Le résultat devait être une hausse de la satisfaction de clients et des conseillers, et une amélioration de la fidélisation des clients.

Procédure

La procédure fut effectuée en deux phases. Lors de la première phase, on développait les contenus principaux quant à la structure du nouveau modèle de prix. La deuxième phase comprenait l'optimisation des différents aspects du prix. En conformité avec ces contenus, lors de la phase 1, il y eut des entretiens et des stages avec la direction de produit et avec les conseillers de vente. Les informations collectées au cours de ces entretiens et analyses firent ensuite l'objet de réflexions avec la direction générale. Les contenus étaient entre autres l'identification des forces et des faiblesses des modèles de prix ayant existé jusque-là, et l'élaboration de directives de pricing comme cadre pour la formation future des prix. La consigne d'une introduction la plus „silencieuse" possible du nouveau modèle de prix impliquait qu'il fallait reprendre dans le nouveau modèle de prix le plus d'éléments structurels possible (surtout ceux qui avaient été jugés comme forces) des modèles ayant existé jusque-là. Ensuite, la structure de base du nouveau modèle fut élaborée sur la base de ces informations et discutée et affinée en permanence avec les unités concernées. Lors de la phase 2, on fixa les niveaux concrets de prix comme par exemple les frais minimum, les commissions et les limites d'échelonnement. L'établissement étendu de points de repère, un sondage auprès de la clientèle et l'élaboration d'une base de données de transactions et de dépôts par client servirent de source d'information.

Dans le cadre de l'établissement des points de repère, on détermina le positionnement réel et le positionnement prévu de la banque dans son environnement concurrentiel. Pour tenir aussi bien compte du point de vue de chaque produit individuel que de l'ensemble de la clientèle, on compara entre eux des structures et niveaux de prix individuels, et effectua des calculs modèles et des analyses de segment. Ces dernières sont particulièrement importantes car elles tiennent compte à la fois des composantes de prix dépendant des transactions, et des composantes de prix dépendant des actifs. De tels points de repère permettent par exemple de mieux identifier les potentiels d'accroissement des bénéfices.

Dans le cadre du sondage client, on détermina d'une part la sensibilité des prix de certaines composantes de prix, et d'autre part l'attrait et la décision d'achat (pour une structure différente) pour le nouveau modèle de prix. Lors d'entretiens personnels, on interrogea en tout environ 1.200 clients réels et potentiels appartenant à différents segments. Outre les méthodes standard habituelles de recherche de marché, on employa également des procédures à variables multiples telles que l'analyse conjointe. De cette manière, la direction obtint des informations valides quant aux élasticités de prix, aux propensions à changer ainsi qu'aux générateurs importants de valeur au sein du modèle de prix. Pour analyser l'effet de recettes du nouveau modèle de prix (en comparaison avec les modèles existants) ainsi que pour déterminer la migration des clients, la direction de produit élabora une banque de données par client contenant tous les dépôts et transactions de la banque. Sur la base de cette banque de données, on calcula d'abord les frais que chaque client doit payer pour le modèle de prix d'origine. Ensuite, on intégra les clients au nouveau modèle de prix et on calcula le nouveau prix à payer. Une „analyse avant-après" permit de classer chaque client comme gagnant, neutre ou perdant de la migration. Il était également possible de calculer les recettes totales du nouveau système de prix. En intégrant les élasticités de prix (déterminées par le sondage auprès des clients), il fut possible de simuler de manière réaliste les arrivées et les départs pour différents prix. On calcula de nombreuses variantes et on les présenta à la direction générale pour que celle-ci puisse en discuter et prendre une décision.

Résultats principaux

Le nouveau modèle de prix se composait de trois tarifs individuels (voir schéma 70). Le tarif A avait un prix de dépôt bas et un prix de transactions élevé alors que le tarif C se composait d'un prix de dépôt élevé et d'un prix de transactions bas. Le client avait le choix entre les différents tarifs, et pouvait décider lui-même, sur la base de son comportement d'utilisation prévu, quel tarif il voulait avoir. On conseilla aux clients procédant à peu de transactions le tarif A. Le tarif C était adéquat pour ceux qui faisaient beaucoup de transactions („heavy traders"). Il était possible de changer de tarif tous les trimestres.

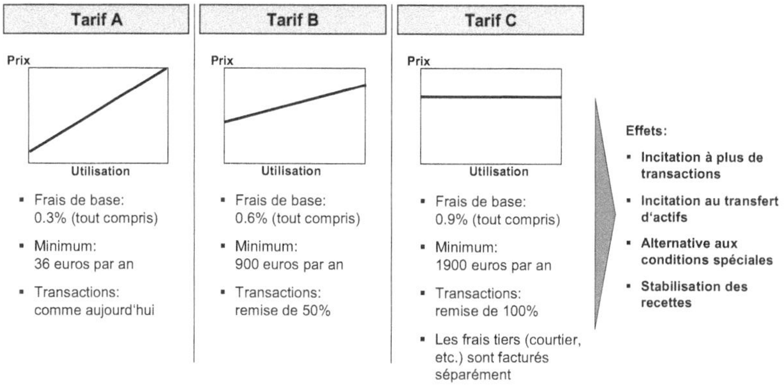

Schéma 70 : Structure de base du nouveau modèle de prix des titres.

Les trois tarifs figurant au schéma 70 se distinguent par la hauteur des différentes composantes de prix. Dans le cadre du projet, la direction discuta également d'une différenciation des tarifs au moyen de différentes prestations (par exemple conseil, encadrement, information ou rapports). Il s'avéra toutefois difficile d'identifier des prestations de valeur pour les activités avec les particuliers et avec lesquelles une différenciation des prestations aurait été possible. On envisagea comme caractéristique éventuelle de différenciation la prestation de conseil. La direction prit la décision (sur la base des résultats du sondage clients) de ne pas intégrer la prestation de conseil au modèle de prix ou de ne pas la facturer séparément.

Les niveaux de prix furent choisis de manière à ce qu'il y ait toujours un tarif par volume de dépôt et par intensité de transactions permettant d'être concurrentiel. De plus, les échelons furent simplifiés par rapport aux modèles de prix d'origine. Ainsi par exemple, au niveau de la gestion de portefeuilles, on rassembla divers titres. L'introduction du nouveau modèle de prix haussa les recettes de 5%. En tout, environ 10% des clients faisaient partie des perdants, et 5% des gagnants du changement.

Mise en œuvre

Nombre d'unités d'organisation de la banque furent impliquées à la mise en œuvre du modèle de prix. Outre les services principaux que sont l'informatique, l'encadrement ciblé de la clientèle et la direction produit, en faisaient également partie les services de marketing, les formations et stages, les services juridiques, les ressources humaines, le controlling et la centrale d'appel. Chaque service reçut des informations pertinentes et spécifiques, de telle sorte qu'il était possible de procéder parallèlement aux mesures nécessaires à la mise en œuvre dans les différentes unités. Lors de cette phase apparurent encore diverses questions, qui furent ensuite traitées en détail au sein de l'équipe de projet ou avec les personnes concernées. C'est ce qu'illustre l'auteur au moyen de deux importants défis :

1. Migration dure ou douce : lors de la mise en application du nouveau modèle de prix, il existait deux possibilités pour transférer les clients des anciens tarifs vers les nouveaux tarifs. On parle d'une migration „dure" lorsque le nouveau modèle de prix est introduit à un moment précis et que tous les clients fixes sont transférés immédiatement. Lors d'une migration „douce", le modèle de prix existant reste dans un premier temps valable pour les clients fixes. Le nouveau modèle de prix ne vaut que pour les nouveaux clients. Dans ce cas de figure, les clients fixes peuvent se faire transférer sur demande. Dans la pratique, on trouve les deux variantes. Les avantages et les inconvénients furent analysés et discutés avec les services concernés. Dans ce cas, la direction générale optait pour une migration douce, car les capacités informatiques et administratives étaient à court terme insuffisantes pour une migration douce et que le risque d'irriter les clients et le service des ventes était considéré comme trop élevé.

2. Formation du service des ventes : au sein de la banque, il n'était plus possible de former tous les conseillers directement depuis la centrale. On choisit dans ce cas une approche sous forme de cascade, au sein de laquelle on forma de manière détaillée des „multiplicateurs" qui à leur tour formèrent des directeurs régionaux et de groupes. Pour minimiser la perte d'information en

découlant, on opta pour le moins d'étapes possibles. L'unité de formation avait choisi comme multiplicateurs des employés expérimentés.

La procédure de pricing dura en tout environ un an (des premières idées à la mise en application). L'introduction du nouveau modèle de prix se fit sans presque aucun problème. La résonance de la part des conseillers et des clients fut très positive. Les effets positifs se manifestèrent surtout par le fait que six mois après l'introduction, environ 50% des clients fixes avaient déjà demandé, par souhait personnel ou sur la recommation d'un conseiller, à être transférés vers le nouveau modèle.

8.2.6 Etude de cas 6 : Développement et mise en œuvre d'un nouveau modèle de prix de titres dans les services bancaires aux particuliers

Situation de départ et objectifs

Les structures de prix des transactions de titres de la banque privée WP étaient obsolètes et n'étaient plus appropriées à satisfaire les besoins des clients. En raison de l'augmentation des possibilités d'information, les exigences des clients WP avaient fortement changé au cours des 20 années. Dans le passé, les investisseurs ne pouvaient généralement recevoir de recommandations que de la part de leur propre banque, alors qu'aujourd'hui d'innombrables canaux d'information sont disponibles. Etant donné que toute la clientèle n'a pas suivi cette tendance, il apparut au cours du temps différents segments de besoins (par exemple „auto-dirigés", ayant un besoin d'information ou un besoin de conseil personnel). Jusque-là, chez la banque WP, les transactions de titres étaient rémunérées par un courtage en pourcentage du volume des transactions brutes. Ce courtage permettait à la banque de couvrir tant ses coûts de transaction, que ses coûts de prestation de conseil. Ce sont surtout les clients procédant à de très nombreuses transactions et n'ayant aucun besoin de conseil qui ne souhaitaient plus payer les frais élevés. Cela entraîna des conditions spéciales, mal structurées, et dont la hauteur ne se rapportait plus à des paramètres objectifs (comme les immobilisations). Pour éviter la pression exercée sur les prix de conseil associés aux transactions et pour systématiser les réductions de prix, certains concurrents avaient introduit de nouveaux modèles de prix à prix fixe annuel (en partie associé aux frais de dépôt) et mis en place pour cela des coûts plus réduits de transactions. La banque WP put se soustraire à cette tendance et décida d'introduire un nouveau modèle de prix. La direction poursuivait plusieurs objectifs :

- Passage en revue des modèles de prix existants
- Conception et évaluation des nouvelles alternatives de concept
- Optimisation des niveaux et des structures de prix au moyen de données internes et de sondages de clients
- Recommandations pour la continuation des procédures au regard des modèles de prix dans le domaine des titres de valeur
- Conception et accompagnement des mesures de mise en œuvre

Procédure

Lors du passage en revue du modèle de tarif forfaitaire existant, on constata, en collaboration avec les directeurs de produit et les conseillers de vente qu'il existait les désavantages suivants :

- Limitation du nombre de transactions : cela réduisait l'attrait du groupe-cible, les „heavy-traders".
- Trop de prestations : le tarif forfaitaire contenait, outre les transactions de titres de valeur, également toutes les autres opérations bancaires, ce que les clients focalisés sur le commerce des valeurs considéraient comme superflu.
- Trop cher : les modèles avaient un niveau trop élevé, de telle sorte que la vente n'était possible qu'au moyen de considérables conditions spéciales.

Dans une étape suivante, on créa de nouveaux concepts avec l'objectif de supprimer les faiblesses identifiées. Afin de créer une harmonie avec la stratégie de l'entreprise, on élabora lors d'un workshop avec la direction générale les principes quant à la structuration et aux effets souhaités du nouveau modèle de prix. Les principes essentiels de pricing étaient :

- Chaque segment de clientèle devait avoir la possibilité de choisir un modèle correspondant à ses besoins spécifiques („Self-Selection“).
- Les structures de prix devaient être transparentes, mais autant que possible non comparables avec la concurrence.
- Chaque client devait être rentable.
- Pour stabiliser les recettes, les systèmes de prix futurs devaient contenir plus de composantes de prix fixes que de composantes de prix variables (exemple : des frais dépendant des immobilisations plutôt que dépendant des transactions).

C'est sur cette base que furent élaborées, lors de workshops avec la direction produit, des alternatives de concept. On varia d'une part l'étendue des prestations contenues (la nature des titres contenus), et on discuta d'autre part de la hauteur de la réduction des prix des titres de valeur. Les concepts en résultant (représentation simplifiée au schéma 70) offraient diverses possibilités de choix entre prix fixes et variables (pricing non-linéaire).

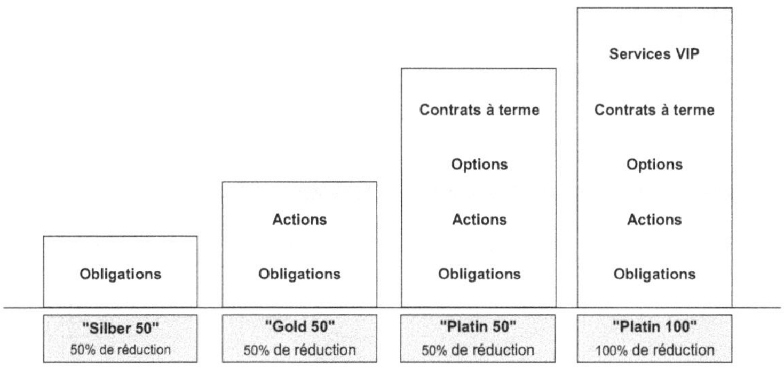

Schéma 71 : Concepts de commerce des valeurs.

Les concepts représentés au schéma 71 étaient adaptés à quatre segments différents et permirent d'exploiter de manière optimale les propensions à payer. La liberté de choix eut pour conséquence que chaque client pouvait choisir lui-même le modèle optimal pour lui, et qu'il n'était pas forcé par des critères fixes (par exemple des immobilisations) de se tourner vers des systèmes de prix ne lui correspondant pas. Le forfait pour les autres prestations bancaires n'était plus associé aux concepts de transactions de titres (pour celles-ci, on créa un concept séparé). La structure modulaire permit de contourner les prestations non souhaitées et d'alléger l'autosegmentation. Le nombre de transactions annuelles n'était plus limité, à la place les frais tiers furent facturés séparément. Cette mesure permit une garantie optimale des risques de coûts, sans créer de barrière aux „heavy-traders". Les frais informatiques étaient faibles (les systèmes de prix dont le niveau varie selon l'utilisation réelle sont extrêmement coûteux à appliquer et à entretenir).

Un sondage-clients aida ensuite à affiner les concepts et à trouver des niveaux de prix optimaux. Pour déterminer le comportement des clients le plus près possible de la réalité un questionnaire reproduisit une procédure d'achat. Dans une première étape, les concepts furent présentés sans aucune information relative au prix (assisté par ordinateur) et l'on posa des questions quant à l'attrait général de chacun des modèles de prix. Le concept „Silber 50" fut trop peu accepté, de telle sorte qu'il ne fut plus poursuivi. On contrôla ensuite les propensions à payer au moyen de la méthode Van-Westendorp (exemple : „Pour le modèle „Gold" que serait un prix bas et un prix élevé ?"). Ensuite, on évalua les propensions d'achat en présentant aux personnes interrogées trois scénarios avec des prix (élevé, moyen et bas) pour chacun des modèles. Les écarts de prix des modèles étaient maintenus constants lors de ces scénarios. Les prix optimaux furent déterminés à l'aide d'une analyse d'élasticité (voir schéma 72).

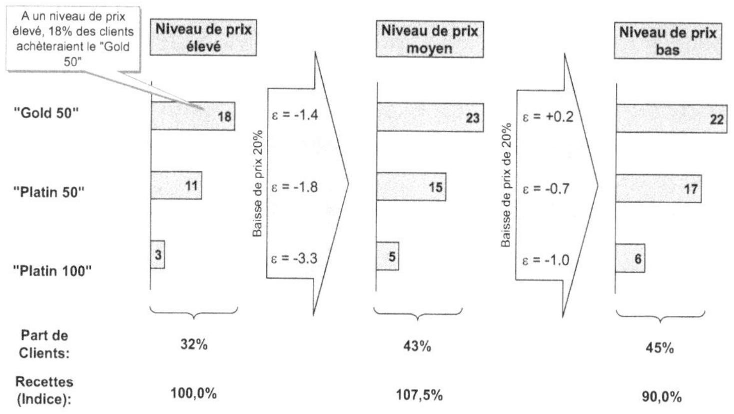

Schéma 72 : Optimisation des prix et de l'offre des nouveaux concepts.

Lors de la baisse de prix du niveau élevé au niveau moyen, la demande était suffisamment élastique pour compenser les prix bas, et il en résulta une hausse des bénéfices. A l'inverse, l'élasticité n'était pas suffisamment élevée lors de la deuxième baisse de prix pour engendrer une hausse des bénéfices (dans le cas du modèle „Gold 50", l'élasticité était même positive, car les clients, en raison du faible niveau des prix, se „haussèrent" au modèle plus élevé).

Les écarts optimaux de prix furent déterminés par la comparaison des structures de préférences (résultant de la première question relative à l'attrait) avec la propension à acheter (Exemple : si dans les trois scénarios, un modèle de prix était choisi de manière sous-proportionnelle aux préférences non dépendantes des prix, il fallait alors réduire l'écart de prix comme les autres modèles). Pour vérifier le niveau de prix optimal, ceux-ci furent comparés aux résultats de l'analyse Van-Westendorp (selon celle-ci, le niveau de prix optimal est celui considéré par la moitié des clients comme haut ou bas).

Pour pouvoir évaluer le mieux possible l'impact d'une introduction des modèles de prix, les résultats du sondage-clients furent associés à l'utilisation réelle (de l'année précédente) dans le domaine des transactions de titres de valeur. Le danger éventuel des modèles de prix au choix libre est que les clients ne choisissent un modèle que si le prix total est meilleur marché. Toutefois, l'analyse montra nettement que beaucoup de clients étaient prêts, au niveau d'une intensification de l'utilisation, à dépenser plus pour le commerce des titres. Au total, les analyses montrèrent que l'introduction du nouveau modèle de prix permettait de prévoir un accroissement des bénéfices issus du commerce de titres de 10 à 15%.

Résultats principaux

Les nouveaux modèles de prix dans le domaine du commerce des titres provoquèrent les améliorations suivantes pour la banque :

- Meilleure exploitation des propensions à payer grâce à des offres spécifiques à chaque segment et à une liberté de choix
- Incitation à une utilisation plus intensive grâce à des coûts variables bas
- Garantie des risques par facturation séparée des coûts tiers
- Niveaux de prix optimaux grâce aux analyses d'élasticité
- Accroissement des recettes dans le domaine du commerce des titres supérieur à 10%
- Stabilisation des recettes par une part plus élevée des composantes de prix fixes

De plus, il fut possible d'améliorer la satisfaction des clients grâce aux avantages suivants :

- Composition des modèles conforme aux besoins
- Sécurité des coûts grâce à des prix fixés préalablement (au sein d'un forfait)
- Clarté et simplicité
- Liberté de choix
- Prix bas pour une utilisation importante

Mise en œuvre

Etant donné que les nouveaux modèles de prix reposent sur le principe de la liberté de choix, une „migration forcée“ vers les nouveaux modèles de prix n'était pas nécessaire, sauf pour les clients de forfaits. A ceux-ci fut attribué le nouveau modèle „Platin 100“ pour le commerce de titres plus le forfait (extensible par modules) pour les autres prestations bancaires. Pour les autres clients, un plan de migration fut établi au moyen de leur profil d'utilisation (voir schéma 73) auquel avaient accès les conseillers de vente par le biais d'un outil informatique.

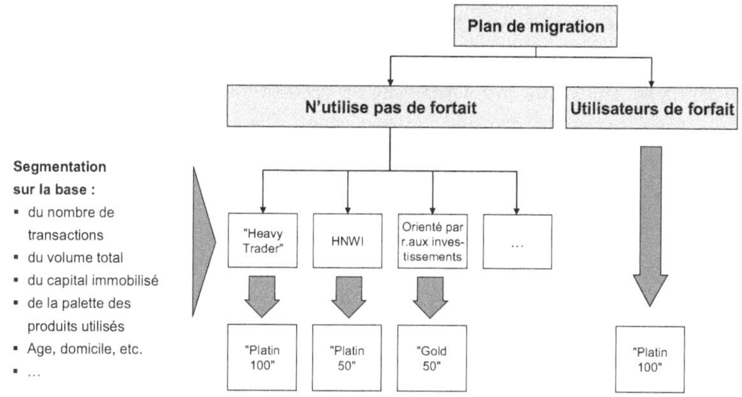

Schéma 73 : Plan de migration.

Grâce aux outils de migration, les conseillers purent recommander à leurs clients un modèle optimal. „Optimal“ ne signifie pas que c'est le modèle ayant les coûts les plus faibles pour les clients qui est recommandé (une telle migration ne serait pas rentable pour une banque). Au contraire, la recommandation calculée à l'aide des outils de migration comprenait le modèle offrant aux clients (en partant de l'utilisation réelle) des incitations optimales à pratiquer un plus grand commerce de titres et/ou à transférer les activités existantes d'une autre banque.

D'autres composantes de la mise en œuvre comprenaient un concept de communication détaillé (canaux, contenus, calendrier) ainsi que la formation des conseillers. Ce dernier point est très important dans le secteur des services bancaires aux particuliers, car pour les clients, la relation avec leur conseiller est souvent au premier plan et qu'ils prennent leurs décisions d'achat selon leurs recommandations.

Neuf mois après le début du projet, les nouveaux modèles de prix étaient déjà mis en application et étaient acceptés de manière très positive par les clients.

En résumé : beaucoup de banques n'osent pas introduire des modèles de prix au choix pour le client, à cause du risque d'une perte de bénéfices si les clients choisissent le modèle entraînant pour eux le moins de frais. Cette étude de cas montre qu'il est possible, en procédant à une analyse détaillée de l'utilisation effective et du comportement prévu (au moyen de données internes et d'un sondage-clients) ainsi qu'à l'aide d'une mise en œuvre soigneusement planifiée, de minimiser ce risque. A l'inverse, les banques peuvent, grâce aux mesures décrites, contourner la pression exercée sur les prix du commerce des titres, exploiter les potentiels d'accroissement des bénéfices par une utilisation renforcée de la part des clients, et stabiliser les bénéfices.

8.2.7 Etude de cas 7 : Transparence et surveillance des prix pour le financement à la construction dans les services bancaires de détail (dans le B2C)

Situation de départ et objectifs

Le pricing de la banque de financement à la construction était fortement orienté sur les coûts, et peu orienté sur les clients. C'est en particulier les bases de décisions de prix (une transparence claire de la pratique actuelle de prix) qui étaient inexistantes. Les directeurs ne pouvaient répondre précisément, ou uniquement après de grand efforts manuels, aux questions telles que „Au niveau du financement à la construction, combien de clients reçoivent des conditions spéciales, et à quelle hauteur ?“ ou „Dans quelle mesure les prix exigés par le client divergent-ils des prix-tarifs ?". Sur la base de ces données incertaines et insuffisantes, des décisions n'étaient pas prises ou étaient retardées.

Dans ce contexte, la direction de la banque de financement à la construction avait deux objectifs :

1. Création de transparence quant à la hauteur des conditions spéciales
2. Développement d'un instrument de surveillance permettant de garantir la transparence et de piloter les ventes

Procédure

La procédure se composait de trois phases : on définit d'abord la banque de données nécessaire aux analyses. Pour cela, il y eut des entretiens avec les directeurs informatiques et de controlling de la banque de financement à la construction.

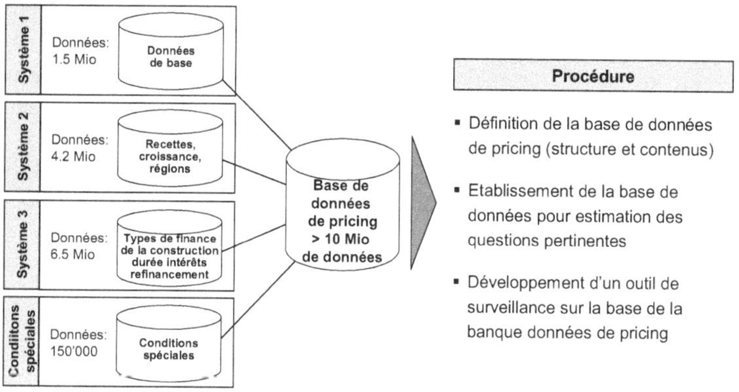

Schéma 74 : Banque de données de pricing.

Lors de la deuxième phase, la banque de données fut établie pour évaluer les questions pertinentes (voir schéma 74). La banque de financement à la construction disposait de nombreuses informations, mais qui étaient réparties entre divers services et systèmes (controlling, MIS, CRM). Ces informations furent intégrées en une banque de données de pricing compacte. Pour cela fut nécessaire un grand nombre d'entretiens et de réunions avec les unités concernées quant à l'importance et à la pertinence des différentes variables. Après un contrôle de validité, chacune des banques de données fut intégrée à une banque de données de pricing. Cette procédure demanda beaucoup de temps et dura environ deux mois. Lors de la troisième phase, les données furent analysées et développées, en accord avec la direction, en un outil de surveillance des conditions spéciales.

Résultats principaux

Les résultats les plus importants étaient pour la banque :

- Une meilleure transparence quant à la hauteur et à la structure des conditions spéciales de financement à la construction
- Des banques de données de pricing intégrées comme base pour des analyses futures
- Des règles claires pour les conseillers quant à l'accord futur de conditions spéciales
- Instrument de surveillance pour un meilleur pilotage des conseillers de vente
- Accroissement des recettes au niveau du financement à la construction grâce à une procédure systématique d'accord de conditions spéciales supérieures à 2%

Il fut de plus possible d'améliorer la satisfaction des conseillers grâce aux avantages et aux applications suivantes :

- Outil de sensibilité aux prix pour une meilleure compréhension des effets qu'ont les changements de taux d'intérêts sur le bénéfice
- Outil de calcul client pour illustrer la valeur-client globale
- Structures d'incitation claires et définies avec le service des ventes
- Intégration des conseillers à un stade précoce lors de l'élaboration des applications indiquées ci-dessus

Mise en œuvre

L'outil de sensibilité aux prix permit aux conseillers de présenter, dans le cadre d'un entretien avec un client, par exemple les effets qu'a une diminution du taux d'intérêt sur les recettes et les bénéfices. Cette base d'information améliorée était importante pour les négociations que font les clients quant aux intérêts. Les règles claires quant à l'accord de conditions spéciales donnaient au conseiller la flexibilité nécessaire lors des négociations. L'outil de calcul-client montrait au conseiller combien la banque gagne par ce client, quels produits bancaires le client utilise et comment les conditions spéciales se composent. Cet instrument exigé par le service des ventes aidait la banque à améliorer son orientation client et à accroître la satisfaction du personnel.

8.2.8 Etude de cas 8 : Détermination de la plus-value de marque (prix premium) dans les services bancaires aux entreprises

Situation de départ et objectifs

„Une marque forte est un important facteur de succès pour notre activité.... Elle incarne ce que représente l'entreprise", déclare Peter Wuffli, ancien PDG de UBS. Les marques servent à une différenciation claire par rapport à la concurrence. Ce développement n'est pas spécifique au secteur des services financiers, il aide au contraire beaucoup de secteurs comme les télécommunications (par exemple Vodafone) ou l'industrie automobile (par exemple BMW). Dans ce contexte, la marque et la plus-value de marque d'une banque sont d'une grande importance. On analysa les questions suivantes :

- Comment fixer, du point de vue de la marque et de manière spécifique à chaque client, le prix et les taux d'intérêt optimaux ?
- Comment déterminer les générateurs de la plus-value de marque ?
- Existe-t-il des différences au niveau des générateurs de valeurs de marque entre des groupes de clients précis, et comment identifier ces segments ?

– Comment hausser la plus-value de marque, donc quelles mesures permettent, au niveau des ventes et sous forme d'une hausse des prix, d'imposer le prémium de marque déterminé (prémium de prix) ?

Le cas présent indique comment mesurer ce prémium de prix de manière valide et fiable, et surtout comment l'imposer efficacement sur le marché.

Procédure

La plus-value de marque mesure le prix supplémentaire qu'un client est prêt à payer pour les produits d'une banque en comparaison à ses concurrents, et pour des prestations parfaitement comparables. Le prémium de marque désigne donc, du point de vue du client, la plus-value réalisable d'une marque. Le schéma 75 montre la démarche de quantification de ce prémium.[1]

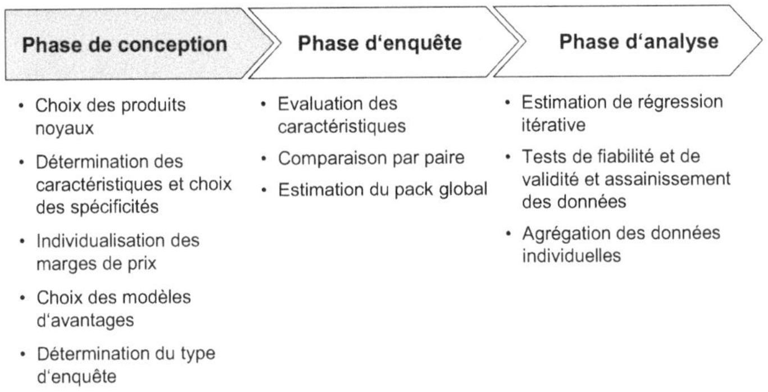

Schéma 75 : Procédure de détermination du prémium de marque.

Dans un premier temps, sont nécessaires des informations quant à la propension à acheter et aux générateurs de valeur de marque spécifiques à chaque client. Seul un sondage-clients peut permettre de

1 Voir également l'article de Wübker et Baumgarten (2004).

collecter ces informations. Dans un cas concret, pour les services bancaires aux entreprises d'une banque, plus de 200 entreprises clientes furent interrogées lors d'entretiens personnels. La technique de questionnement indirect de l'analyse conjointe permit de confronter les clients et les non-clients à des compromis („trade-offs"), donc avec scénarios de produits différents au niveau de la marque, des prix et de l'éventail de prestations. Selon le comportement individuel de sélection, la prise de décision est, lors d'une procédure en plusieurs étapes, rendue de plus en plus difficile pour la personne interrogée (pour la méthode d'analyse conjointe, voir au quatrième chapitre). Cela permet de caractériser de mieux en mieux les préférences de la personne interrogée et d'obtenir une grande validité des résultats. Le défi de cette méthode très précise est de sélectionner les bons produits centraux permettant de définir le prémium de marque, et de les associer aux marges de prix pertinentes pour chacun des clients. Seule une application correcte de cette procédure permet d'obtenir des résultats pertinents. Dans un premier temps, on sélectionna, lors d'entretiens préalables avec les experts de la banque, plusieurs produits pris en compte pour l'analyse. Cette sélection se fit au moyen de différents critères tels que chiffre d'affaire, besoin des clients, potentiel etc. Dans une deuxième étape, on évalua les différents produits lors d'un workshop et on les classa par importance. Comme résultat de cette évaluation, on se mit d'accord sur le solde créditeur de compte courant.

Résultats principaux

Comme résultat d'une telle analyse, on peut dans un premier temps quantifier le prémium de marque par client de la banque par rapport à ses principaux concurrents. Dans le cas présent, il résulta un prémium de marque de la banque analysée, pour le secteur des crédits, allant jusqu'à 50 points de base par rapport à ses principaux concurrents. Conformément aux attentes, cette valeur fluctuait fortement selon les segments de clientèle (par exemple clients en banque principale, clients en banque annexe, non-clients) et le concurrent considéré. A l'étape suivante, on agrégea ces valeurs dans une courbe de répartition et on les compara par un modèle de simulation (voir schéma 76).

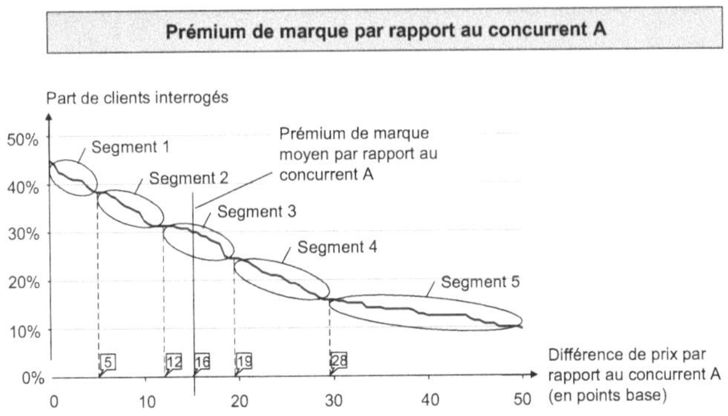

Schéma 76 : Prémium de marque par segment.

Cela permit d'en tirer des conclusions quant aux prix optimaux pour divers produits (par exemple variantes à coûts très élevés ou faibles) ou dans différents segments (par exemple par solvabilité, par région ou par durée de la relation d'affaires). Ce qui était quasiment encore plus important que l'optimisation des prix, c'étaient les connaissances acquises quant aux causes du prémium de marque, donc quant aux „générateurs de valeur de marque" tels que la compétence de conseil ou une meilleure orientation par rapport aux clients. On initia pour cela une procédure de sélection en plusieurs étapes. On collecta d'abord, sur la base de diverses sources d'information (points de repère et analyses de satisfaction des clients), les facteurs importants de différenciation. Ensuite, on les élabora au cours de workshops avec le personnel de vente issu des différentes régions de vente de la banque, puis on les classa par ordre de priorité. L'intégration du personnel de vente à un stade précoce était ici d'une importance capitale, car c'est justement celui-ci qui, en raison de son contact proche avec la clientèle, possédait des connaissances très détaillées quant aux facteurs pertinents du point de vue des clients. Le résultat fut l'établissement d'une liste de plus de vingt générateurs potentiels de valeur, qui furent ensuite évalués individuellement par les clients. Beaucoup de personnes interrogées possédaient plusieurs coordonnées bancaires, de telle sorte qu'il fut possible, dans la plupart des cas, de comparer directement plusieurs banques.

Mise en œuvre

Il fallut ensuite mettre en application les résultats de l'analyse en accord étroit avec les services de marketing et des ventes. Outre l'adaptation des prix, il était particulièrement important d'exploiter, lors de l'activité commerciale quotidienne, les informations collectées quant aux générateurs de valeur afin d'améliorer l'imposition des valeurs et des prix. Il fallut dans un premier temps élaborer une procédure d'identification et d'exécution des différents prix que les clients étaient prêts à payer au sein de chacun des segments. On utilisa pour cela des „guides des ventes", élaborés avec les services de ventes en externe et permettant à l'aide de quelques questions filtres d'identifier le prémium de marque du client. Ensuite, on développa au cours d'ateliers communs des „aides à l'argumentation" pour l'entretien avec les clients, traduisant les générateurs de valeur de marque dans le langage du client.

En résumé : beaucoup d'entreprises du secteur financier ne possèdent pas d'instrument de mesure de la valeur de leur marque ou du prémium de marque. Pourtant, en raison du caractère de marchandise grandissant de beaucoup de produits et services, ces informations sont de plus en plus importantes. Les méthodes développées pour cela de manière scientifique (comme l'analyse conjointe) commencent peu à peu à être appliquées dans la pratique. Seul l'emploi de tels instruments avec les clients permet d'obtenir des résultats valides du point de vue des clients quant au prémium de marque possible d'un offrant. En outre, la pure quantification du prémium de marque ne suffit pas : il faut, lors d'autres démarches avec le marketing et les ventes, et à l'aide de guides et d'arguments, „faire descendre celui-ci dans la rue".

8.2.9 Etude de cas 9 : Pricing de fonds

Situation de départ et objectifs

Le marché européen des fonds est caractérisé par une pression grandissante de la part des concurrents et des investisseurs. De plus en plus d'offrants pénètrent le marché et menacent, au moyen de remises et d'agressives commissions de ventes, les stocks des offrants établis. Parallèlement, la transparence d'information continue d'augmenter pour l'investisseur (par exemple par l'établissement de TER et les évaluations de performances). Les produits concurrents, en particulier les certificats, offrent de plus aux clients d'intéressantes alternatives qui réalisèrent par le passé des rendements que beaucoup de fonds ne pouvaient atteindre. Afin de s'équiper pour ces conditions de plus en plus dures, beaucoup d'offrants ont jusque-là misé sur une réduction des coûts, afin de faire pression sur le ratio coûts-recettes. Ces dernières années, des progrès considérables ont été réalisés grâce à une amélioration des procédures et des structures. C'est justement en raison de ces réussites passées que l'aspect coûts est largement épuisé. Désormais, il convient d'agir plus sur l'aspect chiffre d'affaires, tant au niveau des volumes qu'au niveau des prix. Le cas présent montre comment identifier et augmenter efficacement ces potentiels au moyen d'optimisations pragmatiques des prix, associées à une réorganisation des commissions de ventes.

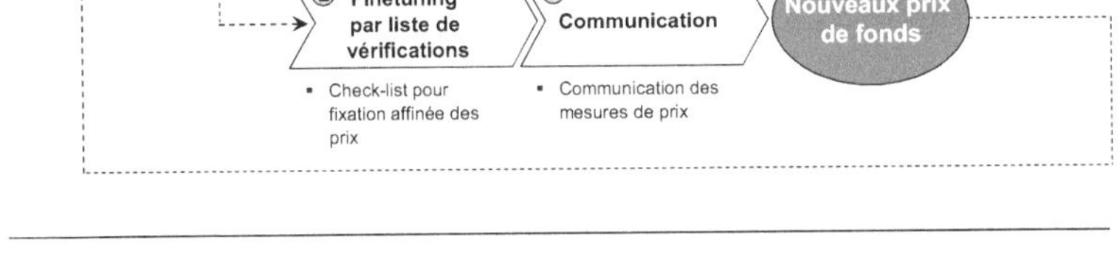

Schéma 77 : Procédure d'optimisation des prix de fonds.

Procédure

Le noyau d'une telle optimisation des prix est la détermination des élasticités de prix. Si la rémunération, des coûts administratifs par exemple, doit être modifiée d'un certain pourcentage, cela entraîne pour un fonds de retraite à court terme une réaction nettement plus forte que pour un fonds d'actions, se concentrant sur un certain segment spécial. A la place d'une détermination coûteuse et longue des informations au moyen d'un sondage-clients, on a employé, pour la détermination des élasticités de prix du cas présent, des instruments plus pragmatiques tels que la matrice recettes-risques et le système PRICESTRAT (voir schéma 78).

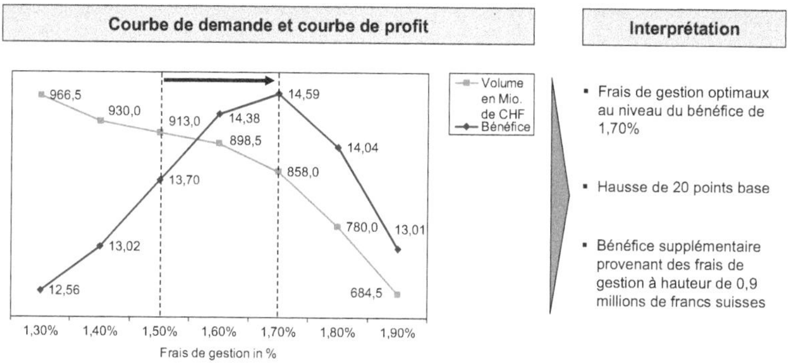

Schéma 78 : Optimisation des frais de direction.

Sur la base des informations issues de la surveillance interne des bénéfices et du marché, on a présélectionné les fonds pertinents au moyen de la matrice recettes-risques et en collaboration étroite avec le service de controlling, la direction de produit et le service des ventes. Ces fonds furent analysés, au niveau de leurs élasticités de prix, dans le cadre de stages d'experts à l'aide de l'instrument PRICESTRAT. Le résultat était pour chaque fonds une première estimation du potentiel d'optimisation du point de vue interne (voir l'exemple d'une telle analyse au schéma 78)

Lors de l'étape suivante se présenta le défi méthodique d'optimisation des frais de gestion pour les fonds d'investissement : l'analyse de l'"effet prix-rendement". Contrairement à la plupart des produits financiers, pour les fonds, les frais de gestion dépendent du rendement. Un compte courant, une carte de crédit ou une hypothèque ne sont, du point de vue du rendement, pas influencés par les effets de prix. En revanche, pour un fonds, les frais de gestion diminuent (augmentent) le rendement par rapport aux produits concurrents. Par conséquent, lors de changements des frais de gestion, il convient d'être très prudent au niveau des effets sur le rendement et sur le classement, car ces facteurs ont une influence sur la qualité perçue du fonds et sur l'élasticité des prix. Il convient, avec les experts du service de mesure de performances internes (gestion des actifs) et de la gestion de produit, de déterminer les effets de feed-back d'un ajustement des prix à des ratios importants (voir schéma 79).

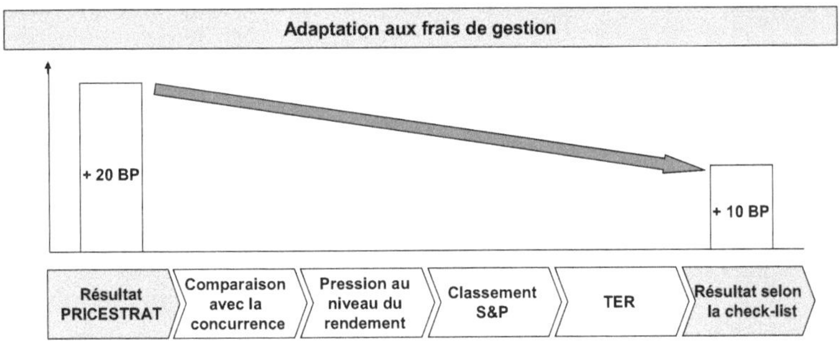

Schéma 79 : Prise en compte de l'effet prix-performance au niveau de l'optimisation des prix.

Résultats principaux

Dans le cas présent, la méthode décrite ci-dessus permit d'analyser et d'optimiser les prix de plus de cent produits-noyaux de la société de gestion de fonds concernée. Les analyses PRICESTRAT révélèrent pour beaucoup de fonds un potentiel considérable d'augmentation des prix. Pour d'autres fonds, il apparut nécessaire d'abaisser les frais de gestion. Les analyses de prix-rendement effectuées lors de la deuxième étape ont montré que pour la plupart des mesures de prix prévues, il ne fallait pas s'attendre à des effets négatifs durables sur le rendement et sur les classements (les fluctuations dues aux effets de marché dépassaient de beaucoup les effets des mesures de prix). Au total, cette optimisation permit de déterminer un bénéfice potentiel supplémentaire de plusieurs dizaines de milliers d'euros.

Mise en œuvre

L'objectif central de cette mise en œuvre était d'imposer sur le marché, en accord étroit avec les services de marketing et de vente, ces potentiels de bénéfices. Outre une communication intelligente des mesures de prix, il était également important d'employer de manière logique les moyens libérés dans le cadre d'un système optimisé de commissions de vente. Le but était d'introduire une différenciation renforcée après l'obtention des résultats (tant au niveau des produits qu'au niveau des partenaires de distribution). L'intensification de la pression concurrentielle décrite au début entraînait pour l'entreprise concernée un risque élevé de départs d'intéressants partenaires de distribution (les distributeurs „A"). Il fallut les lier plus fortement à la société de fonds par le moyen du système de provision de ventes retravaillé. Dans le cadre des systèmes de simulation, on calcula des scénarios alternatifs (c'est-à-dire différentes options de modèles, tant au regard de la structure de système qu'au niveau de la hauteur de commissions individuelles). La solution optimale en résultant et décidée en accord avec le service des ventes fut alors présentée aux distributeurs au cours d'un plan étendu de communication. C'est la quantification des effets individuels par partenaire de distribution qui est décisive pour la réussite (au moyen d'un outil de simulation), ainsi que la clarification des éventuelles incertitudes et des aspects critiques de mise en œuvre etc., qui doivent être déterminés à l'avance par des listes de questions fréquentes.

En résumé : le cas du projet concerné, ainsi que plusieurs études effectuées par Simon-Kucher & Partners à ce sujet ont prouvé qu'il est nécessaire à l'avenir d'accorder, au sein de la politique d'entreprise de beaucoup de sociétés de fonds, une importance plus centrale aux questions de prix et de vente : pour le service de vente, il est décisif d'employer correctement les encouragements. Ainsi, aujourd'hui encore, beaucoup de systèmes de commission fonctionnent trop selon le principe „arrosoir" ; il est nécessaire, à l'avenir, de procéder à une plus forte différenciation par contribution des résultats (tant au niveau des produits qu'au niveau des partenaires de distribution). Il convient de générer par le pricing les moyens nécessaires à cela. De manière générale, il faut élever, à l'aide des méthodes et procédures décrites ci-dessus, le degré de professionnalisation du pricing dans le secteur des finances ; dans le cadre de procédures et de structures institutionnalisées de pricing, il convient de fixer une collaboration constructive sur ce sujet important entre tous les spécialistes de gestion des fonds, de marketing et de distribution.

8.2.10 Etude de cas 10 : Solutions de packs orientées par rapport aux coûts et aux besoins dans le domaine des services de base (services bancaires de détail B2C)

Situation de départ et objectifs

La banque de détail proposait des services de base extrêmement coûteux pour les particuliers (tenue des comptes, opérations de paiement, transactions de liquidités, cartes de crédit et de débit). Souvent, les prix ne suffisaient pas pour couvrir les coûts (frais de port, frais de saisie manuelle des paiements, coûts informatiques, etc). La raison en était l'habitude : les clients étaient habitués à placer leur argent auprès des banques à un taux d'intérêt bas et à obtenir en échange des services de base gratuits. Lors des phases précédentes où les taux d'intérêts étaient élevés, la marge était suffisamment élevée pour interfinancer les opérations de paiement et de transfert des liquidités. Avec les intérêts bas se maintenant depuis plusieurs années, les banques ne peuvent quasiment plus gagner d'argent par les purs comptes de transactions. Les clients ne sollicitant pas d'autres prestations bancaires (telles que opérations sur titres ou hypothèques) sont donc souvent non rentables.

Pour rendre les opérations de base rentables, la banque de détail a procédé durant les dernières années à des augmentations de prix, mais celles-ci ont eu pour conséquence une diminution de la satisfaction des clients (ce qui fut renforcé encore plus par les fortes critiques évoquées dans les médias par les associations de consommateurs).

Contrairement au tarif, il existait toutefois de nombreux potentiels du côté des coûts : la création d'incitations permet d'encourager les clients à acheter les prestations de base par une voie moins coûteuse (exemple : services bancaires en-ligne).

La banque de détail souhaitait donc, à l'aide d'un projet, déterminer les possibilités, de créer des incitations au moyen d'offres groupées tout en améliorant la satisfaction des clients.

Les objectifs du projet étaient spécifiés comme suit :

- Conception de solutions orientées vers les coûts et les besoins dans le domaine des prestations de base
- Evaluation de l'acceptation de la part des clients
- Quantification des effets sur les bénéfices et optimisation du niveau des prix tout en visant à une neutralité au niveau des bénéfices

Procédure

Il fallut dans un premier temps sélectionner, en collaboration avec la direction produit, les produits et prestations pertinents dans les domaines de la tenue de compte, des opérations de paiement, des transferts de liquidités, et des cartes de débit et de crédit. Pour cela, on tint compte d'une part des générateurs de bénéfices (exemple : cartes de débit et de crédit) et d'autre part des prestations coûteuses pour la banque (exemple : retraits au guichet).

Sur la base de cette sélection, on élabora des concepts alternatifs qui furent discutés, sélectionnés et affinés au cours de plusieurs workshops avec la direction de produit et les conseillers de vente. Le concept en résultant est représenté au schéma 80.

		Bases	Standard	Premium
Canal	Services bancaires en-ligne (y compris paiements en-ligne) par mois	CHF 2	■	■
Compte	Gestion de compte	■	■	■
	Extraits écrits (mensuels)	■	■	■
	Frais de port	CHF 1	CHF 1	■
Transactions financières	Ordre de paiement avec bon de remise	CHF 1	■	■
	Prélèvement	CHF 0,50	■	■
	Ordre de paiement courrier/fax/téléphone	CHF 10	CHF 10	■
Cartes & liquide	Carte compte pour les guichets automatiques de la banque	■	■	■
	Carte Maestro par mois	CHF 2	■	■
	Versements au guichet	■	■	■
	Paiements au guichet	CHF 3	CHF 3	■
	Carte de crédit	CHF 8	CHF 8	■
	Prix par mois	**CHF 4**	**CHF 14**	**CHF 28**

Schéma 80 : Solutions-paquets dans le domaine des prestations de base.

Avec le pack „basique", les clients pouvaient acheter les prestations de base concernant le compte de transactions à un prix de base réduit (tenue de compte, relevés écrits, carte de compte pour les guichets automatiques de la banque, versements au guichet). Pour toutes les autres prestations (telles que les opérations de paiement) il fallait en revanche payer des prix individuels élevés. Pour inciter les clients à utiliser le canal en-ligne (la banque possédait une proportion importante de clients en-ligne inactifs), celui-ci ne fut plus proposé que dans un „mini-pack" avec contrat, outils de sécurité et opérations de paiement en-ligne pour 2 francs suisses par mois. Etant donné que les transactions en-ligne n'entraînaient pas de frais supplémentaires, l'incitation à procéder aux paiements par ce canal était très élevée (économie de coûts de 1 CHF par rapport à un ordre de paiement avec bon de versement). Les prix des packs furent communiqués sur une base mensuelle afin d'établir une analogie avec les abonnements aux prestations de base des autres sociétés à „infrastructure". Contrairement aux sociétés de téléphonie et de fourniture en électricité, les banques ont du mal à exiger des frais d'abonnement pour la mise à disposition de leurs services.

Le pack „standard" devrait entièrement couvrir les besoins d'un client de banque moyen : services bancaires en-ligne, ordres de paiement avec bons de versement, LSV et carte Maestro étaient comprises. Le nombre de transactions était illimité au niveau des opérations de paiement, ce qui, dans le domaine des services aux particuliers, et en raison de la structure d'utilisation relativement homogène, peut être mis en application sans aucun risque au moyen d'une optimisation soigneuse du niveau des prix (une telle mesure ne serait pas recommandable dans le domaine des services aux entreprises).

Les clients exigeants utilisant fréquemment les opérations de paiement étrangères et souhaitant une carte de crédit comprise dans un pack purent choisir le pack „Prémium".

Une analyse détaillée des coûts était nécessaire pour déterminer les structures de prix optimales. En général, les coûts variables des banques sont extrêmement faibles par rapport aux coûts fixes, mais décisifs pour l'optimisation des structures de prix. La question centrale était de savoir quelle part des coûts est variable, et quelle part est fixe. Les frais d'entretien des systèmes informatiques furent considérés comme fixes, car ceux-ci ne dépendent pas de l'utilisation effective. Les frais de personnel peuvent, du moins à moyen terme, être ajustés aux besoins (exemples : saisie manuelle des ordres de paiement, transactions au guichet). Ceci eut par exemple pour conséquence que lors de paiements en-ligne, seuls les coûts de transaction internes furent pris en compte, et les frais de personnel furent comptés dans les coûts des transactions au guichet.

La neutralité de bénéfice du passage aux nouvelles solutions de pack fut garantie par des calculs détaillés. Etant donné qu'aucune analyse n'était disponible quant au comportement des clients, on supposa que l'ensemble des clients se comportent de manière rationnelle. Cela implique que chaque client choisit le pack représentant pour lui le moins de coûts. Si les prix uniques existants continuaient d'être proposés, cela entraînerait forcément une perte de bénéfices. La banque de détail était toutefois déterminée à transférer tous les clients au moins vers le pack „basique". Sur la base de ces comportements supposés et des volumes et bénéfices engendrés par l'utilisation effective (de l'année précédente), on programma un modèle de simulation. Les niveaux optimaux des prix furent déterminés à la fois par une minimisation du changement des frais par client et par le nombre de gagnants et de perdants (condition annexe : neutralité des recettes). Au résultat, il fallut adapter le niveau des prix des packs („basique“ inchangé, „standard“ passé à 12 CHF, „premium“ passé à 32 CHF par mois).

Pour tester l'acceptation des clients, les concepts de pack furent ensuite discutés dans des groupes de focalisation. Dans la perception des clients, les caractéristiques positives du pack prédominaient :

- Possibilité de choix parmi un nombre limité de solutions orientées par rapport aux solutions
- La clarté d'ensemble permet une optimisation des paiements de frais existants pour les clients
- Amélioration de la transparence, ce qui entraîna des effets d'image positifs pour la banque de détail

Résultats principaux et mise en œuvre

Les solutions packs ainsi élaborées entraînèrent les avantages suivants :

- Incitation des clients à adopter un comportement optimal au niveau des coûts
- Meilleure satisfaction des clients :
  - Orientation par rapport aux besoins
  - Transparence, simplicité, clarté
  - Liberté de choix
  - Garantie des coûts („standard“ et „prémium“)
- Effets d'image positifs
- Neutralité au niveau des bénéfices

Les résultat de l'analyse des données et des groupes de focalisation ont révélé que les concepts offraient la possibilité d'accroître la satisfaction des clients sans devoir subir de baisse des bénéfices et tout en incitant les clients à adopter une utilisation optimale au niveau des coûts. Les efforts informatiques nécessaires à la mise en application ont été rentables grâce à la focalisation de la part des clients et de la presse sur les prestations de base.

En résumé : les structures obsolètes étaient, pour la banque de détail, dans le domaine des prestations de base, la raison de l'insatisfaction des clients et du manque de rentabilité. Etant donné que les mesures de prix simples étaient épuisées, la banque dut procéder à une réorganisation globale de l'offre de l'offre. On développa un concept offrant la possibilité d'atteindre les objectifs d'amélioration de la satisfaction des clients et d'un pricing correspondant aux causes.

Neuvième chapitre : Informations pour directeurs de banques

Je sais que je ne sais rien.
Socrate

Ce chapitre regroupe sous forme de thèses les résultats principaux de ce livre pour les directeurs de banques.

Thèse 1 : L'importance du prix a augmenté pour les banques. Cette tendance se maintient. Les causes en sont, par exemple, la généralisation de l'Internet (plus grande transparence des prix), le changement des exigences des clients ou l'apparition de nouveaux concurrents (par exemple ING Direct ou monabanque). Celles-ci intensifient la pression sur les prix. C'est pourquoi les directeurs de banques doivent utiliser de manière plus ciblée et plus systématique les marges de prix existantes.

Thèse 2 : La lutte par le prix est dangereuse. Les erreurs de gestion des prix ont un effet négatif sur les valeurs actuariales car elles n'augmentent pas les potentiels de bénéfices et détruisent les marges. Pour éviter les guerres des prix, les directeurs doivent s'accorder plus de temps pour déterminer les prix de leurs produits bancaires et effectuer, sur la base d'analyses fondées, des mesures adaptées. En font partie l'anticipation des réactions de la concurrence, le signaling, l'offre de structures de prix différenciées, les offres de systèmes et offres groupées, la gestion professionnelle des conditions spéciales et l'encouragement des conseillers bancaires.

Thèse 3 : Tout directeur de banque doit comprendre de manière globale le rôle du prix en tant que générateur numéro un des bénéfices au sein d'une concurrence moderne. Pour déterminer le prix optimal pour un produit bancaire, il est nécessaire de connaître la courbe demande. En tenant compte des coûts et de la réaction de la concurrence, la banque peut déterminer le prix générant le bénéfice maximal. Toutefois, beaucoup de directeurs ignorent la courbe de demande et les élasticités de prix.

Thèse 4 : Il existe des méthodes de détermination de la courbe de demande. Le sondage d'experts convient parfaitement aux nouveaux produits bancaires. Il est simple et peu coûteux, mais se limite aux connaissances internes à la banque. Un sondage direct auprès des clients a, entre autres, pour effet que le prix est considéré de manière isolée. Cependant, dans la réalité, le client compare le prix avec les avantages. C'est ce dont tient compte l'analyse conjointe (un procédé de mesure établi dans le domaine scientifique et dans la pratique). Chaque fois qu'il l'est possible, les directeurs doivent appliquer l'analyse conjointe pour la détermination des prix et la formation des produits.

Thèse 5 : Il existe toute une série de particularités au niveau de la mesure des ventes par rapport au prix pour les produits bancaires (par exemple intangibilité, complexité et besoin d'explication). C'est pourquoi il résulte de chaque mesure de la courbe de fonction les défis suivants :

1. Le produit bancaire à analyser doit être précisément défini.
2. L'explication fournie au client final (participant) doit être faite de manière à ce qu'il ait lors de l'analyse les mêmes connaissances que celles qu'il aurait lors d'une prise de décision réelle.
3. Dans le cadre de l'analyse, la situation de prise de décision doit être reproduite le mieux possible.

Thèse 6 : Les banques ont besoin d'une réorganisation totale de leurs procédures de pricing, s'étendant de la stratégie à la surveillance en passant par l'imposition des prix. La gestion des prix ne signifie pas une simple hausse et baisse des prix. Les paramètres qui sont améliorés sont nettement plus complexes : information, connaissances, compétence, responsabilités, incitations et structures de prix innovantes. Il s'agit enfin d'une amélioration massive de l'intelligence de pricing de toute la banque.

Thèse 7 : Des objectifs de prix stratégiques et clairs et les directives de pricing forment la base d'une gestion moderne des prix et sont indispensables à une procédure efficace de pricing. Ces objectifs et consignes sont souvent inexistants chez les banques. C'est pourquoi il faut les élaborer avec la direction, et les classer par ordre de priorité. Comme résultat, la direction obtient les cinq ou dix commandements du pricing.

Thèse 8 : La différenciation des prix permet aux banques d'augmenter massivement leurs bénéfices. Les formes intelligentes de différenciation des prix sont entre autres le pricing non-linéaire, le groupement de prix et la formation de prix multi-personnes. L'énorme potentiel de bénéfice de ces concepts pionniers de „power pricing" prouve que tout directeur de banque devrait les appliquer. Les exigences d'information et la complexité de ces formes modernes de différenciation des prix sont élevées.

Thèse 9 : L'effet qu'un prix a sur les ventes dépend principalement de la manière dont celui-ci est perçu et jugé par le client. C'est pourquoi les directeurs de banques doivent, dans le cadre de la formation des prix, tenir fortement compte des aspects psychologiques (tels que l'image de prix ou les seuils de prix). La perception de prix des clients peut être influencée par la formation des structures de prix, les modalités de paiement ou l'exploitation des seuils de prix de la banque de manière à obtenir des quantités de vente et des bénéfices plus élevés.

Thèse 10 : Dans beaucoup de banques, la gestion des prix n'est pas ancrée au niveau organisationnel. Les mesures de prix sont généralement exécutées ad hoc et de manière non coordonnée. D'autres secteurs, tels que le secteur pharmaceutique ou l'industrie automobile, sont nettement plus avancés à ce niveau. Les banques doivent apprendre de ces secteurs et organiser le pricing de manière professionnelle.

Thèse 11 : Dans leurs systèmes informatiques, les banques possèdent diverses informations. Toutefois, celles-ci sont insuffisamment utilisées. C'est ici qu'apparaissent les systèmes d'information sur les prix. Ils fournissent des chiffres probants, permettent des rapports de pricing gérables et forment la base de l'optimisation de la stratégie de prix. Cela permet de prendre des décisions de formation des prix basées sur les faits, ciblées et rapides. Ceci entraîne un net accroissement du bénéfice ainsi qu'une meilleure satisfaction de la clientèle.

Thèse 12 : Les concepts de prix sont importants, mais ce qui est décisif, c'est l'imposition du prix auprès du client. La délégation des compétences de prix aux conseillers de vente doit être maniée avec précaution. Les conseillers de vente ont besoin de règles claires lors de l'accord de conditions spéciales. Au niveau de l'imposition des prix, l'encouragement du service des ventes joue un rôle central. La rémunération variable du personnel de vente doit être orientée de manière conséquente par rapport aux objectifs stratégiques de la banque. Les banques peuvent, au moyen d'une „prime d'imposition des prix", imposer des prix plus élevés aux clients. Les changements de prix des produits bancaires doivent être soutenus par des mesures de communication (par exemple signaling). L'imposition du prix dépend également fortement de l'adresse de négociation psychotactique du conseiller de vente.

Kolibri 360 GmbH
Ferdinand-Jühlke-Straße 7
99095 Erfurt, Deutschland
produktsicherheit@kolibri360.de